Henri J. M. Nouwen & Carolyn Whitney-Brown

Loslassen und fliegen

Henri J. M. Nouwen &
Carolyn Whitney-Brown

Loslassen und fliegen

Henri Nouwens ungewöhnliche Freundschaft mit Zirkus-Artisten

Aus dem Englischen übersetzt von Eva Weyandt

NEUFELD VERLAG

Aus dem Englischen übersetzt von Eva Weyandt, Berlin

Copyright © 2022 by The Henri Nouwen Legacy Trust, Toronto, Ontario/Kanada, and Carolyn Whitney-Brown

Die englische Originalausgabe dieses Buches erschien 2022 unter dem Titel *Flying, Falling, Catching: An Unlikely Story of Finding Freedom* bei HarperOne, einem Imprint von HarperCollins Publishers, New York/USA

Dieses Buch ist auch als E-Book erhältlich:
ISBN 978-3-86256-791-1

Die Deutsche Bibliothek verzeichnet diese Publikation in der Deutschen Nationalbibliografie; detaillierte bibliografische Daten sind im Internet über www.d-nb.de abrufbar

Lektorat: Dr. Thomas Baumann
Umschlaggestaltung: spoon design, Olaf Johannson
Umschlagabbildungen: Andrey Burmakin/Shutterstock.com; Ron P. van den Bosch
Abbildung innen: Gwoeii/Shutterstock.com
Satz: Neufeld Verlag
Herstellung: CPI – Clausen & Bosse, Birkstraße 10, 25917 Leck

© 2023 Neufeld Verlag, Sauerbruchstraße 16, 27478 Cuxhaven
ISBN 978-3-86256-180-3, Bestell-Nummer 590 180

Nachdruck und Vervielfältigung, auch auszugsweise, nur mit Genehmigung des Verlages

www.neufeld-verlag.de

Bleiben Sie auf dem Laufenden:
newsletter.neufeld-verlag.de
www.neufeld-verlag.de/**blog**
www.**facebook**.com/neufeldverlag
www.**youtube**.com/@neufeldverlag

NEUFELD VERLAG

INHALT

Für Geoffrey Whitney-Brown,
weil niemand allein fliegen kann

Als ich die Flying Rodleighs zum allerersten Mal erleben durfte, bekam ich einen Eindruck von dem, was wichtig ist im Leben. Ich sah es als Ganzes in einem Akt.

Henri Nouwen

Die folgenden zehn Minuten schenkten mir einen Einblick in eine Welt, die mir bisher verschlossen gewesen war, in eine Welt der Disziplin und Freiheit, der Unterschiedlichkeit und Harmonie, des Risikos und der Sicherheit, der Individualität und Gemeinschaft, und vor allem des Fliegens und Fangens.

Henri Nouwen

PROLOG

September 1996

Als die fünf Mitglieder der Flying-Rodleighs-Trapeztruppe telefonisch von Henris Tod erfuhren, waren sie fassungslos. Bevor sie bei ihrem nächsten Auftritt ihre silbernen Umhänge ablegten, atmete Rodleigh Stevens tief durch und erzählte in einer kurzen Ansprache von ihrem Freund Henri Nouwen, und wie viel er ihnen bedeutet hätte.

Am Tag von Henris Beisetzung ließen sich Rodleigh und seine Frau Jennie Stevens nicht von der Fahrt von fast 250 Kilometern zur Sint-Catharinakathedraal, in Utrecht abschrecken. Die riesige Kathedrale mit ihren gotischen Säulen war gut gefüllt. Dass so viele Menschen gekommen waren, verblüffte sie.

„Damit hätten wir eigentlich rechnen müssen", flüsterte Rodleigh Jennie zu. Sie wussten ja, dass Henri durch seine Bücher in Millionenauflage, in Dutzende Sprachen übersetzt, sehr bekannt war. Sie wussten auch, dass Henri Priester der römisch-katholischen Kirche aus den Niederlanden war und an den Universitäten Yale und Harvard gelehrt hatte. Zehn Jahre zuvor hatte er seine akademische Laufbahn aufgegeben, um in Kanada mit Menschen mit geistigen und körperlichen Behinderungen zu leben.

Sie kannten Henri seit mehr als fünf Jahren, aber sie waren schockiert, als einer der Redner Henri als „gepeinigt" und „verletzt" schilderte. Unruhig rutschte Rodleigh auf der harten Holzbank herum, um nicht nach vorne zu stürmen und den Redner zu korrigieren. In seinem Kopf waren Bilder und Erinnerungen an einen ganz anderen Henri, den er durch Besuche, Briefe und gemeinsame Reisen mit dem Zirkus Barum durch Deutschland und die Niederlande kennengelernt hatte.

VIELE VON HENRIS FREUNDEN, DIE um seine Sehnsucht und seinen inneren Schmerz wussten, und viele, die über Jahre hinweg seine sehr persönlichen Bücher über geistliches Leben gelesen haben, wären vermutlich gleichermaßen überrascht, zu erfahren, dass Henri glaubte, sein wichtigstes Buch würde ein kreatives Sachbuch über seine Erlebnisse mit den Flying Rodleighs werden. Durch seinen plötzlichen Tod im September 1996 blieb dieses Buch jedoch unvollendet.

* * *

DIE GESCHICHTE, DIE SIE HIER lesen, ist wahr. Jedes Ereignis ist tatsächlich passiert, auch Henris Rettung durch ein Hotelfenster. Die kursiv gesetzten eingerückten Texte sind Henris eigene Worte aus seinen veröffentlichten oder unveröffentlichten Schriften, aus Gesprächen oder Interviews.

Obwohl Henris Bücher über geistliche Themen ihm Beifall und Erfolg eintrugen, ließen die Flying Rodleighs in ihm den Wunsch wachsen, ein ganz anderes Buch zu schreiben. Bei seinem plötzlichen Tod im Jahr 1996 hinterließ er viele Notizen zu seinem neuen Projekt: die Abschrift eines Diktats unmittelbar nach seiner ersten Begegnung mit diesen Trapezartisten im Jahr 1991; zwei Kapitel, die später entstanden; ein Tagebuch, das er während seiner Reise mit den Flying Rodleighs führte, und andere Anmerkungen, Gedanken und Tagebucheinträge.

Im Jahr 2017 kam das Verlagsgremium des Henri Nouwen Legacy Trust mit der Bitte auf mich zu, „etwas Kreatives" mit Henris unveröffentlichten Trapezschriften zu machen. Ich kannte Henri gut. Nachdem ich an der Brown University in englischer Literatur promoviert und eine Ausbildung als geistliche Begleiterin in Großbritannien und Kanada absolviert hatte, lebte ich von 1990 bis 1997 zusammen mit meinem Mann und unseren Kindern in der Arche-Gemeinschaft Daybreak, zu der auch Henri gehörte. Kurz nach Henris Tod hatte ich die Einführung zu einer Neuauflage seines Buches *The Road to Daybreak* geschrieben, ebenso zu mehreren Veröffentlichungen über ihn. Trotzdem, ich war mir nicht sicher, ob ich Henris unvollendetes Projekt weiterführen sollte. Ich erinnerte mich an viele Gespräche mit ihm über das Verfassen von Büchern und die Flying Rodleighs, aber die Symbolhaftigkeit des Trapez war mir bisher nie in den Sinn gekommen. Große Höhen sind mir verhasst.

Trotzdem vertiefte ich mich in Henris Material, und zwei Fragen ließen mich nicht los. Erstens, warum hinterließen die Auftritte und das Leben der Flying Rodleighs zu diesem Zeitpunkt in seinem Leben einen so tiefen Eindruck bei Henri? Zweitens, warum gibt es nur diese wenigen Fragmente seines Trapezbuches? Zwischen 1991 und 1996 schrieb er eine Reihe von Büchern, und immerzu redete er über seinen Wunsch, dieses eine zu schreiben. Was war passiert?

Doch dann wurde mir klar, dass es nicht meine Aufgabe war, ein Buch zu schreiben, das Henri geschrieben hätte, sondern die Geschichte von Henri und den Flying Rodleighs zu erzählen.

Bei der Vertiefung in Henris Notizen und Entwürfe zum Trapezbuch sowie in Henris andere veröffentlichte und unveröffentlichte Texte bekam ich ein Gespür für die übergreifende Prägung seiner letzten Lebensjahre. Vier Arten der Erfahrung fielen ins Auge: Da waren Henris Reflexionen über künstlerisches Schaffen und Schönheit; es gab Zeiten, in denen seine körperliche Reaktion ihm half, *geistliche Geschichte, die der Körper erzählt*, in Worte zu kleiden; seine transformative Vertiefung in bestimmte Gemeinschaften; und schließlich waren da auch Augenblicke der Leichtigkeit, des Humors, der Entspannung und Freude.

In mir entstanden Ideen, wie ich Henris Erfahrungen zu Papier bringen könnte, doch dann las ich Rodleigh Stevens' unveröffentlichte Erinnerungen an seine Freundschaft mit Henri unter dem Titel „What a Friend We Had in Henri". Darin fand ich Anregungen für ein Buch, das sich fesselnd als erdachte Geschichte lesen würde, aber auf wahren Begebenheiten basierte. Rodleighs Erinnerungen halfen mir auch, Klarheit zu bekommen über etwas, das mich nachhaltig beschäftigte. Henri war zwar häufig niedergedrückt und fordernd, aber er war auch leutselig. Beim Lesen von Rodleighs Erinnerungen musste ich an manchen Stellen laut lachen bei der Erinnerung an unseren eifrigen, etwas ungeschickten und einfühlsamen Freund. Es hat schon seinen Grund, dass seine Freunde ihn nach so vielen Jahren immer noch vermissen.

Henri wollte diese Geschichte als „kreatives Sachbuch" schreiben. Natürlich hat er durchgängig kreativ geschrieben. Sein künstlerisches Geschick zeigt sich in seinen veröffentlichten Tagebüchern auch in der Art, wie Henri sich selbst in eine Figur in seiner Erzählung verwebt und genau auswählt, was er preisgeben möchte.

Auch wenn ich Henris Wunsch, eine „kreative" Geschichte zu erzählen, berücksichtigte, musste ich nachvollziehen können, was an dem Tag von Henris erstem Herzinfarkt tatsächlich geschehen war. Wie wird ein Patient in einer medizinischen Notfallsituation durch ein Fenster gebracht? Dennie Wulterkens, ein Spezialist, der in den 1990er-Jahren Rettungssanitäter auf genau solch eine Rettung vorbereitete, war so freundlich, mir den Vorgang ganz genau zu erklären. Da es uns nicht möglich war, den Rettungssanitäter, der Henri in seinem Hotelzimmer versorgte, ausfindig zu machen, habe ich ihn kurzerhand „Dennie" genannt.

Selbst in einer medizinischen Notlage wäre es Henri wichtig gewesen, den Namen der Person zu erfahren, die ihn versorgte.

Bis auf „Dennie" sind alle Personen real und namentlich genannt. Mein wichtigstes künstlerisches Zugeständnis ist, dass Henris Reflexionen über sein Leben während seines Herzinfarkts frei erfunden sind. Dieses Buch ist außerdem keine Biografie. Viele wichtige Menschen und Erlebnisse in Henris Leben finden keine Berücksichtigung.

Ich wünsche mir, dass Sie Henris Stimme möglichst direkt hören, darum sind die eingerückten Worte aus seiner eigenen Feder kursiv gesetzt und nicht bearbeitet. Hin und wieder habe ich sie ein wenig gekürzt oder sachlich korrigiert. Quellen mit ausführlichen Anmerkungen sind am Ende des Buches zu finden.

„Ich hatte nicht vor, am Beispiel der Rodleighs eindrucksvolle geistliche Wahrheiten zu erklären, sondern wollte einfach eine gute Geschichte schreiben", erklärte Henri seinem deutschen Lektor. Ich bin fest davon überzeugt, dass dies eine sehr gute Geschichte ist, wie Henri es sich erhofft hatte. Und beim Lesen könnten Ihnen einige unerwartete Erkenntnisse begegnen. Bei mir war das auf jeden Fall so.

Doch tauchen Sie zuerst ein und freuen Sie sich an der Geschichte!

Carolyn Whitney-Brown
Cowichan Bay, British Columbia, Kanada
16. September 2021

TEIL I

Der Anruf

KAPITEL 1

Zwei Rettungssanitäter in weißer Kluft stürmen in Henris Hotelzimmer. Sie sprechen Niederländisch, Henris Muttersprache. Henri, der in seiner Reisekleidung auf dem Hotelbett liegt, freut sich, sie zu sehen.

Einer von ihnen stellt sich als Dennie vor und reicht Henri die Hand. Henris Augen hinter seinen Brillengläsern sind klar, doch Dennie beobachtet, dass sein Handschlag unsicher und seine Haut kühl ist. Dennie erklärt Henri, er sei ausgebildeter Rettungssanitäter beim Broeder-de-Vries-Rettungsdienst.

Der andere stellt sich als der Fahrer des Rettungswagens vor, ebenfalls ausgebildeter Rettungssanitäter. Schnell lässt er seinen Blick durch das hübsche Zimmer wandern, um einzuschätzen, welches Gepäck Henri hat – für den Fall, dass er ins Krankenhaus eingeliefert werden muss. Henris Koffer sind noch gar nicht ausgepackt.

Dennie leuchtet mit der Taschenlampe in Henris Augen und überprüft seine Pupillen, misst Henris Puls und legt eine Blutdruckmessmanschette um seinen Arm. Während er schnell und effektiv arbeitet, stellt er Henri Fragen: „Wie heißen Sie? Woher kommen Sie?"

Henri ist müde und ein wenig benommen, aber er antwortet so deutlich, wie er kann: Er ist Pater Henri J. M. Nouwen, heute morgen am Flughafen Schiphol in Amsterdam angekommen mit dem Nachtflug aus Toronto. Nach seiner Ankunft ist er ins Hotel gefahren, um auszuruhen.

„Wissen Sie, welches Datum heute ist und wo Sie sich gerade befinden?"

„Ja", erwidert Henri. Es ist Montag, der 16. September 1996, und er befindet sich in Hilversum, im Hotel Lapershoek. Seine Zimmernummer fällt ihm nicht ein, aber er weiß, dass es in einem der oberen Stockwerke liegt.

„Welche Beschwerden quälen Sie besonders? Und haben Sie sonst noch Schmerzen?"

„Ich habe Schmerzen in der Brust. Mein Arm tut weh, und mir ist abwechselnd heiß und kalt."

„Wann hat das angefangen? Hatten Sie so etwas schon einmal?"

„Nein", erwidert Henri. „Gestern habe ich mich ein wenig unwohl gefühlt, aber ich habe das nicht so ernst genommen, und ich konnte ja gleich nach meiner Ankunft ausruhen. Doch seit ich vor gut einer Stunde im Hotel eingecheckt habe, ist es schlimmer geworden."

Dennie wertet Henris Blutdruck aus. Henri ist froh, dass er keine Fragen mehr beantworten muss. Durch seine Gedanken wirbeln Worte und Bilder, aber das Sprechen strengt ihn sehr an.

Dies ist, so denkt Henri mit gemischten Gefühlen bei sich, eine Unterbrechung. In seinem Leben hat es viele Einschnitte gegeben. Einige von ihnen waren gut für ihn.

∗ ∗ ∗

FÜNF JAHRE ZUVOR HIELT SICH Henri in Freiburg auf und arbeitete an einem Buch. Bei dieser Gelegenheit konnte er den Trapezakt der Flying Rodleighs bewundern. Mit angehaltenem Atem verfolgte er ihre Darbietung, und beinahe schossen ihm Tränen in die Augen. Ganz plötzlich erfasste ihn eine jugendliche Schwärmerei. Er war neunundfünfzig Jahre alt, als er zusammen mit seinem Vater den Zirkus besuchte, und ganz bestimmt hatte er nicht damit gerechnet, dass dieser Auftritt ihn so tief anrühren würde. Anfangs wertete er sein Gefühl als Beklommenheit, weil die Darbietung so gefährlich wirkte. Erst später erkannte er seine körperliche Erregung. Seine Reaktion war so heftig, dass er wiederholt Mühe hatte, sie in Worte zu kleiden. Anfangs hatte er versucht, seine Gedanken auf ein Tonband zu sprechen. Connie, seine Sekretärin in Kanada, sollte das dann später abschreiben. Ihm war bewusst, dass er nur stammelte, aber er konnte nicht anders.

Was mich wirklich packte, was mich vollkommen faszinierte, waren die Trapezkünstler, und das ist der Grund, warum mich der Zirkus so in seinen Bann zog, und als ich sie ganz zu Anfang sah, konnte ich den Blick nicht abwenden. Zu dieser Truppe gehören fünf Trapezkünstler, vier aus Südafrika und ein Amerikaner. Ich war so beeindruckt von dieser Truppe, dass ich sie nicht aus meinen Gedanken verbannen konnte. Sie taten unglaubliche Dinge in der Luft, und irgendwie war das immer der Grund, warum ich in den Zirkus gegangen bin, und es war wichtig, dass mir das klarwurde. Es war nie wegen der Tiere und nie wirklich wegen der Clowns. Ich habe immer auf die Trapezartisten gewartet. Sie waren es, die mich wirklich in ihren Bann zogen.

Und diese Jungs waren einfach unglaublich. Eigentlich waren nicht nur Männer dabei. Die Truppe setzte sich zusammen aus drei Männern und zwei Frauen, und ich war gebannt von der Art, wie sie sich frei in der Luft bewegten und diese unglaublichen Sprünge vollführten, sich gegenseitig auffingen, und ich war einfach nur beeindruckt von ihrem körperlichen Können.

Aber genauso begeisterte mich die Gruppe als Team, die Art ihrer Zusammenarbeit, denn mir wurde klar, dass bei diesen Leuten eine große Vertrautheit herrschen musste, wenn alles so stark von Kooperation abhängig ist, wo alles so sehr auf gegenseitigem Vertrauen und genauem Timing aufgebaut ist.

Von Anfang an spürte ich den Zusammenhalt in der Gruppe, und ich beobachtete, dass sie ihre Darbietung genossen, dass sie wirklich Spaß dabei hatten, und in ihnen war eine Art von Erregung zu spüren, die sehr ansteckend auf mich wirkte.

Es war eine Art von Wow!-Effekt, verstehen Sie, und ich muss gestehen, dass die Truppe mir, als ich sie das erste Mal sah, beinahe wie Götter vorkam, so sehr, dass mir sogar der Mut fehlte, mich in ihre Nähe zu wagen. In mir spürte ich eine starke emotionale Reaktion. Ich hatte das Gefühl, dass diese Leute mit ihrem Talent und ihren Fähigkeiten unendlich weit über mir standen. Sie sind so herausragende Artisten, und ich bin nur ein kleiner unbedeutender Mensch, der so gern ihre Bekanntschaft machen würde. Eine persönliche Begegnung mit ihnen erschien mir unmöglich. Dieses Gefühl war sehr stark, beinahe schon große Ehrfurcht, und da war etwas in mir, das mehr war als nur das Gefühl eines Bewunderers, der einen Musiker oder Künstler anhimmelt. Es war, als würden diese Leute tatsächlich im Himmel leben; sie leben in der Luft, und ich lebe auf der Erde, und deshalb ist es mir nicht gestattet, mit ihnen zu reden, da die Distanz zwischen uns so groß ist.

Ich war so verblüfft über meine emotionale Reaktion auf diese Künstler, dass ich nicht den Mut hatte, sie nach der Vorstellung anzusprechen.

Noch lange, nachdem die Vorstellung vorbei war, geisterten sie in meiner Fantasie herum.

Und so besuchte ich eine weitere Vorstellung, und ich begann, verstehen Sie, mir alle anderen Attraktionen anzusehen, doch sobald diese Flying Rodleighs an der Reihe waren, wurde ich wieder ganz aufgeregt. Die Art, wie sie in die Manege spazierten und bis zur Spitze des Zirkuszeltes hochkletterten und dann diese unglaublichen Sprünge machten und die Musik und ihr Stil, wie sie einander anlächelten und welchen Spaß sie miteinander hatten, und ihr Timing, einfach die ganze Nummer. Ich konnte nicht glauben, dass sie das taten. Beim zweiten Mal war ich noch mehr fasziniert als beim ersten Mal. Es war einfach unglaublich, und ich wurde sehr nervös, weil ich dachte, dass ich nach der Vorstellung auf diese Artisten zugehen würde. Es ist, als würde ich mit Menschen von einem anderen Planeten reden.

Henri war tief beeindruckt von diesem Erlebnis. Vielleicht war diese höchst ungewöhnliche Begegnung mit einer Truppe von Trapezartisten keine Zäsur in seiner schriftstellerischen Tätigkeit, sondern die Anregung zu einem wichtigen neuen Buch. Ganz bestimmt würde er einen Weg finden, dieses Erlebnis zu beschreiben. Er konnte das Erlebte nicht für sich behalten. Es war sehr belebend für ihn.

* * *

DOCH JETZT IST DAS JAHR 1996, und er liegt auf einem Hotelbett in einer Stadt in der Nähe von Amsterdam. Zwei Rettungssanitäter versorgen ihn. Fünf Jahre sind vergangen seit diesem Ausflug zum Zirkus zusammen mit seinem Vater. Die Erinnerung hängt noch nach, allerdings hat er es nur fragmentarisch festgehalten in einem Tagebuch, das er über mehrere Wochen hinweg führte. Außerdem hat er sich viele Ideen notiert. Doch bisher ist es ihm nicht gelungen, sein Buch über die Flying Rodleighs zu schreiben.

Wie es wohl wäre, loszulassen, fragt er sich jetzt, während er zusieht, wie Dennie seine medizinische Ausrüstung auspackt.

Ich habe dieses Buch nie geschrieben, flüstert es leise in ihm. Es fällt ihm schwer, sich das einzugestehen, als wäre es eine Tatsache, die nicht mehr zu ändern ist, als hätte er es tun können und nicht getan. Eine beiläufige Bemerkung, Smalltalk. Es sei denn natürlich, ein aufmerksamer Zuhörer würde fragen: „Warum nicht?"

Darauf, so wird ihm klar, hat er keine Antwort.

KAPITEL 2

Dennie knöpft Henris Hemd auf und schiebt sein Unterhemd hoch, um sein Herz abzuhorchen. In dem Zimmer ist es nicht besonders kalt, aber für Henri ist es ungewohnt, seine Brust zu entblößen, erst recht vor anderen Menschen. Er zittert.

* * *

EINIGE MONATE NACH SEINER BEGEGNUNG mit den Flying Rodleighs las Henri den abgetippten Text seiner diktierten Worte über die Trapeztruppe noch einmal durch und lächelte bei der Erinnerung an diese Tage, über denen ein ungewöhnlicher Zauber lag. Mit den Fingern strich er durch seine dünner werdenden Haare und dachte über den Text nach, der noch nicht so richtig erfasste, was er sagen wollte. Oder besser, das war nicht so, wie er es gern ausgedrückt hätte. Sein Ziel war nicht, seine eigene Begeisterung zu beschreiben, vielmehr sollte der Leser dasselbe empfinden wie er. Frustriert seufzte er auf. Er wollte eine Geschichte erzählen von seiner Schwärmerei für die Flying Rodleighs und von seiner Zuneigung zu dieser Truppe. Zwar war er ein erfolgreicher Schriftsteller, doch bisher hatte er es nie mit einer *Geschichte* versucht.

Immer neugierig, immer bereit, zu lernen, kaufte er zwei Bücher übers Schreiben. Einige Passagen in Theodore Cheneys Buch *Writing Creative Nonfiction* schienen genau das zu beschreiben, was er gern umsetzen würde. *Verwende konkrete Details*, vermerkte er am Rand. „Entwickeln Sie die Geschichte nacheinander, eine Szene nach der anderen", unterstrich er.

Er versuchte es erneut, entwarf eine genau durchdachte Szene in Europa, in der er selbst Verfasser geistlicher Schriften war und an einem Buch über Liebe und innere Freiheit schrieb.

*Der Besuch in der süddeutschen Stadt Freiburg ist immer ein großes Ver-
gnügen für mich. Die friedlichsten und angenehmsten Erinnerungen der
letzten Jahrzehnte sind mit dieser Stadt verbunden, die so wunderschön
zwischen dem Rhein und den Ausläufern des Schwarzwalds gelegen ist.*

*Im April 1991 war ich wieder für einen Monat dort zu Besuch, um
zu schreiben. Die Arche-Gemeinschaft Daybreak in Toronto, bei der ich
seit 1986 ein Heim gefunden habe, gibt mir die Freiheit, mindestens zwei
Monate im Jahr Abstand zu gewinnen von dem sehr intensiven und hektischen Zusammenleben mit geistig behinderten Menschen und mich frei
von Schuldgefühlen „zu verwöhnen", indem ich Gedanken, Ideen und
Geschichten sammele, um neue Visionen zu Papier zu bringen darüber,
wie Gottes Geist seine heilende Gegenwart unter uns offenbar werden
lässt.*

*Ich liebe Daybreak: Die Menschen, die Arbeit, die Feste, aber mir wird
auch zunehmend bewusst, dass diese Menschen meine Zeit und Energie
so vollständig in Anspruch nehmen, dass es praktisch unmöglich ist, die
Frage aufkommen zu lassen: „Worum geht es hier überhaupt?".*

*Ich verbrachte den größten Teil meines Tages im Gästezimmer im
zweiten Stock eines kleinen Hauses der Franziskaner und schrieb über
„das Leben der Geliebten". In den vergangenen Jahren haben die Bewoh-
ner von Daybreak mir geholfen, die einfache, aber tiefe Wahrheit wie-
derzuentdecken, dass alle Menschen, behindert oder nicht, die geliebten
Töchter und Söhne Gottes sind, und dass sie wahre innere Freiheit finden
können, wenn sie diese Wahrheit für sich in Anspruch nehmen.*

*Diese geistliche Erkenntnis berührte mich so tief, dass ich einen ganzen
Monat lang darüber nachdenken und schreiben wollte in der Hoffnung,
dass ich in der Lage sein würde, mir selbst und anderen zu helfen, die
tiefsitzende Gefahr der Selbstzurückweisung zu überwinden.*

„Verfasser von Sachbüchern begrenzen sich darauf, uns zu zeigen, wie sie die
Dinge in der Welt sehen, und sie überlassen es dem Leser, zu interpretieren, was
das alles bedeutet." Henri unterstrich diesen Satz, und dieses Mal erzählte er die
Geschichte ohne Interpretation.

*Diese Zeit in Freiburg sollte jedoch einzigartig werden. Sie bescherte mir
ein unvorstellbares Geschenk, das für mich vollkommen überraschend*

kam: das Geschenk eines ganz neuen Bildes davon, dass die Menschheit geliebt ist – ein Bild, das mich über viele Jahre hinweg beschäftigen würde. Es war so unerwartet, so erfrischend und so aufschlussreich, dass es mich auf eine ganz neue Reise führte, auf eine Reise, die ich mir so nie hätte vorstellen können, nicht einmal in meinen kühnsten Träumen.

Ich will Ihnen erzählen, wie es dazu kam. Alles begann mit meinem Vater, der in den Niederlanden lebt und mich gern in Freiburg besuchen wollte.

Während der einen Woche seines Besuchs ließ ich meine schriftstellerische Arbeit ruhen; wir verbrachten unsere Zeit damit, „bestimmte Orte zu besuchen". Wegen der Herzschwäche meines Vaters konnten wir zwar keine langen Spaziergänge unternehmen, und da die Besichtigung von Museen und Kirchen zu anstrengend für ihn gewesen wäre, suchte ich als Unterhaltung für uns Konzerte und Filme heraus. Ich durchforstete die Zeitung und erkundigte mich nach interessanten Veranstaltungen. Jemand meinte scherzend: „Nun, der Zirkus ist in der Stadt!" Der Zirkus, der Zirkus! Schon lange hatte ich keinen Zirkus mehr besucht – seit meinem Besuch im Ringling-Barnum and Bailey Circus in New Haven in Connecticut war mir das nicht einmal mehr in den Sinn gekommen. Ich fragte also meinen Vater: „Hättest du Lust, mit mir in den Zirkus zu gehen?" Ich spürte ein kleines Zögern, doch dann antwortete er: „Ich würde gern mitkommen. Lass uns hingehen."

Und so besuchten Franz Johna, seine Frau Reny, ihr Sohn Robert, mein Vater und ich den Zirkus. Es war der Zirkus Simoneit-Barum, der gerade erst in die Stadt gekommen war. Was mich erwartete, wusste ich nicht. Ich wollte nur, dass mein Vater seinen Spaß hatte und wir alle einen guten Abend verleben würden: Fröhliches Lachen, große Überraschungen, angenehme Gespräche und anschließend ein gutes Essen. Auf keinen Fall war ich auf eine Erfahrung vorbereitet, die großen Einfluss haben würde auf mein künftiges Denken, Lesen und Schreiben.

Das Programm war wie zu erwarten: Pferde, Tiger, Löwen, Zebras, Elefanten und sogar eine Giraffe und ein Rhinozeros – eine angenehme Unterhaltung, aber wenn da nicht die „Flying Rodleighs" gewesen wären, hätte ich den Abend bereits nach kurzer Zeit vergessen und wäre zu meinem Buch „The Life of the Beloved" zurückgekehrt, ohne einen weiteren Gedanken an den Zirkus zu verschwenden.

Als letzte Darbietung vor der Pause betraten fünf Trapezartisten, zwei Frauen und drei Männer, in majestätischer Haltung die Manege. Nachdem sie sich zur Begrüßung einmal um die eigene Achse gedreht hatten und ihre weiten, silbernen Umhänge um sich herumwirbeln ließen, nahmen sie die Umhänge ab, reichten sie ihren Assistenten, schwangen sich in das große Netz und begannen mit dem Aufstieg über die Strickleitern zu ihren Podesten ganz oben im Zelt. Von dem Augenblick ihres Erscheinens an verfolgte ich wie gebannt jede ihrer Bewegungen. Die selbstbewusste und fröhliche Art, in der sie die Manege betraten, lächelnd das Publikum begrüßten und dann zum Trapezaufbau hochkletterten, sagte mir, dass ich etwas zu sehen bekommen würde, nein, besser, etwas erleben würde, das diesen Abend zu einem ganz besonderen Erlebnis machen würde.

„Eine Szene bildet die Bewegung des Lebens ab; Leben ist Bewegung, Aktion." Das gefiel ihm. Mit dem, was er über das Trapez schrieb, wollte er Bewegung und Aktion vermitteln. Seine früheren Bücher enthielten eine Botschaft, die er weitergeben wollte, doch dieses Buch war anders. Die Bedeutung seines Erlebnisses konnte er nicht genau benennen. Aber es war so mächtig und körperlich, dass er es mitteilen wollte.

Die folgenden zehn Minuten schenkten mir einen Einblick in eine Welt, die mir bisher verschlossen gewesen war, in eine Welt der Disziplin und Freiheit, der Unterschiedlichkeit und Harmonie, des Risikos und der Sicherheit, der Individualität und Gemeinschaft, und vor allem des Fliegens und Fangens.

Ja, das ist es, dachte Henri, als er im Schreiben inne hielt. Fliegen und Fangen. Das ist es, was ich mir immer gewünscht habe.

Ich weiß immer noch nicht genau, was an jenem Abend geschehen ist. War es die Anwesenheit meines achtundachtzigjährigen Vaters, die mich in einer Trapezdarbietung, die für viele einfach nur eine von vielen unterhaltsamen Darbietungen in einem zweistündigen Zirkusprogramm ist, einen Hauch der Ewigkeit erkennen ließ? (Bestimmt hatte er etwas damit

zu tun, da in seinem Besuch die wundervolle Eigenschaft der gegenseiti-
gen Freiheit und gegenseitigen Bindung zum Ausdruck kam, die entste-
hen kann, wenn Vater und Sohn älter geworden sind.) Oder lag es daran,
dass ich mich so stark darauf konzentrierte, mein eigenes Geliebtsein als
ein ewiges Geschenk und die Aufforderung zu verstehen, dieses Geliebt-
sein auch anderen bedingungslos kund zu tun?

Es besteht wenig Zweifel daran, dass mein Herz und Geist darauf
vorbereitet waren, neue Visionen zu sehen und neue Geräusche wahr-
zunehmen. Und warum sollten die Engel Gottes nicht in der menschli-
chen Gestalt von fünf Trapezartisten zu mir kommen? Vielleicht lag es
auch daran, dass ich so weit weg war von meinen alltäglichen Pflichten
und Aufgaben in meiner Gemeinschaft, und vielleicht schenkte mir diese
ungewöhnliche Gelegenheit, Zeit und Raum auf so unvorhergesehene
Weise zu nutzen, eine neue, innere Erkenntnis.

Dort auf meinem Platz im Zirkus wurde mir bewusst, dass ich die Frei-
heit hatte, zu sehen, was ich sehen wollte und musste, und dass niemand
mich zwingen konnte, meinen Blick derart zu begrenzen, dass ich nur
eine gut dargebotene, aber niemals perfekte Luftakrobatik sah.

Henri las diesen Abschnitt noch mal durch. *Niemand konnte meinen Blick begren-*
zen. Warum hatte er das geschrieben? Dieser Gedanke erschien ihm ziemlich
kindisch, als müsste er sich einer mit Vorurteilen behafteten äußeren Autorität
widersetzen, die seine Wahrnehmungen oder Erfahrungen einschränken wollte.
Aber vielleicht, dachte er, ging es genau darum, sich kindlich zu fühlen, weil die
Darbietung der Flying Rodleighs ihn zurückführte zu einem sehr viel früheren
Augenblick in seinem Leben.

Von dem Moment an, wo die fünf Artisten die Manege betraten, war
ich von einem überzeugt: Sie führten mich dreiundvierzig Jahre zurück,
als ich als sechzehnjähriger Teenager in einem holländischen Zirkus zum
ersten Mal Trapezartisten gesehen hatte. An die anderen Attraktionen
erinnere ich mich nicht mehr, nur das Trapez hat einen bleibenden Ein-
druck hinterlassen. Die Trapezdarbietung ließ eine Sehnsucht in mir
entstehen, die keine andere Kunstform wachrufen konnte: den Wunsch,
einer Gemeinschaft der Liebe anzugehören, die die Begrenzungen der All-
täglichkeit zu durchbrechen vermochte.

Obwohl ich alles andere als sportlich bin und mich in Wettkämpfen niemals hervortun konnte, wurde das Trapez ein Traum von mir. Trapezartist zu sein, symbolisierte für mich die Sehnsucht des Menschen nach Selbsttranszendenz – danach, über sich hinauszuwachsen, in das Herz der Dinge zu schauen.

Während ich neben meinem Vater in Freiburg die Zirkusvorstellung verfolgte, stieg dieser Wunsch aus meiner Teenagerzeit mit aller Macht wieder in mir hoch. Mehr als vierzig Jahre lang hatte ich nicht mehr daran gedacht, aber wie lebendig und real war er – als wären alle diese Jahre in einer Sekunde verflogen. So viel und so wenig war zwischen 1948 und 1991 geschehen. Vielleicht war alles, was sich ereignet hatte, nur Variationen derselben Sehnsucht nach Selbsttranszendenz. Dass ich Priester wurde, Psychologie und Theologie studierte, die ganze Welt bereiste, Vorträge hielt und Bücher schrieb für die unterschiedlichsten Gruppen von Zuhörern und Lesern, dass ich mein Land verließ, an verschiedenen Universitäten lehrte und mich schließlich einer Gemeinschaft von geistig behinderten Menschen anschloss – war all das der Versuch, ein Flieger und ein Fänger zu sein?

Während ich im April 1991 in diesem Zirkus in Freiburg saß, sah ich, wie das, was für mich nur ein Wunsch gewesen war, vor meinen Augen zur Realität wurde, und mir wurde klar, dass das, was die fünf Artisten taten, genau das war, was ich immer tun wollte.

Eine Gemeinschaft der Liebe, die die Begrenzungen der Alltäglichkeit durchbrechen kann. Das, was für mich nur ein Wunsch gewesen war, wiederholte Henri.

Die Flying Rodleighs waren atemberaubend, die Frauen in einem Kostüm, das Henri an Badeanzüge erinnerte, die Männer mit nackter Brust in glitzernden, eng anliegenden Hosen aus Elasthan. Henri hatte sich schon immer zu Männern hingezogen gefühlt. Das wurde ihm bereits in jungen Jahren bewusst. Bei seinen engen Freunden bekannte sich Henri zu seiner Homosexualität, doch sein Gelübde, als Priester zölibatär zu leben, nahm er sehr ernst. Aber nicht nur die körperliche Schönheit der Rodleighs rührte ihn an. Es war auch die Freiheit, das Zusammenspiel der Truppe, die anmutige Gemeinschaft und Freude, die in ihrer Darbietung zum Ausdruck kamen.

Henri las seine Worte noch einmal durch. *Variationen derselben Sehnsucht nach Selbsttranszendenz.* Oder vielleicht nach Flucht? Oder Zugehörigkeit? Schon beim Schreiben über dieses Erlebnis wurden in Henri Emotionen wach, die er kaum in Worte fassen konnte, und Tränen stiegen ihm in die Augen. Aber das war noch nicht alles. Er trieb sich an, weiterzuschreiben.

Ein paar Tage nach diesem beeindruckenden Abend kehrte mein Vater in die Niederlande zurück, und ich wendete mich wieder meinem Buchprojekt zu. Obwohl Franz und Reny Johna, ihrem Sohn Robert und vor allem meinem Vater der Zirkusabend sehr gefallen hatte, sprachen wir nicht mehr viel darüber. Andere Ereignisse und andere Menschen forderten unsere Aufmerksamkeit, und der Drang des Menschen, zum Vertrauten zurückzukehren, reduzierte das Zirkus-Erlebnis auf eine angenehme Ablenkung.

Doch dann bekam ich mit, wie der Ordensobere der Franziskaner, bei denen ich untergekommen war, zu einem der Studenten sagte: „Komm, wir gehen heute Abend in den Zirkus!" Obwohl ich bisher nie den Wunsch verspürt hatte, einen Film mehr als einmal anzuschauen, erfüllte mich der Gedanke an einen erneuten Zirkusbesuch mit Erregung, und es war nicht schwer, vom Ordensoberen und seinen Studenten eingeladen zu werden, sie zu begleiten. Kurz vor unserer Abfahrt holte ich aus meinem Zimmer das Programmheft des Zirkus Barum, das ich einige Tage zuvor gekauft hatte, und schlug die Seite der Trapezartisten auf. Dort las ich:

Kraft und Geist – in dieser Darbietung begegnen wir einem Medizintechniker, einer Krankenschwester, einer Sportlehrerin, einem Schiffsbauer und einem Clown. Rod, der Leiter der Gruppe, mit seiner Frau Jennie, seiner Schwester Karlene und dem Fänger Johan Jonas kommen aus Südafrika. Jon, der zweite Fänger, ist Amerikaner und arbeitete vorher beim Ringling Circus. Diese talentierten Artisten finden sich zusammen in einer der besten Trapezdarbietungen, die es gibt.

Beim Durchlesen dieser Informationen über die fünf Akrobaten beschleunigte sich mein Herzschlag. Es war, als hätte ich einen Blick hinter den Vorhang einer der bewegendsten Darbietungen werfen dürfen, die ich je gesehen hatte. Und auf einmal durchströmten mich Gefühle, die ganz neu für mich waren: Neugier, Bewunderung und der sehr intensive Wunsch, dabei zu sein, aber auch Gefühle der Ehrfurcht, Distanz und eine unge-

wohnte Schüchternheit. Ich erinnere mich nicht, jemals besonders für einen Star oder eine berühmte Persönlichkeit geschwärmt zu haben. In meinem Zimmer hingen nie Poster von Sportgrößen oder Musikstars. Doch jetzt empfand ich diese seltsame Mischung aus Anbetung und Furcht, die vermutlich im Herzen eines Heranwachsenden zu finden ist, der sich in ein Idol auf einer unerreichbaren Bühne verliebt hat.

KAPITEL 3

Dennie tastet unter der Decke Henris Füße und Knöchel ab. Ein wenig geschwollen, sagt er, aber das konnte auch eine Nachwirkung seines Nachtfluges sein. Er bittet den Fahrer des Rettungswagens, ihm den Life-Pak 10 Defibrillator zu reichen, und legt drei EKG-Sensoren auf Henris Brust.

An Henris rechter Hand befestigt er eine Fingerklemme und erklärt, dass damit der Sauerstoffgehalt in seinem Blut gemessen wird. Henri ist dankbar, dass Dennie ihm erklärt, was geschieht. Das gibt ihm ein Gefühl der Sicherheit.

„Ich muss auch einen Infusionsschlauch legen, um Ihre Glukosewerte zu messen und Ihnen vielleicht ein Medikament zu verabreichen", erklärt Dennie. „Ich mache das jetzt sofort, für den Fall, dass Ihr Blutdruck absinkt. Dann wird es sehr schwierig, eine Vene zu finden. Sind Sie Rechts- oder Linkshänder?"

„Rechtshänder", erwidert Henri, und er zuckt zusammen, als der Rettungssanitäter eine Nadel in seinen linken Handrücken sticht.

„Können Sie den Kopf heben?", fragt Dennie. Henri versucht es, aber sofort dreht sich das ganze Zimmer um ihn. Dennie wirft einen Blick auf den Monitor des Defibrillators und schnappt sich sofort sein tragbares Funkgerät.

Henri hört seine Stimme, in der jetzt große Dringlichkeit liegt. Er bittet den Disponenten, die Feuerwehr zu verständigen, um mit oberster Priorität die Rettung eines Patienten aus einem der oberen Stockwerke des Hotel Lapershoek zu unterstützen. Der Patient soll ins Krankenhaus von Hilversum gebracht werden. Der Disponent möge bitte dafür sorgen, dass auf der Intensivstation des Krankenhauses ein Team für die Versorgung eines Herzpatienten bereit steht.

Henri wartet, dass der Schwindel nachlässt. Er empfindet keine unmittelbare Gefahr, aber der Funkspruch des Rettungssanitäters lässt auf einen Notfall schließen.

Der Fahrer des Rettungswagens telefoniert mit der Rezeption. Zwei Feuerwehrwagen sind unterwegs, erklärt er dem Hotelmanager. Ob jemand vom Hauspersonal bitte das größte Fenster öffnen könnte? Ja, sofort.

Dennie steckt das Funkgerät in die Halterung und kehrt zu Henri zurück. Er sieht, dass Henri nicht so ganz begreifen kann, was er mit angehört hat. Eine direkte Antwort auf seine unausgesprochenen Fragen würde er bestimmt zu schätzen wissen.

„Diese Situation ist ein wenig ungewöhnlich", erklärt Dennie sanft. „Der Rettungswagen steht auf dem Parkplatz, aber für eine Trage ist der Aufzug zu klein. Sie müssen unbedingt liegend transportiert werden. Mit dem Aufzug können wir Sie also nicht nach unten bringen. Über die Treppe geht es auch nicht. Sie ist zu steil, und Ihr Blutdruck ist sehr niedrig."

Henri scheint seinen Erklärungen folgen zu können. Dennie holt tief Luft und sucht Henris Blick, weil die folgende Information besonders wichtig ist.

„Wir haben die Feuerwehr gerufen. Man wird Sie durch ein Fenster herausholen."

Henris Augen weiten sich. Hat er Schmerzen oder ist das Angst? Dennie kann es nicht sagen. Anspannung spürt er keine. Henri scheint etwas sagen zu wollen, schweigt aber.

Durch ein Fenster. Trotz seiner Beschwerden ist Henri fasziniert. Erst neun Monate zuvor hatte er in Prag in sein Tagebuch geschrieben: *Ich habe ein neues Wort gelernt: Fenstersturz.* Das geschah, so erfuhr er, 1419 und noch einmal 1618, als die Menschen ihre Gegner aus dem Fenster stießen, und vermutlich auch 1948. Henri hatte unbeschwert hinzugefügt: *Ich hatte noch nie von dieser seltsamen ‚Sitte' gehört, aber ich habe beschlossen, meine Fenster geschlossen zu halten!*

Zum Glück scheint der Rettungssanitäter, der jetzt vorschlägt, ihn durch das Fenster nach unten zu bringen, sehr nett zu sein.

* * *

SEIN GANZES LEBEN LANG INTERESSIERTE sich Henri besonders für Menschen, die ganz oben waren, die Überflieger auf jedem Gebiet. Schon während seiner Universitätszeit sahen Henris Freunde in ihm einen sozialen Aufsteiger. Doch Henri pflegte nicht nur die Beziehungen zu einflussreichen Menschen. Er interessierte sich für jeden, aus jeder sozialen Schicht. Wie sein Vater mochte er Menschen, die etwas gut konnten, die kunstfertig, diszipliniert, voller Überzeugung ihre Aufgaben erledigten. Wo kam sie her, diese breitgefächerte Neugier, dieser beharrliche Wunsch, die Welt aus einer anderen Perspektive zu sehen, in die Haut anderer Menschen zu schlüpfen?

Das war mehr als nur reine Neugier. Vielleicht war es eine Art der Selbstzurückweisung. Sein ganzes Leben lang hatte sich Henri einen anderen Körper gewünscht. Solange er denken konnte, war in seinem Körper ein Hunger, der nie gestillt werden konnte. Nach seiner Geburt hatte seine Mutter die strikte Anweisung bekommen, den Säugling nur alle vier Stunden zu füttern, egal wie hungrig und verzweifelt er schrie. Dieses ständige Hungergefühl führte sie auf diese erste Zeit als Säugling zurück. Seine Kindheit in Kriegszeiten in Holland und anschließend der Hungerwinter 1944/45 ohne Nahrung verstärkten diesen körperlichen Hunger.

Henri war auch bewusst, dass er sich in seinem Körper nie wohl gefühlt hatte, dass in seinem Körper Sehnsüchte und Wünsche waren, die er niemals in Worte zu fassen wagte. Sein Körper sehnte sich nach mehr Freiheit. Schon als Teenager wollte er sein wie ein Trapezartist, die Freiheit und Transzendenz einer künstlerischen Gemeinschaft teilen.

* * *

HENRI WÜRDE DENNIE GERN MEHR von sich erzählen. Bestimmt würde Dennie doch gern mehr über die Flying Rodleighs erfahren. In einem Interview im Jahr 1995 war Henri gefragt worden: „Wie wollen Sie die Prinzipien der Flying Rodleighs in den kommenden Jahren in Ihrem Leben umsetzen?" Voller Begeisterung hatte Henri geantwortet: *„Ein Prinzip ist, dass ich gern freier wäre. Dass ich gern mehr Risiken eingehen würde, wissen Sie, und mehr Vertrauen haben würde. Und das ist auch tatsächlich geschehen. Auf ganz tiefe Weise einfach diese verrückte Sache zu machen. Ich habe ein Wohnmobil gemietet und bin mit dem Zirkus durch Deutschland gereist – das ist natürlich ein wenig verrückt, und ganz bestimmt, wenn man die Sechzig bereits überschritten hat. Auf einer tieferen Ebene, meine ich, hat es mir das Gefühl gegeben, dass mein Leben gerade erst anfängt."*

Aber Dennies Aufmerksamkeit gilt Henris Körper, und Henri ist viel zu kraftlos, um das zu erklären. Und sowieso kam die Reise mit den Flying Rodleighs erst später.

KAPITEL 4

C S. Lewis schieb in seinem Buch *Über die Trauer*, niemand hätte ihm je gesagt, dass Trauer sich genauso anfühlte wie Furcht: „Dasselbe Flattern im Magen, dieselbe Ruhelosigkeit … Ich schlucke ständig." Henri schluckt. Seine Gefühle im Hotelzimmer kommen dem der Furcht sehr nahe, aber da ist noch ein anderes Gefühl, seltsamerweise der Erregung ähnlich, die ihn fünf Jahre zuvor erfasst hatte. Niemand hatte Henri je gesagt, dass Furcht sich so anfühlt wie jugendliche Begierde, dasselbe Herzklopfen, dasselbe ruhelose Zucken, die beunruhigenden Emotionen, die sich in Tränen Bahn brechen. Seine körperlichen Reaktionen jetzt in Hilversum unterscheiden sich nicht so sehr von dem, was er 1991 gefühlt hat, als er den Flying Rodleighs zum ersten Mal begegnet ist.

* * *

Während ich mir im Programmheft des Zirkus die Fotos der fünf Artisten anschaute, fragte ich mich, wie diese fünf Menschen wohl zusammengefunden und diese zehn Minuten ihres Luftballetts entwickelt hatten. Ich sagte zu mir: „Wer ist Rodleigh? Wer ist Jennie? Wer ist Karlene? Wer ist Johan? Wer ist Jon? Wer sind diese Menschen, die irgendwo in einem Zirkuszelt in Deutschland durch die Luft fliegen und sich gegenseitig auffangen? Ich wünschte, ich könnte mit ihnen reden, sie mir genauer ansehen, sie berühren und vielleicht ihr Freund werden."

Meine Wünsche machten mich verlegen, aber ich wollte mich von meiner Verlegenheit einfach nicht zu sehr beunruhigen lassen. Denn schließlich … niemand schaute zu … ich war weit weg von zu Hause … weg von allen Pflichten und Verpflichtungen … weit weg von dem normalen Muster meines Lebens. Warum sollte ich nicht ein Teenager sein, ein Fan, ein uneingeschränkter Bewunderer? Was hatte ich schon zu verlieren?

Diese inneren Grübeleien machten deutlich, dass ich Schwierigkeiten hatte, mit meinen aufgewühlten Emotionen umzugehen. Kurz darauf, als ich mit meinen Gastgebern aus dem Franziskanerorden zum Zirkus unterwegs war, dachte ich immerzu: „Wie kann ich diese Artisten kennenlernen? Ob sie wohl offen sind für eine Begegnung mit mir, ob sie wohl mit mir reden, mir ihre Zeit und Aufmerksamkeit schenken, oder werden sie mir begegnen wie einem ihrer vielen Fans, der neugierige, aber törichte Fragen stellt und verscheucht werden muss wie eine Biene von einem Marmeladentopf?" Mir wurde bewusst, dass meine Franziskanerbrüder keine dieser Fragen bewegte und sie auch ganz gewiss kein Verständnis dafür hätten.

Als wir durch den Eingang schritten, der mit Hunderten kleinen Lichtern, beleuchteten Bildern von Löwen, Tigern und Clownsgesichtern geschmückt war, stand Zirkusdirektor Gerd Simoneit dort. In dem Augenblick, in dem ich ihn erblickte, wusste ich, dass dies meine Chance war, eine Begegnung mit der Zirkustruppe herbeizuführen. Während meine Gefährten das Zirkuszelt betraten und sich auf die Suche nach ihren Plätzen machten, trat ich auf ihn zu und sagte auf Deutsch: „Guten Abend, mein Herr. Vor ein paar Tagen hatte ich mir Ihre Vorstellung angeschaut und sie sehr genossen. Vor allem die Flying Rodleighs haben mich beeindruckt. Ob ich die Artisten wohl kennenlernen könnte? Was meinen Sie?"

Seine Antwort überraschte mich. Er deutete auf eine Frau mit einem kleinen Mädchen, die gerade an dem Stand mit dem Popcorn und den Getränken vorbeigingen. „Sie gehört zur Truppe; fragen Sie doch sie", erwiderte er.

Karlene wurde unsicher, als der Zirkusdirektor Gerd Simoneit auf sie deutete. In den Zirkusregeln war festgelegt, dass sie sich fertig geschminkt nicht vorne, wo die Zuschauer sie sehen könnten, aufhalten sollten, aber sie hatte ihrer Tochter Kail ein Eis versprochen. Doch statt eines Tadel verwies Simoneit einen großen, schlanken Holländer mittleren Alters an sie.

„Hallo, sprechen Sie Englisch?", fragte er.

„Oh ja", erwiderte sie. „Ich komme aus Südafrika."

Er strahlte vor Freude über das ganze Gesicht, und sie war so erleichtert, keinen Tadel bekommen zu haben, dass sie sofort das Gefühl hatte, einem alten Freund zu begegnen. Ihre kleine Tochter Kail war mit ihrem Eis beschäftigt und schenkte

ihnen keine Beachtung. Henris unterschwellige Bewunderung und sein sehr aus-
geprägter Wunsch, die Truppe kennenzulernen, amüsierten Karlene, und sie
lud ihn für die Pause nach ihrer Vorstellung in die Garderobenräume ein. Dort
könnte er alle kennenlernen. Sie dachte, dass ihr Bruder Rodleigh sich sicher gern
mit diesem grauhaarigen Bewunderer unterhalten würde. Daraufhin eilten sie
und Kail davon und in die Zurückgezogenheit der Garderobenräume.

Als ich ins Zirkuszelt eintrat und meine Freunde aus dem Franziskaner-
orden suchte, hatte ich das Gefühl, gerade einen großen Sprung gemacht
zu haben. Es schien, als hätte ich gerade etwas getan, das ich mir selbst
nie zugetraut hätte – als hätte ich sozusagen ein gefährliches Tabu gebro-
chen. Nachdem ich meine Gefährten gefunden hatte, konzentrierte ich
mich auf Gerd Simoneit, den Zirkusdirektor, der mit dem Mikrofon
in der Hand in die Manege trat und die erste Attraktion ankündigte:
Sascha Houke und seine Araberhengste. Doch mit den Gedanken war ich
ganz woanders. Ungeduldig ließ ich die Pferdenummer und die anderen
Darbietungen, die folgten, über mich ergehen. Endlich, mehr als fünf-
undvierzig Minuten später, brachte eine Gruppe Marokkaner das große
Netz herein. Mit erstaunlicher Geschwindigkeit wurde es über die ganze
Manege gespannt, mit langen Schürzen an beiden Enden, die bis in die
hintersten Ecken des Zeltes reichten.

Während der Vorbereitungen für die Trapeznummer wurden die
Zuschauer von einem Clown unterhalten. Und dann kündigte der Direk-
tor mit großer Souveränität die „gefährliche, spektakuläre und ästhetisch
ansehnliche Darbietung der … (Hier machte er eine Pause, um die Span-
nung zu steigern) … der Flying Rodleighs an. Unter großem Applaus zogen
die Artisten in die Manege ein, wirbelten mit ihren silbernen Umhängen
einmal um die eigene Achse, nahmen sie ab und schwangen sich ins Netz,
kletterten die Strickleitern hoch und begannen mit ihrer Darbietung.

Und wieder war ich vollkommen gefesselt von der umwerfenden Akro-
batik, doch dieses Mal empfand ich eine seltsame Furcht. Nachdem ich
mit Karlene gesprochen hatte und wusste, dass ich sie in wenigen Minuten
treffen würde, empfand ich nun eine ungewöhnliche Sorge um ihr Wohl-
ergehen. „Ich hoffe, alles geht gut. Ich hoffe, sie machen keine Fehler",
dachte ich unentwegt. Und dann passierte genau das. Karlene sprang von
ihrem Podest ab, um sich von ihrem Fänger auffangen zu lassen, doch ich

merkte, dass etwas nicht stimmte. Mein ganzer Körper verspannte sich,
als ich sah, wie Karlene die Hände ihres Fängers verfehlte und ins Netz
stürzte. Das Netz federte ihren Körper mehrmals hoch, bis er zur Ruhe
kam. Das Publikum keuchte auf, entspannte sich aber sofort wieder, als
es sah, wie Karlene sich aufrichtete, vom Netz sprang, zur Strickleiter
ging und wieder hochstieg, um weiterzumachen.

Henri zittert am ganzen Körper, wenn er sich vorstellt, welche Emotionen ein Mensch bei einer so gefährlichen körperlichen Darbietung empfindet; einer Darbietung, bei der die Möglichkeit des Versagens immer mitschwingt. Doch Karlene kletterte einfach die Leiter wieder hoch und machte weiter. Seine eigene emotionale Reaktion war für Henri kaum zu ertragen. Es war nicht nur der körperliche Sturz, sondern eher die Möglichkeit einer öffentlichen Demütigung, der Möglichkeit, von dem enttäuschten Publikum ausgepfiffen zu werden.

Danach konnte ich kaum noch zuschauen. Ich wusste, dass die Frau, die
ich gerade am Stand im Foyer kennengelernt hatte, unversehrt geblie-
ben war. Aber mich erschütterte, dass ich mich ganz unvermittelt mit
der anderen Seite dieses Luftballetts konfrontiert sah, nicht nur mit der
Gefahr, körperlichen Schaden zu nehmen, sondern auch damit, Versa-
gen, Scham, Schuld, Frustration und Zorn zu erleben.

KAPITEL 5

Dennie bemerkt, dass Henri zittert, und holt ihn aus seiner Träumerei zurück. „Also gut, die Feuerwehr wird eine Trage zu uns raufbringen. Das Fenster, durch das Sie geholt werden, befindet sich am Ende des Flurs. Sobald die Feuerwehr bereit ist, werden wir Sie auf der Trage dorthin rollen. Dieses Fenster ist groß genug, und die Trage wird hindurchpassen. Wir werden Sie durch das Fenster schieben auf die Hebebühne des Feuerwehrautos. Keine Angst, ich werde die ganze Zeit bei Ihnen bleiben, wenn Sie mit der Hebebühne nach unten gebracht werden."

Ganz kurz fragt sich Henri, ob er wohl einen skurrilen Traum erlebt, die Art von Träumen, die ihn quälen, wenn er abends seine Tabletten gegen Angststörungen vergisst. Ativan nimmt er nun schon seit mehr als sieben Jahren ein, und er hatte schon überlegt, ob er nicht versuchen sollte, sie langsam abzusetzen.

Erst sechs Monate zuvor, als der Frühling vor der Tür stand, besprach er die Frage seiner Medikation mit dem Arzt in New Jersey, den er während seines Sabbatjahres konsultierte. Er erklärte ihm, ihn beunruhige ein Erlebnis nach einem schönen Mittagessen und einer angeregten Unterhaltung mit Freunden.

„Als ich nach Hause kam, war ich ziemlich erschöpft, müde, schwindelig und nicht fokussiert. Mir wurde klar, dass der Grund für meinen Zustand der war, dass ich vergessen hatte, vor dem Schlafengehen die Ativan zu nehmen", berichtete Henri seinem Arzt. *„Da ich nicht sicher war, ob ich die Tablette nun genommen hatte oder nicht, wagte ich nicht, noch eine zu nehmen."* Seine Stimme verklang, bis er seine Gedanken wieder sammelte. *„Ich denke, seit meiner Operation im Januar 1989 bin ich abhängig von diesem Medikament. Wenn ich es nicht nehme, habe ich wilde Träume und schlafe sehr unruhig und werde von Ängsten gequält. Schon den ganzen Tag fühlte ich mich antriebslos und so, als würde ich neben mir stehen."*

Sein Arzt nickte verständnisvoll. „Wenn Sie Ativan absetzen wollen", erwiderte er, „dann müssen Sie sich darauf einstellen, dass dieser Zustand mindestens zwei Wochen anhalten wird."

Darüber dachte Henri nach. „*Dazu bin ich noch nicht bereit*", gestand er schließlich. „*Das erscheint mir eine zu große Verschwendung von Zeit und Energie.*"

Später am Tag beschrieb er dieses Gespräch mit seinem Arzt in seinem zur Veröffentlichung bestimmten Tagebuch, das er während seines Sabbatjahres führte. Vielleicht half den Lesern sein Eingeständnis von Verletzlichkeit weiter, dachte er. Viele Menschen erleben Abhängigkeiten von allen möglichen Medikamenten, weil sie wollen, dass es ihnen in ihrem Leben gut geht, und vielleicht fühlen sie sich weniger allein, wenn sie wissen, dass es auch ihm so ging. Über Erfahrungen zu schreiben, die viele Menschen teilen, gehört zu seinem Dienst. Es ist ein Weg, sich in seinem Leben für andere einzusetzen.

Jetzt fragt er sich, ob auch andere Leute von sportlichen Rettungssanitätern träumen, die sie aus dem Fenster werfen, wenn sie vergessen, ihre Medikamente zu nehmen. Aber nein, erkennt er, das ist ja kein Traum. Er befindet sich wirklich in einem Hotel in Hilversum und wartet auf das Eintreffen der Feuerwehr.

Auf einmal steigt Angst in ihm hoch, die Beklommenheit macht ihn unruhig. Es ist eine Sache, zu sagen, dass die Bewegung seines Lebens von seinem Geist als beliebter Professor, zu seinem Herz, dem Leben in Gemeinschaft mit Menschen mit geistigen Behinderungen, zu seinem Körper führt, den er erst seit Kurzem auf ganz neue Art entdeckte. Die elegante Bewegung von Kopf zu Herz zu Körper klang überzeugend, als er noch mit beiden Beinen fest auf der Erde stand. Doch jetzt sind seine Gedanken in Aufruhr, sein Herz verweigert offensichtlich seinen Dienst, und sein Körper soll aus einem Fenster gestoßen werden. Fenstersturz. Allein.

Doch er zwingt sich jetzt, lieber an jenen Tag zu denken, an dem er seinen neuen Freunden zum ersten Mal begegnete.

✳ ✳ ✳

Nachdem die Artisten ihre Vorführung beendet, den Applaus entgegengenommen hatten und hinter dem Vorhang verschwunden waren, entschuldigte ich mich bei meinen Begleitern und begab mich zum hinteren Teil des Zeltes.

In einer dunklen Ecke streiften sich die fünf Artisten ihre Trainingsanzüge über. Karlene entdeckte mich und winkte mich heran. Sie teilte der Gruppe mit, wir hätten uns vor der Vorstellung kennengelernt, und sie hätte mich eingeladen, nach ihrem Auftritt zu ihnen zu stoßen. Es gab keine formelle Vorstellung. Sie begrüßten mich nur und ließen mich dabei sein, während sie über ihren Auftritt sprachen.

Seufzend begab sich Rodleigh nach hinten. Er wollte Karlene fragen, wie es zu ihrem Patzer gekommen war. Bei so einem Vorkommnis war es ganz besonders wichtig, herauszufinden, was geschehen war, damit sich der Fehler nicht wiederholte.

Als er zu den anderen aus der Gruppe aufschloss, war Rodleigh nicht gerade begeistert, einen Fremden zu sehen, schon gar nicht an einem Tag, an dem die Vorstellung nicht fehlerfrei gelaufen war. Darüber könnten sie in Anwesenheit eines Fremden nicht reden. Na gut, dachte er, ich werde ihm sagen, dass er bleiben kann, wenn er sich zurückhält und einfach nur zuhört. Wir haben zu arbeiten.

Rodleighs Schwester Karlene stellte ihren neuen Freund Henri vor, und Rodleighs schlechte Laune wurde durch Henris aufrichtige Bewunderung und seine Komplimente ein wenig besänftigt. Anschließend stand die Truppe im Kreis zusammen, um ihren Auftritt zu analysieren. Henri drängelte sich in ihren Kreis hinein und unterbrach sie, wild mit den Händen gestikulierend, mit einem Sperrfeuer an Fragen. Verärgert, gleichzeitig aber auch ein wenig belustigt, bemühte sich Rodleigh, Henris Begeisterung ein wenig zu dämpfen. Henri stellte sich immer direkt vor die Person, die gerade sprach, sodass sie sich gegenseitig nicht sehen konnten. Es fiel Rodleigh schwer, seine Verärgerung zu unterdrücken. Schließlich geschah das nicht mit Absicht, und Henris Gesichtsausdruck war so komisch, dass am Ende alle fünf Trapezartisten lachten. Henri schien das nichts auszumachen. Tatsächlich war es so, dass ihre Heiterkeit ihm das Gefühl gab, willkommen und akzeptiert zu sein. Irgendwann fragte Rodleigh Henri, warum er sich immer direkt vor die Person stellte, die gerade sprach, und Henri erklärte, er hätte Probleme, ihre ihm unbekannten Worte gut zu verstehen, daher konzentriere er sich auf die Person, die gerade das Wort führte. Rodleigh akzeptierte die Erklärung und nahm sich vor, dass er, falls er Henri je wiedersehen sollte, laut und deutlich sprechen würde.

Während ich ihrem Gespräch folgte, wurde mir klar, dass ich in eine vollkommen neue Welt eingetreten war. Obwohl sie Englisch und sehr deutlich sprachen, konnte ich nicht einen einzigen Satz richtig verstehen. Ich schnappte Worte auf wie „hochhüpfen", „anlegen", „Übergang", „Wiege" und andere Ausdrücke, die ich nicht einmal aussprechen, geschweige denn zuordnen konnte. Trotzdem wurde deutlich, dass jedes kleinste Detail ihres zehnminütigen Aktes ausführlich analysiert und bewertet wurde. Aus Karlenes Sturz ins Netz wurde keine große Sache gemacht, obwohl das der Punkt war, der mich am meisten beschäftigte. Sie redeten darüber, aber es war nur ein Aspekt eines langen, komplizierten Ablaufs.

Nach diesem Gespräch verließ die Gruppe das Zelt und begab sich in Richtung ihrer Wohnwagen. Ich schloss mich ihnen an. Einer der Männer drehte sich zu mir um. „Ich bin Rodleigh", sagte er. „Jetzt haben Sie die Gelegenheit, mir Ihre Fragen zu stellen." Bei seinen Worten empfand ich eine gewisse Distanz und sogar ein wenig Angst, ein unwillkommener Eindringling zu sein, und außerdem hatte ich eigentlich gar keine speziellen Fragen. „Nun", erwiderte ich deshalb, „Ihr Akt hat mich so angerührt, dass ich Sie gern kennenlernen und vielleicht ein wenig besser verstehen wollte, worum es bei Ihrer Kunst geht. … ich habe eigentlich keine speziellen Fragen. Ich weiß zu wenig, um irgendwelche Fragen zu haben."

Rodleigh merkte, dass Henri entschlossen zu sein schien, bei nur einer Begegnung alles über den Zirkus und die Flying Rodleighs in Erfahrung zu bringen. Darum wandte er den alten Trick an, dass er die Rollen vertauschte und Henri fragte, womit er seinen Lebensunterhalt verdiene.

„Ich bin Priester und arbeite in Kanada mit Menschen mit Behinderungen, und ich schreibe Bücher", erwiderte Henri.

Rodleigh blickte ihn verblüfft an. Das war nicht die Antwort, die er von dem großen Mann mit beginnender Glatze und seinem hilflosen Blick ständiger Verwirrung erwartet hätte. Henris funkelnde Augen, die hinter seinen dicken Brillengläsern riesig wirkten, und sein breites, erwartungsvolles Lächeln gefielen ihm.

Doch ihm wurde klar, dass er Henri am schnellsten los würde, wenn er ihn zu ihrer Probe am folgenden Tag einlud.

„Wenn Sie mögen, kommen Sie doch morgen Früh um elf zu unserer Probe", erklärte Rodleigh lächelnd, „dann können Sie selbst miterleben, worum es geht!" Ich blickte ihn an und konnte kaum glauben, dass er mich wirklich eingeladen hatte. Warum hatte er mich eingeladen? Warum wollte er, dass ich komme und das selbst miterlebe? Rodleigh schien mein Interesse an ihrem Beruf ernster zu nehmen, als ich es getan hatte. Aber bei all meinen inneren Fragen gab es keinen Zweifel daran,

wie meine Antwort ausfallen würde. „Ich komme sehr gern", erwiderte ich schnell. „Vielen Dank für die Einladung. Ich werde ganz bestimmt morgen um elf Uhr hier sein."

Rodleigh eilte zu seinem Wohnwagen zurück. Diese seltsame Begegnung amüsierte ihn. Damit, dass Henri am nächsten Tag kommen würde, rechnete er nicht wirklich.

Ich winkte den fünf Artisten nach, als sie durch das kleine Tor schritten, das den Zeltbereich vom Wohnwagenpark abtrennte. „Bis morgen", rief ich und kehrte ins Zelt zurück, wo meine Franziskanerfreunde sich bereits wunderten, wohin ich während der Pause verschwunden war. Ich klärte sie aber nicht auf. Ich saß einfach auf meinem Platz und schaute mir die Tiger, die Löwen, den Clown und die Akrobaten an. Aber mit den Gedanken war ich ganz weit fort. Ich fragte mich immerzu, was mein kurzer Besuch in der Pause wohl in Gang gesetzt hatte.

Während die Zirkuskapelle ihre Einlagen spielte und eine Darbietung die nächste ablöste, wurde mir klar, dass ich meine Entscheidung bereits getroffen hatte: Solange die Flying Rodleighs in der Stadt waren, würde ich jede Gelegenheit nutzen, sie zu sehen, ob nun bei der Probe oder bei der Vorstellung. Mir wurde bewusst, dass ich etwas gefunden hatte, das mich der Lösung des Geheimnisses, warum ich am Leben war, einen großen Schritt näher bringen würde! Alle anderen mochten im Zirkus eine nette Ablenkung oder eine willkommene Unterbrechung sehen, doch ich wollte darin eine neue Berufung sehen!

Als ich aus meinen Tagträumen auftauchte, rief der Zirkusdirektor Gerd Simoneit gerade alle Artisten zum großen „Finale" in die Manege. Da sah ich sie wieder, in ihren glänzenden rotgoldenen Kostümen. Sie winkten dem jubelnden Publikum zu. Und während die Flying Rodleighs dort zwischen den Löwenbändigern, Clowns, Seiltänzern, Pferdedresseuren und Akrobaten standen, spürte ich, wie mir Tränen in die Augen stiegen. Dieser Abend würde der Beginn eines neuen geistlichen Abenteuers sein, dessen Ende nur Gott kannte, das wurde mir klar.

Es war eine ungewöhnlich emotionale Erfahrung, und auch wenn eine emotionale Reaktion im Mittelpunkt der Geschichte stand, die er schrieb, versuchte Henri noch immer, sie zu begreifen und in Worte zu fassen. Einige Leser würden denken, er würde zu viel preisgeben, er würde wahllos sein Innenleben offen legen, das war ihm bewusst. Aber er wusste auch: Das war eine Illusion, eine Person, die wahrhaftig, aber nicht vollständig war. Henri achtete genau auf das, was er schrieb. Er beschloss, die Geschichte dieses Abends zu Ende zu bringen.

Auf dem Rückweg zum Franziskanerkloster hatten der Ordensobere und sein Student über den Abend wenig zu sagen. Sie behaupteten, ihn genossen zu haben, aber ihr Gespräch wandte sich schnell anderen Themen zu. Ich verriet ihnen mein „Geheimnis" nicht. Wie könnte ich ihnen erklären, dass ich vorhatte, mindestens zweimal am Tag den Zirkus zu besuchen! Nun, ich brauchte es auch gar nicht! Ein kleines Geheimnis zu haben, gefiel mir immer noch genauso gut wie in meiner Kindheit, als ich im Garten meiner Eltern Tunnels gegraben und meine Schätze dort versteckt hatte.

In dieser Nacht schlief ich sehr wenig. In Gedanken schaute ich immer noch zum Zirkuszelt hoch und sah zwei Frauen und drei Männer durch die Luft fliegen und dachte: „Das ist doch genau das, worum es im Leben geht – ums Fliegen und Fangen!" Mein Vater würde mir zustimmen, daran bestand für mich kein Zweifel.

Würden seine Leser die dramatische Ironie seines Berichts verstehen? Würden sie Verständnis dafür zeigen, dass er sein „kleines Geheimnis" verriet, dass er den Schatz öffentlich machte, den er doch eigentlich für sich behalten wollte? Dass er in gewisser Weise immer noch dieser kleine Junge war, der Geheimnisse hatte, sich aber gleichzeitig Bestätigung von einem Vater wünschte? Henri liebte Geheimnisse, und Gedanken waren sicher. Er hatte nicht alles aufgeschrieben.

TEIL II

Fallen

KAPITEL 6

Furcht und Erregung fühlen sich manchmal gleich an, denkt Henri, als er im Hotel Lapershoek auf seinem Bett liegt und unruhig über den Schmerz in der Nähe seines Herzens hinweg atmet. Er will seinen Vater bei sich haben. Die Herzschwäche seines Vaters macht ihm Sorge, aber vielleicht ist sein eigenes Herz in einer noch viel schlimmeren Verfassung. Trotz seiner mittlerweile dreiundneunzig Jahre würde sein Vater sofort zu ihm eilen, daran zweifelt Henri nicht, und er fragt sich, ob er selbst für immer ein verlorener Sohn sein würde, der weit von seinem Vater entfernt lebt, sich aber nach ihm sehnt.

IM JAHR 1988, ALS HENRI einen schlimmen Unfall hatte, zögerte sein Vater keine Sekunde, buchte den nächsten Flug und überquerte den Ozean, um bei ihm zu sein. Henri wäre an seinen inneren Verletzungen beinahe gestorben, nachdem er vom Seitenspiegel eines Lastwagens erfasst worden war. Es war natürlich sehr dumm von ihm gewesen, am vereisten Straßenrand einer viel befahrenen Straße nördlich von Toronto entlangzulaufen. *Alles hat sich verändert*, dachte er damals. *Keiner meiner Pläne ist mehr von Bedeutung. Es ist schrecklich, schmerzlich, aber vielleicht sehr gut so.*

Dieser Unfall geschah, weil er zu viel vorgehabt hatte, weil er zeigen wollte, dass er sich über das Winterwetter hinwegsetzen und ungeachtet von physischen Begrenzungen seine geplanten Verpflichtungen einhalten könnte. Aber als er an jenem kalten Wintertag in der Morgendämmerung am Straßenrand lag, hatte er das Gefühl, *als ob eine starke Hand mich aufgehalten und in eine Art notwendige Kapitulation gezwungen hätte.* In den folgenden Stunden, angeschlossen an intravenösen Schläuchen und umgeben von Monitoren, war er erstaunt, dass dieses Gefühl der Machtlosigkeit ihm keine Angst machte. Mit der Möglichkeit des Sterbens konfrontiert, fühlte er sich in seinem Krankenhausbett mit den Gittern zu beiden Seiten recht sicher. *Trotz der starken Schmerzen empfand ich ein vollkommen unerwartetes Gefühl der Sicherheit.*

Während er sich nur langsam von diesem Unfall erholte, wurde ihm bewusst, dass die meisten tiefgreifenden Veränderungen in seinem Leben auf Unterbrechungen zurückzuführen waren. *Eine lange Zeit der Einsamkeit in einem Trappistenkloster als Unterbrechung des hektischen Lebens an den Hochschulen, eine Konfrontation mit der Armut in Lateinamerika als Unterbrechung eines recht bequemen Lebens im Norden, eine Berufung, das Leben mit geistig behinderten Menschen zu teilen, als Unterbrechung seiner akademischen Berufslaufbahn.* Dies waren beabsichtigte Unterbrechungen. Denn schließlich war er Holländer, wie er so gern sagte, ein Holländer mit dem Hang zur Ungeduld und dem Wunsch, alles kontrollieren zu wollen. Diese wichtigen „Unterbrechungen" waren von ihm bis ins Kleinste geplant. Andere Unterbrechungen geschahen eher spontan, wie zum Beispiel im Jahr 1965 der Marsch Martin Luther Kings in Selma, für den er sein Psychologiestudium an der Menninger Clinic in Kansas unterbrach.

Verwirrender waren unerwartete Unterbrechungen wie der plötzliche Tod seiner Mutter oder das Zerbrechen einer tiefen Freundschaft, das sein Gefühl der emotionalen Sicherheit so von Grund auf erschütterte, dass Henri viele Monate in therapeutischen Einrichtungen verbrachte, um wieder auf die Beine zu kommen.

Seltsamerweise war der Unfall im Jahr 1988, bei dem er beinahe ums Leben gekommen wäre, weniger traumatisch für ihn. Das größere Trauma war die Genesung. Vor der Operation hatte er ganz bewusst Frieden gemacht mit seinem Leben und bevorstehenden Tod. Da er fest davon überzeugt war, sein Leben in Versöhnung und Wohlwollen geführt zu haben, verlief seine Genesung enttäuschend, sogar deprimierend, da er die verschiedenen komplizierten Beziehungen in seinem Leben wieder aufnahm.

DOCH ALS ER JETZT 1996 zusammen mit Dennie in seinem Hotelzimmer wartet, hat Henri nicht das Gefühl, dem Tode nahe zu sein. Diese Unterbrechung seiner Reise ist für ihn in gewisser Weise eine Erleichterung. Auf dem Weg nach Russland, wo er bei einer Filmaufnahme über Rembrandts Gemälde *Die Rückkehr des Verlorenen Sohnes* sprechen sollte, hatte er einen Zwischenstopp in Holland geplant. Das Gemälde ist riesengroß, mehr als anderthalb mal so groß wie Henri und um ein Vielfaches breiter. Es wird einen beeindruckenden Hintergrund bilden für Henri, wenn er davon erzählt, wie er das Gemälde mehr als zehn Jahre zuvor zum ersten Mal anschaute. Er war damals so lange davor stehen geblieben, dass ihm einer der Museumsangestellten schließlich einen Sessel brachte.

In diesem Film will er die Dynamiken des Gemäldes erklären und einige der Aussagen aus seinem Buch *Nimm sein Bild in dein Herz* erklären. Henri freut sich darauf, das Gemälde noch einmal sehen zu können, aber er fürchtet sich vor der Reise. Er ist müde. Seit der Rückkehr in seine Gemeinschaft zwei Wochen zuvor nach einem ausgefüllten Sabbatjahr ist er nicht mehr zur Ruhe gekommen. Dieses Sabbatjahr sollte für ihn eine Zeit des Innehaltens sein und ihm Muße verschaffen, zu schreiben, doch stattdessen war es ein Jahr voller stimulierender Reisen, ein Jahr mit neuen Freundschaften und emotionalen Komplikationen geworden. Er ist nicht bereit, so bald schon wieder eine Reise anzutreten. Vielleicht erweist sich diese Unterbrechung ja als Segen.

Im Augenblick sind die Schmerzen in seiner Brust sehr stark, und er kann nicht leugnen, dass sich das Gefühl in seiner Magengrube anfühlt wie Angst. Er versucht, dieses mulmige Gefühl als Erregung oder Sehnsucht zu erklären. Aber angesichts des beunruhigenden Schmerzes in seiner Brust weiß er nicht, was er sich in dieser Situation wünschen sollte. Einfach nur, sicher unten anzukommen. Diesen Gedanken schickt er als ein schnelles Gebet zum Himmel. Gebet bedeutet, voll präsent zu sein, wo du gerade bist, selbst für einen Augenblick, so hat er es häufig erklärt. Darum zwingt er sich jetzt, alles andere aus seinen Gedanken zu verdrängen und ganz präsent zu sein wie ein Trapezartist im Flug. Er lässt die jetzt unterbrochene Reise nach Russland los. Er schiebt sie weg …

Aber eigentlich, so wird ihm klar, hat er nicht den Wunsch, in diesem unsicheren Augenblick voll präsent zu sein. Eigentlich möchte er in einer anderen Zeit voll präsent sein und daran denken, was nach der ersten Begegnung mit den Flying Rodleighs geschah. Er lässt seine Gedanken zurückwandern ins Jahr 1991, zurück zu dem Tag, an dem er die Probe der Rodleighs besuchte.

* * *

„Ich bin hier, um zu schreiben, nicht um den Zirkus zu besuchen!", sagte ich mir immer wieder. „Ich bin den weiten Weg von Kanada hergekommen, um Muße zu haben, zu lesen, zu reflektieren und über das Leben des Geistes zu schreiben. Ich möchte allein sein, frei von allen Ablenkungen und Unterbrechungen, und da bin ich und nehme die Einladung zu einer Probe von einer Gruppe Trapezartisten an!"

Am folgenden Morgen sah ich, als ich an meinem Schreibtisch saß, andauernd auf meine Uhr. Ich konnte an nichts anderes denken als an die Begegnung mit den Flying Rodleighs bei ihrer Probe um elf Uhr. „Wie

es wohl wird, sie wiederzusehen? Ob sie mir wohl freundlich begegnen?"
Mir war sehr deutlich bewusst, dass ich sie zu einer Art unerreichbaren
Stars hochstilisiert hatte. Das bewundernde Kind in mir war so beein-
druckt von der Einladung zu ihrer Probe, dass alles andere an Bedeutung
verlor.

Um halb elf stieg ich in die Straßenbahn und betrat um kurz vor elf
das große Zelt. Was für ein Unterschied zum vergangenen Abend! Kein
Publikum – nur leere Sitze.

RODLEIGH KONNTE ES AN DIESEM Morgen kaum erwarten, an seinem
neuen Kunststück zu arbeiten. Bei dieser ersten Probe würde es eine Menge
Stürze geben, weil er dreimal fliegen und sich fangen lassen wollte, bevor er zu
seinem Podest zurückkehren würde. Jeder Versuch sollte per Video aufgezeichnet
werden, damit er und die anderen Mitglieder der Truppe analysieren könnten, was
schiefgegangen war, und sie gemeinsam überlegen könnten, wie sie die Nummer
verbessern könnten. Das Timing war kompliziert und erforderte Präzision, aber
diese neue Nummer war aufregend, und Rodleigh liebte Herausforderungen. Er
hätte sich nicht gewundert, wenn Henri bei ihrer Probe nicht erschienen wäre,
aber um Punkt elf Uhr lief Henri bereits im Zelt herum und wartete ungeduldig
darauf, dass es losging.

Ich wartete darauf, dass die Flying Rodleighs erschienen. Um elf Uhr
betrat Rodleigh das Zelt. Als er mich entdeckte, trat er auf mich zu.
„Guten Morgen", begrüßte er mich und deutete auf eine der Bänke an
der Manege. „Setzen Sie sich doch dorthin", forderte er mich auf. „Kar-
lene wird gleich bei Ihnen sein. Sie wird Ihnen erklären, was Sie wissen
wollen."

Seine freundliche und sachliche Art beruhigte mich. Er trug eine
schwarze, eng anliegende Hose und ein T-Shirt. Kurz nachdem Sascha
und seine Pferde die Manege verlassen hatten, kamen die anderen beiden
Männer der Trapeztruppe und halfen Rodleigh, das Netz zu spannen.
Und dann kamen auch Karlene, ihre Tochter und die andere Frau. Alle
wirkten eher wie Hilfskräfte und nicht wie Artisten.

Karlene kam auf mich zu. „Hallo, wie geht es?", fragte sie. „Prima",
erwiderte ich. „Ich freue mich, hier zu sein." Karlene hielt eine kleine
Videokamera in der Hand. „Sieht so aus, als würden Sie einen Film

drehen", bemerkte ich, ein wenig erstaunt über diese technologische Seite der Probe.

Mittlerweile war das Netz gespannt, und alle außer Karlene waren auf ihren Platz hoch oben im Zelt geklettert. „Können Sie mir sagen, wer wer ist?", fragte ich. „Natürlich, sehr gern", erwiderte sie. „Nun, meinen Bruder Rodleigh kennen Sie bereits; er hat die Gruppe gegründet. Das ist er, er steht dort auf dem Podest. Neben ihm steht seine Frau Jennie. Und dort oben auf dem mittleren Fangstuhl, das ist Jon. Er kommt aus Detroit und ist vor ein paar Jahren zu uns gestoßen. Und rechts auf dem Fangstuhl, das ist Joe. Er kommt aus Südafrika wie Rodleigh, Jennie und ich."

Das kleine Mädchen Kail kam unter der überdachten Tribüne hervor und musterte den großen Fremden, der sich mit ihrer Mutter unterhielt. Mit ihren vier Jahren war sie schon vielen neuen erwachsenen Freunden begegnet. Dieser hier wirkte sehr vielversprechend. Seine Hände waren ununterbrochen in Bewegung, und seine Augen waren groß und freundlich. Gerade hatte sie einen Kuchen aus Sägespänen gebacken. Sie baute sich direkt vor ihm auf, damit er sie nicht ignorieren konnte, und verkündete lautstark: „Ich backe gerade einen Geburtstagskuchen, und du musst so tun, als würde er gut schmecken. Komm mit!" Henri wirkte überrascht, aber er folgte ihr gehorsam zu dem Haufen Sägespäne. Zwei Stäbe sollten die Kerzen in ihrem Kuchen sein. „Jetzt musst du so tun, als hättest du eine Gabel und würdest davon essen." „Okay", erwiderte Henri. Er folgte genau ihren Anweisungen und verkündete schließlich: „Der schmeckt wirklich sehr gut. Du kannst wirklich einen leckeren Kuchen backen." Kail strahlte. Aber er erschien ihr ein wenig zu ernst. Damit er nicht durcheinander kam und vielleicht tatsächlich von dem Kuchen aß, stellte sie klar: „Wir tun nur so, weißt du."

Als ich von meinem kleinen Spiel mit Kail hochschaute, sah ich, wie Jennie ins Netz stürzte. Sie trug einen Sicherheitsgürtel mit langen Seilen, die hoch oben im Zelt über Rollen geführt waren. Rodleigh stand jetzt auf dem Boden und hielt die Seile. Sie hatte den Fänger verfehlt, und Rodleigh hatte ihren Sturz abgebremst, indem er an den Seilen gezogen hatte. Er ging zu Karlene und spulte das Video zurück, um zu sehen, was schiefgelaufen war. Anschließend bat er Jennie, es noch einmal zu versuchen.

„Wir proben einige neue Kunststücke", erklärte Karlene mir. „Es dauert immer ziemlich lange, etwas Neues einzustudieren. Aber Rodleigh will unseren Akt ständig verbessern. Einige Artisten bringen immer dasselbe, sobald sie es einmal beherrschen, aber Rodleigh möchte immer wieder Neues ausprobieren."

„Wie lange macht ihr das schon?", fragte ich.

„Oh, ich bin noch nicht lange dabei. Erst vor gut einem Jahr bin ich zu der Truppe gestoßen. Vorher habe ich mit Kail auf Hawaii gelebt. Eines Tages rief Rodleigh mich an und sagte: ‚Wie wäre es, wenn du zu uns kommst? Ich bringe dir das Trapezfliegen bei.' In den vergangenen Jahren hatte ich Kindern Sportunterricht gegeben und war bereit für eine Veränderung. Also flog ich nach Deutschland, und Rodleigh hat mich in unserem Winterquartier in Einbeck trainiert. Als Teenager hatten wir vieles zusammen unternommen, aber nichts wie das hier. Zuerst hatte ich große Angst, aber ich habe schnell gelernt. Nach einigen Monaten hat mich Rodleigh in die Flugvorführung mit aufgenommen, und als einer unserer Artisten die Truppe verließ, musste ich seinen Part übernehmen. Auf jeden Fall ist das alles noch recht neu für mich."

„Du meine Güte, Sie haben all das, was Sie gestern Abend vorgeführt haben, in so kurzer Zeit gelernt?", fragte ich und konnte mein Erstaunen nicht verbergen.

„Ja", erwiderte sie. „Ich war schon über dreißig, als ich mit den Kunststücken am Trapez anfing, aber Rodleigh sagte, ich könnte das, und er hat mir immer Mut gemacht. Nun, es gefällt mir, obwohl ich nach einem Sturz wie dem von gestern Abend das Gefühl habe, dass ich bereit bin, aufzuhören."

Während Rodleigh, Jon, Joe und Jennie probten und Karlene die verschiedenen Kunststücke aufzeichnete, bekam ich einen ersten Eindruck von dem Leben dieser Artisten außerhalb des Rampenlichts. Während einer kurzen Pause meinte Rodleigh zu mir: „Zehn Minuten in der Luft erfordern eine Menge Arbeit. Ich hoffe, das merkt man." Ich glaubte ihm, aber das alles war trotzdem noch so neu für mich, dass ich nicht genau wusste, was er meinte. Ich begriff, dass ein guter Trapezakt viel Training erfordert, aber Rodleigh deutete an, dass außerhalb der Vorstellung noch sehr viel mehr passierte, als mir bewusst war.

Auf einmal spürte ich in mir einen brennenden Wunsch, alles zu erfahren, nicht nur ein klein wenig. Fragen über Fragen türmten sich in mir auf: „*Wer sind diese Leute wirklich? Wie kamen sie dazu, diese Kunststücke einzustudieren? Was hat sie zusammengeführt? Wie sieht ihr Zusammenleben aus, wenn sie in Deutschland von Stadt zu Stadt reisen?*"

KAPITEL 7

Henris Atmung beschleunigt sich, als er noch einmal durchlebt, wie er die Flying Rodleighs kennenlernte – seine zappelige Rastlosigkeit, das Gefühl, vor einer neuen Entdeckung zu stehen, seine staunende Begeisterung über die Begegnung mit diesen bemerkenswerten Artisten – seine jugendliche Schwärmerei – oh ja, diese Tage waren unglaublich stimulierend!

Dennie beobachtet Henri. Sein Atem wird schneller. Vermutlich hat er nicht nur Schmerzen, sondern auch Angst. Sanft legt Dennie seine Hand auf Henris Arm, um ihn zu beruhigen. „Keine Sorge. Wir kümmern uns um Sie. Atmen Sie mit mir zusammen, dann fühlen Sie sich besser."

Henri versucht, sich zu konzentrieren, langsam und im Rhythmus mit Dennie zusammen zu atmen. Ein – zwei, drei und aus – zwei, drei. Langsam. Ein – zwei, drei und aus – zwei, drei.

Nach ein paar Atemzügen verliert er den Kontakt zu Dennie. Er ist froh über Dennies sanfte Freundlichkeit und fragt sich, wie und wann er wohl beschlossen hat, Rettungssanitäter zu werden. Aber es kostet ihn zu viel Kraft, diese Frage auszusprechen.

„So ist es besser", ermutigt Dennie ihn. „Jetzt werde ich Ihnen Sauerstoff geben. Um die Maske aufsetzen zu können, muss ich Ihre Brille abnehmen."

Henri schließt die Augen und erinnert sich an die ersten Tage seiner Bekanntschaft mit den Flying Rodleighs. Diese Zeit kommt ihm vor, als würde ein Fenster geöffnet, eine angenehme und unkomplizierte Metapher.

* * *

IST DIESER TRAPEZAKT EINES DER *Fenster im Haus des Lebens, das einen Blick eröffnet in eine vollkommen neue und faszinierende Landschaft?*, fragte sich Henri, während er an jenem Vormittag bei der Probe zuschaute.

Und dann waren da noch all die anderen Fragen zu den Entscheidungen, die diese Männer und Frauen getroffen hatten.

„War Rodleigh nicht Medizintechniker, Jennie Krankenschwester und Karlene Lehrerin? Was hat sie dazu gebracht, ihre Berufe und ihre Heimat aufzugeben und Trapezartisten in einem Zirkus zu werden? Und was ist mit Joe und Jon, den Fängern?" Ich wusste wirklich gar nichts über sie und wollte gern mehr erfahren, das Wie und Was, das Wo und Warum ihres Lebens.

War das reine Neugier? Wollte ich nur einen Blick werfen in das Leben einer Gruppe von Fremden? Ich kannte die Antwort auf diese Fragen nicht, aber mir wurde klar, dass ich, je mehr ich sah, umso mehr sehen wollte, je mehr ich wusste, umso mehr wissen wollte. Ich vertraute darauf, dass in mir sehr viel mehr vorging und mein Interesse nicht nur reine Neugier war. War das zehnminütige Spektakel dieser fünf Menschen in der Luft nicht wie ein lebendes Gemälde, von großartigen Künstlern komponiert?

Viele Tage, Jahre hatte ich mich mit dem Leben von Rembrandt van Rijn und Vincent van Gogh beschäftigt. Ich gab mich nicht damit zufrieden, nur ihre Zeichnungen und Gemälde anzuschauen. Ich wollte wissen, wer diese Männer waren, die Werke geschaffen hatten, die Tag um Tag von Tausenden Menschen bewundert wurden. Und sind nicht diese zehn Minuten Luftballett wie ein Gemälde, das von fünf Malern erschaffen wird; ein Gemälde, das Tausende Menschen, junge und alte, jeden Nachmittag und Abend verzaubert?

Niemand schien es seltsam zu finden, dass ich Interesse zeigte am Leben von Rembrandt und Vincent. Und ich konnte dabei nur Bücher zu Hilfe nehmen. Ich konnte nicht mit ihnen sprechen. Aber hier sind fünf Menschen, die in die Luft malen – bunte, anmutige und überaus harmonische Linien, und mit ihren Kunststücken die Herzen so vieler Menschen erfreuen. Ist es wirklich nur reine Neugier, dass ich wissen will, was sich hinter diesem vollkommenen Bild verbirgt? Könnte es nicht der Wunsch sein, das Geheimnis der Schönheit und Wahrheit des menschlichen Lebens kennenzulernen?

DIE PROBE GING ZU ENDE. Rodleigh und die anderen Männer rollten sich vom Netz herunter, verabschiedeten sich von Henri und sahen ihm nach, wie er das Zirkusgelände verließ. Henri eilte davon, denn er war schon viel zu spät für das Mittagessen. Rodleigh vermutete, dass Henri eine Fülle neuer Gedanken bewegten, und er lachte leise, als Henri beinahe über ein Kabel stolperte, es aber gar nicht zu bemerken schien. Kopfschüttelnd, aber immer noch lächelnd, ging er zu seinem Wohnwagen zurück, und er war froh, dass er Henris Fragen an jenem Tag nicht zu beantworten brauchte.

Auf der Rückfahrt zum Franziskanerkloster mit der Straßenbahn hinterfragte ich meine Motive nicht mehr. Ich war überzeugt davon, dass die Begegnung mit diesen fünf Artisten tatsächlich ein Fenster zu meinem Leben geöffnet hatte, und dass ich sehr traurig sein würde, wenn ich nicht so lange und aufmerksam, wie es mir möglich war, hindurchschauen könnte.

Noch auf der Rückfahrt zum Kloster fasste ich den Entschluss, alle Proben und alle Vorstellungen im Zirkus zu besuchen und an der anschließenden Analyse ihrer Nummer teilzunehmen. Solange die Flying Rodleighs in der Stadt waren, würde ich dort sein und darauf vertrauen, dass das Bild, das ich sehen würde, den Aufwand an Zeit und Energie lohnte.

Beim Mittagessen sprach ich nicht über meine Entscheidung. Die Flying Rodleighs waren schließlich nicht so akzeptabel wie Rembrandt oder van Gogh, und ich hatte nicht den Wunsch, irgendeinem zu beweisen, dass es sich lohnte, einen so großen Teil meiner Zeit und Energie auf sie zu verwenden. Nach dem Mittagessen legte ich mich zu Bett und fiel in einen tiefen Schlaf. Ich hatte auf einem Acker einen Schatz gefunden, davon war ich überzeugt. Jetzt musste ich diesen Schatz verstecken, nachschauen, was er beinhaltete, und dann den Acker kaufen! Als ich aus meinem Mittagsschlaf erwachte, freute ich mich schon auf den Abend im Zirkus!

Nach der Abendvorstellung sagte der Fänger Jon Griggs zu mir: „Ihnen scheint unser Auftritt zu gefallen!" „Und wie", erwiderte ich. „Mit jedem Mal gefällt er mir besser." Jon freute sich über mein Interesse und unterhielt sich gern mit mir. „Es kommt selten vor, dass die Leute nach der Vorstellung zu uns kommen", bemerkte er. „Vielleicht sind sie zu schüchtern. In der Pause wollen sie die Tiere sehen – nicht uns! Und wenn das Programm vorbei ist, haben sie so viele Attraktionen gesehen, dass sie das

Trapez bereits vergessen haben. Aber das ist vermutlich normal. So ist das Zirkusleben nun mal."

Gemeinsam liefen wir zu Jons Wohnwagen. „Wollen Sie mein Zuhause sehen?" „Gern", erwiderte ich. Als ich eintrat, fiel mir auf, wie klein er war. Es gab ein großes Farbfoto, auf dem Rodleigh, Jennie, Karlene, Joe und Jon in ihren Kostümen zu sehen waren. „Nettes Foto", sagte ich. „Ja, das sind wir", erwiderte er stolz.

Mich beeindruckte, wie leicht es war, sich mit Jon zu unterhalten. Keine Distanz, keine Vorbehalte, keine Zurückhaltung. Er gab sich locker und selbstbewusst. „Darf ich Sie einmal zum Mittagessen einladen?", fragte ich. „Dann können wir uns noch ausführlicher unterhalten."

„Gern, das wäre schön. Mal sehen. Wie wäre es mit Samstag um zwölf? Da haben wir keine Probe und ich brauche erst zur Nachmittagsvorstellung hier zu sein."

„Samstag passt mir gut", erwiderte ich. „Ich werde Sie um 11 Uhr 30 hier abholen, okay?" Jon schien sich über die Einladung zu freuen, und ich war begeistert von der Gelegenheit, ihm meine vielen Fragen in Bezug auf das Fangen zu stellen und wie er das gelernt hatte.

Im Lauf der folgenden Tage luden Jennie und Rodleigh Henri mehrmals zum Mittagessen ein, und als Gastgeschenk brachte er ihnen einige seiner Bücher mit. Sie bedankten sich sehr herzlich bei ihm und legten sie auf ein Regal. Nach der Matinee traf Rodleigh Henri strahlend vor Freude im hinteren Zeltbereich an, und er konnte es kaum erwarten, den erfolgreichen Akt zu feiern, als hätte er selbst daran teilgehabt. Als Rodleigh später die Bücher durchblätterte, staunte er nicht schlecht, als er entdeckte, dass der seltsame, hoch aufgeschossene Mann, der immer so aussah, als würde er für den Nachhauseweg die falsche Richtung einschlagen, an einigen der renommiertesten Universitäten der Vereinigten Staaten Theologie und Psychologie gelehrt hatte.

Jetzt begann Rodleigh dieselbe Frage zu stellen, die Henri so gern beantwortet haben wollte: Warum interessierte er sich so sehr für das Trapez?

KAPITEL 8

Schon immer hatte sich Henri für Artisten begeistern können. Schönheit, Disziplin, Geschicklichkeit – alle Arten von künstlerischen Bemühungen begeisterten ihn. Sogar der dramatische Abgang in jeder Vorstellung war erregend für ihn:

> *Am Ende ließen sie sich jedes Mal von ganz oben ins Netz fallen. Rod ist immer der letzte. Wenn er ins Netz springt, federt es nach wie ein Trampolin, und er wird so hoch geworfen, dass er den Trapezholm wieder packen kann. Das überrascht die Zuschauer. Und dann lässt er sich wieder herunterfallen, doch das Netz federt ihn wieder so hoch, dass er erneut den Holm fängt. Man denkt, jetzt ist er unten, doch dann ist er schon wieder oben.*

Körperliche Kunstfertigkeit und diese Art der Verbindung zu einem Publikum begeisterten Henri besonders. Er erinnerte sich an einen Abend Mitte der 1980er-Jahre in Holland. Er war bei seinem Vater zu Besuch und gefangen genommen von der artistischen Energie zweier unterschiedlicher Darbietungen auf zwei verschiedenen Fernsehsendern. Ganz zufällig hatte er diese beiden Sender eingeschaltet, und dann konnte sich nicht mehr davon losreißen.

> *Auf dem einen Kanal wurde ein Rockkonzert mit Tina Turner und David Bowie in Birmingham übertragen. Auf dem anderen die Matthäuspassion in der Sint-Petruskerk in Leiden. Ich wechselte ständig von einem Kanal zum nächsten, da ich zu beiden eine seltsame Anziehungskraft empfand.*

Tina Turner und David Bowie sangen vor einer riesigen Menge junger Menschen, die ihre Arme schwenkten, gemeinsam einen Song: „It ist only love", oder so ähnlich. Bei ihrem Lied zeigten sie vollen Körpereinsatz, der sich derart steigerte, dass sie ihr Publikum langsam, aber sicher, in einen Zustand der gemeinsamen Ekstase führten: Ein Meer von sich bewegenden Körpern, die sich mit erhobenen Händen und geschlossenen Augen von dem sinnlichen Rhythmus des Schlagzeugs mitreißen ließen. Tina und David auf der Bühne lagen sich in den Armen, während sie ihr leidenschaftliches Lied in ihre Handmikrofone schmetterten. Tina Turners Kleid und ihre Bewegungen waren unmissverständlich darauf ausgelegt, sexuelle Gefühle zu wecken; ihr eindringlicher Blick in David Bowies kindliches, glatt rasiertes Gesicht trieb die Menge in eine rauschhafte Ekstase. Und dann steigerten sie die Spannung noch, indem sich ihre Lippen beinahe berührten, während sie schrien: „Es ist nur Liebe", und die Menge verschmolz zu einem benommenen, anonymen Wesen im Bann dieser übermächtigen Gefühle.

Als ich dann umschaltete, hörte ich die Stimme des Evangelisten, der das Leiden Jesu besang. Jesus stand stumm vor Pilatus, und das Volk schrie: „Gib Barrabas frei, kreuzige Jesus." Der Chor sang die wunderschönen Bachchoräle über die göttliche Liebe unseres Erlösers. „Es ist doch nur Liebe", dachte ich und spürte, wie mich eine tiefe Traurigkeit erfasste. Die Chormitglieder waren alle über vierzig, trugen schwarze Kleider, schwarze Anzüge, weiße Hemden und Krawatten. Sie wirkten steif und ernst, und beim Singen der heiligen Worte Jesu blieben ihre Körper vollkommen reglos. Nur der Chorleiter bewegte sich im Rhythmus der Bachschen Melodien. Nicht einmal schwenkten die Fernsehkameras ins Publikum. Ab und zu erfassten sie die prächtige Architektur der Kirche und verweilten für einen Augenblick auf dem weichen gelben Licht der üppig verzierten Leuchter.

Ich schaltete zurück zu Tina und David. Sie stand wieder auf der Bühne, um noch ein Lied mit David zu singen. Mittlerweile hatte sie sich umgezogen. „Hallo Leute", rief sie ihren applaudierenden Fans zu, „entschuldigt, dass ich euch habe warten lassen. Ich musste mich wieder schön machen für euch… bereit für das nächste Lied?" Und Tausende Stimmen schrien: „Ja …" Der halbnackte, muskulöse Trommler begann, auf seine Basstrommel einzudreschen, und die Menge kehrte zurück in jenes seltsame Niemandsland der Träume und des Begehrens, mit erhobenen Armen, geschlossenen Augen und trampelnden Füßen.

Der Bachchor sang jetzt: „Ruhe sanft, sanfte ruh. Dein Leiden ist zu Ende gekommen. Ruhe sanft, lieber Erlöser." Langsam schwenkten die Kameras zurück und gewährten einen letzten Blick in die Kirche, während die letzten Töne verklangen. Dann war für einen Augenblick alles still, und die Übertragung war zu Ende.

Auf dem anderen Sender klatschten, schrien, stampften und kreischten Tausende Menschen, als Tina und David sich an den Händen haltend verneigten, auf der Bühne herumsprangen, lachten und Handküsse in der Halle in Birmingham verteilten. Beide Vorstellungen waren gleichzeitig zu Ende.

Wie gebannt, saß Henri vor dem Fernsehgerät, beinahe sprachlos. Als Priester und Europäer empfand er eine tiefe Verbundenheit mit dem beeindruckenden geistlichen Bachkonzert. Aber die offenkundige sexuelle Energie der anderen Darbietung berührte ihn zutiefst.

Ich saß im Wohnzimmer meines Vaters und war nicht in der Lage, zu erfassen, was ich gesehen hatte. Ich fühlte mich als Teil von beidem und spürte gleichzeitig eine gewisse Distanz zu beiden Ereignissen. Er schrieb weiter: *Ich war erschöpft und fragte mich, was das bedeutete, dass ich das zuhause bei meinem Vater gesehen hatte.*

Er wünschte, er könnte in der großen, anonymen Zuschauermenge sitzen. Oder sogar auf jener Bühne stehen. Die körperliche Energie, die er in seine Lehrveranstaltungen an der Universität einbrachte, machte ihn zu einem beliebten Professor, das wusste er. Aber der Auftritt von Tina Turner und David Bowie strahlte eine solche Freiheit aus, wie er sie kaum erahnen konnte. Wie es wohl wäre, mit einer solchen vollkommenen Überzeugung und einem solchen ungehinderten körperlichen Engagement aufzutreten?

Fünf Jahre später saßen Henri und sein Vater erneut in einem Publikum, und wieder war Henri überwältigt von der körperlichen Macht eines Auftritts. Dieses Mal verliebte sich Henri in eine ganze Trapeztruppe. Er wollte sie nicht nur kennenlernen und jedes Detail ihres Aktes verstehen, nein, der Rausch der kreativen Energie ließ in ihm die Sehnsucht entstehen, selbst diese artistischen Fähigkeiten zu entwickeln – als Schriftsteller.

KAPITEL 9

In den nächsten Tagen ging ich so oft wie möglich in den Zirkus. Ich besuchte die Proben, schaute mir die Nachmittags- oder Abendvorstellungen an, manchmal sogar beide.

Henri wollte unbedingt alles an dem Trapezakt verstehen, doch die Details verwirrten ihn. Rodleigh setzte sich zu ihm und zeichnete den Aufbau der Podeste in Henris Notizbuch und erklärte ihm geduldig die Abläufe, manchmal wiederholte er dasselbe wie am Tag zuvor.

Ganz langsam fing ich an, mich ein wenig wie ein Insider zu fühlen, zumindest in Bezug auf die Rodleighs. Eines Tages sagte Rodleigh zu mir: „Ich hoffe, Sie bezahlen nicht jedes Mal, wenn Sie eine Vorstellung besuchen. Sagen Sie einfach an der Kasse Bescheid, dass wir Sie eingeladen haben. Dann können Sie durchgehen." Ich tat, was er gesagt hatte, und tatsächlich konnte ich das Zelt ohne Eintrittskarte betreten. Inzwischen kannten die Kontrolleure am Eingang mein Gesicht, und ich brauchte kaum noch etwas zu erklären.

Nach einer Vorstellung mit anschließender Analyse suchte ich einmal ein Gespräch mit Joe, dem südafrikanischen Fänger. Während der Amerikaner Jon von der Fangstange in der Mitte aus arbeitete, war Joes Platz an der schwingenden Fangstange dem Podest gegenüber. Joes muskulöse Gestalt, seine groben Gesichtszüge und dunkle Hautfarbe erinnerten eher an einen Stahlbauarbeiter als an einen Trapezartisten. Er hielt sich immer etwas abseits und wirkte manchmal ein wenig schüchtern.

*„Welches Gefühl hatten Sie heute Abend in Bezug auf Ihren Auftritt?",
fragte ich ihn.*

*„Oh, prima", erwiderte er. „Rodleigh war nur ein wenig zu früh, darum
musste ich meinen Schwung ein wenig anpassen, um ihn zu fangen, aber
es war prima."*

*Ich verstand nicht richtig, was ein wenig zu früh oder zu spät bedeutete,
aber natürlich war das das zentrale Thema für den Fänger. Joe sprach ein
wenig angestrengt. Er stottert stark und redet wenig. Aber nachdem ich
ihn angesprochen hatte, wollte er auch reden.*

„Mögen Sie Ihre Arbeit?", fragte ich.

*Er strahlte mich an und erwiderte voller Inbrunst: „Ich liebe sie. Ich
liebe es, an der Fangstange zu hängen und sie aufzufangen!"*

*Man spürte, dass er meinte, was er sagte. Nachdem ich ihren Akt mitt-
lerweile schon so oft gesehen hatte, konnte ich die einzigartige Rolle des
Fängers erkennen.*

*„Sie stehen nicht so sehr im Rampenlicht wie die Flieger, aber ohne Sie
geht auch gar nichts", meinte ich.*

*Seine Antwort kam schnell. „Mir gefällt es so. Die Flieger bekommen
alle Aufmerksamkeit, aber ihr Leben hängt ab von dem Fänger! Ich will
keinen Applaus. Mir gefällt, was ich tue, und ich muss alles geben, was ich
kann. Das Auffangen ist eine wichtige Aufgabe, und ich liebe es, aber ich
bin froh, nicht so sichtbar zu sein wie die anderen."*

Henri wollte sich im Hintergrund halten und nur zusehen, wie sich die Truppe
für die Nachmittagsvorstellung aufwärmte, aber er konnte sich nicht zurückhalten und kam ihren kreisenden Armbewegungen zu nahe, stellte Fragen und versuchte, Gespräche fortzusetzen. Zu seiner eigenen Sicherheit schickte Rodleigh
ihn schließlich ins Zelt zurück.

An jenem Tag misslang Rodleighs neues Kunststück, und er stürzte in das
vordere Netz, die Schürze genannt. Henri war erschrocken, als er den Sturz miterlebte, erleichtert, dass Rodleigh nicht verletzt war, und bestürzt, als er später
Rodleighs von dem Nylonnetz verursachten roten Kratzer sah.

„Warum riskieren Sie, ernsthaft verletzt zu werden?", fragte Henri. Die vielen
Geschichten über unzählige frühere Unfälle konnten ihn nicht beruhigen, auch
nicht, als Rodleigh ihm versicherte, sie hätten diese Missgeschicke durch Durch-
haltevermögen und harte Arbeit überwunden. Henri war verwirrt, und auf dem

Heimweg musste er unentwegt über das harte und außergewöhnliche Leben der Zirkusleute nachdenken.

Am folgenden Tag bekamen Henris Fragen eine neue Färbung.

„Warum entscheiden Sie sich für einen so riskanten Akt und nicht für etwas Vorhersehbareres und Sichereres?", fragte er.

Rodleigh fühlte sich irgendwie angegriffen, doch gleichzeitig spürte er, dass das, was wie Kritik an ihrem Akt wirkte, eigentlich Sorge um ihre Sicherheit war. „Das Zirkusgeschäft ist sehr wettbewerbsorientiert, Henri", erklärte Rodleigh, „und wenn der Zirkusdirektor nicht zufrieden ist mit der Reaktion des Publikums, werden wir in der nächsten Saison ausgetauscht. Meine Aufgabe ist es, die Balance zwischen Schwierigkeit und Kontrolle zu finden, und das Programm intelligent aufzubauen."

Henri hörte aufmerksam zu, darum fuhr Rodleigh fort. „Und wir sind ja auch Artisten und sehr stolz. Ich betrachte es als meine persönliche Herausforderung, die schwierigsten Figuren und Abläufe leicht aussehen zu lassen – flüssig und anmutig. Ich möchte, dass sich das Publikum nicht auf die Gefahr konzentriert, sondern auf die Schönheit."

Am Samstagmorgen holte ich Jon in seinem Wohnwagen ab. Mit der Straßenbahn fuhren wir in die Innenstadt von Freiburg. Ich hatte überlegt, wo ich mit ihm zusammen essen sollte. Das einzige Restaurant, das mir für unser Gespräch ruhig genug erschien, war das Hotel „Zum Roten Bären", in dem mein Vater abgestiegen war. Darum hatte ich dort für halb eins einen Tisch reserviert. Da wir eine halbe Stunde zu früh waren, fragte ich Jon, ob er das Münster, die prachtvolle Kathedrale von Freiburg, schon gesehen hätte. Das war nicht der Fall, und ich fragte mich, ob er seit der Ankunft des Zirkus überhaupt schon etwas von dieser Stadt gesehen hatte.

Von allen mittelalterlichen Kirchen hatte mich das Münster ganz besonders beeindruckt. Seine faszinierende Geschichte, sein Standort mitten auf dem Marktplatz, sein prächtiger Turm mit der filigranen Turmspitze, sein vertrautes Kirchenschiff… Ich hatte mich in das Münster verliebt, wie ich mich auch in die ganze Stadt verliebt hatte.

Doch während ich mit Jon den Platz überquerte und die Kathedrale betrat, war ich auf einmal wie gelähmt und wusste nicht, wie ich ihm etwas von den Gefühlen vermitteln sollte, die in mir waren.

„Und, was meinen Sie?", fragte ich.

„Sie gefällt mir", erwiderte er, aber es war klar, dass er sich wie eine Katze in kaltem Wasser fühlte. Ich erkannte, dass alles, was die Kirche mir bedeutete, für Jon fremd war. Aus einem sonderbaren Gefühl der Verpflichtung heraus schaute er sie sich an. Ich hatte ihn hierher gebracht, und er war auch hier, aber sie sprach ihn nicht an. Die Säulen mit den zwölf Aposteln, das prachtvolle Triptychon auf dem Hochaltar, die mit aufwändig geschnitzten Verzierungen versehenen Chorstühle, die Marienstatue mit dem Meer von brennenden Kerzen und die Menschen davor, im Gebet versunken… nichts sprach ihn an. Ich wollte erklären. Aber wie erklärt man einem Trapezfänger aus Detroit den mittelalterlichen christlichen Glauben?

Kurz darauf saßen wir im Roten Bären, immer noch zu früh, aber entspannt. Wir bestellten Mittagessen. Das war vermutlich das teuerste Mittagessen, das ich seit meiner Ankunft in Freiburg jemals bestellt hatte. Ich schaute mich in dem Restaurant um und beobachtete die Gäste in ihrer eleganten Kleidung. Sie waren alle mittleren Alters oder älter. Der Kellner trat an unseren Tisch und füllte unsere Wassergläser, zündete die Kerze auf dem Tisch an und legte uns die Servietten auf den Schoß. Und ich fragte mich die ganze Zeit, ob dies wirklich der beste Ort für einen Zirkusmann war, um über das Fliegen und Fangen zu sprechen.

Doch sobald wir anfingen, über den Zirkus zu reden, kümmerte mich die Umgebung nicht mehr. Und Jon schon gar nicht.

„Was macht den Zirkus eigentlich so faszinierend?", fragte ich.

„Nun", erwiderte John nach kurzem Überlegen, „ich denke, es gefällt uns, zu sehen, dass Tiere tun, was eigentlich nur Menschen tun können, und dass Menschen tun, was eigentlich nur Tiere tun können. Löwen richten sich auf wie Menschen, und Menschen fliegen wie Vögel."

Wir beide lachten.

„Der Zirkus ist eine Spaßwelt. Er bietet reine Unterhaltung, und zwar für alle, für Jung und Alt."

„Ich muss gestehen, dass der Zirkus es mir angetan hat", gestand ich. „Bei meinem letzten Besuch in Freiburg habe ich meine gesamte Freizeit in Kirchen und Museen verbracht. Dieses Mal hat der Zirkus meine Fantasie in seinen Bann gezogen."

„Ja", erwiderte Jon, „Sie sind ein richtiger Fan geworden."

Dass er mich einen Fan nannte, machte mich ein wenig verlegen, aber ich musste gestehen, dass das Wort passte.

Wir sprachen über viele Belange des Zirkus, und Jon erzählte mir alles, was ich wissen wollte. Aber er stellte keine einzige Frage an mich. Vielleicht wusste er einfach nicht, was er fragen sollte. Vielleicht war ich ihm auch nur genauso fremd wie das Münster.

Gegen drei Uhr waren wir wieder im Zirkus. Die Zirkusbesucher hatten sich bereits für die Nachmittagsvorstellung, die in einer halben Stunde beginnen sollte, vor dem Kassenschalter angestellt. Es würde eine gut besuchte Vorstellung werden, das war abzusehen. Um 16 Uhr 25 kam ich ins Zelt. Die Flying Rodleighs betraten gerade die Manege und wirbelten unter den Klängen des Orchesters ihre silbernen Umhänge herum. Während ich beobachtete, wie Jon mit nackter Brust und in seiner eng anliegenden weißen Hose mit dem goldenen Gürtel die Strickleiter hochkletterte und hoch oben in der Zeltkuppel auf sein Podest trat, fiel es mir schwer, zu glauben, dass ich noch zwei Stunden zuvor mit diesem Halbgott im Roten Bären zu Mittag gegessen hatte.

Der Auftritt verlief fehlerlos. Nachdem Rodleigh, Jennie, Karlene, Joe und Jon sich in der Manege ein letztes Mal verneigt und den Applaus entgegengenommen hatten und unter dem donnerndem Beifall und lautem Getrampel der mehr als zweitausend begeisterten Zuschauer hinter dem Vorhang verschwunden waren, stiegen mir Tränen in die Augen. Ich wusste, dass ich Teil dieser Gruppe von Fremden geworden war, und dass der donnernde Applaus auf geheimnisvolle Weise auch mich mit einschloss.

KAPITEL 10

Henris Augen sind immer noch geschlossen. Dennie bemerkt, dass seine Atmung sich wieder beschleunigt. Er hat den Eindruck, dass ein Transport durch das Fenster nach unten Henri sehr aufregen könnte.

„Henri?", fragt er, „ich würde Ihnen jetzt gern zwei Medikamente verabreichen. Wenn die Wirkung einsetzt, werden Sie sich besser fühlen. Sie werden Ihnen über die Infusionskanüle zugeführt. Droperidol gegen Ihre Ängste und Anspannung. Fentanyl ist ein synthetisches Morphin zur Schmerzreduzierung. Die negative Nebenwirkung ist, dass die Medikamente Ihren Blutdruck noch weiter absenken könnten, aber das müssen wir riskieren. Was meinen Sie?"

Henri scheint weit fort zu sein. Sanft stupst Dennie ihn an. Henris Augen, groß und blutunterlaufen über der Sauerstoffmaske, öffnen sich mühsam, und Dennie trifft die Entscheidung, die Medikamente zu geben.

* * *

Sonntag war der letzte Tag des Zirkus Barum in Freiburg. Nach der Nachmittagsvorstellung stand ich bei den Rodleighs und verfolgte ihre für mich unverständlichen Ausführungen über ihren Auftritt. Die kleine Kail kam zu mir gelaufen. „Willst du dir unseren Wohnwagen anschauen?", fragte sie. Karlene hörte ihre Frage und wandte sich an mich. „Sie möchte so gern, dass Sie unseren Wagen anschauen. Kommen Sie doch nach dem Finale zu uns."

Eine Stunde später saß ich mit Karlene und Kail in ihrem Wohnzimmer, als Rodleigh an die Tür klopfte und mich zusammen mit Karlene und Kail zum Abendessen einlud. Beim Abendessen lernte ich dann Jennie kennen. Sie begrüßte mich sehr herzlich an ihrem kleinen Tisch.

„Das Trapez ist in Ordnung", sagte sie, „aber meine eigentliche Liebe gilt der Herstellung der Kostüme."

Ihre Bemerkung machte mir klar, dass alle Kostüme, die ich in dieser Woche gesehen hatte, von Jennie gearbeitet worden waren: Die silbernen Umhänge, die Trapezkostüme, die Kostüme für das Finale.

„Bei der Hochzeit mit Rodleigh war mir bewusst, dass ich sein Leben als Trapezartist teilen müsste", bemerkte sie lächelnd. „Aber richtig gepackt hat es mich, als ich lernte, unsere Kostüme selbst zu schneidern. Später, wenn wir zu alt geworden sind für das Trapez und nach Südafrika zurückgehen, möchte ich gern ein Geschäft für Kostümdesign eröffnen."

Jennie hatte nichts zu verbergen. Sie war spontan, direkt und sehr pragmatisch, und sie schaffte es, dass ich mich in der Familie zuhause fühlte. Hier sah alles so normal und nüchtern aus. Rodleigh, seine Frau Jennie, seine Schwester Karlene und die kleine Kail. Das ist die Familie Stevens in Deutschland, und ich war ihr Gast zum Abendessen. Nichts Ungewöhnliches. Nur dass alle das Trapez liebten.

Nach dem Abendessen sagte Rodleigh: „Wenn Sie noch etwas Besonderes erleben wollen, kommen Sie heute Abend doch zum ‚Abbau'. Sie werden erleben, wie wir alle Seile herunternehmen, während die Marokkaner das Zelt abbauen. Fünfundvierzig Minuten nach dem Finale werden wir alle vom Gelände rollen, unterwegs zur nächsten Stadt. Bleiben Sie heute Abend doch, bis wir aufbrechen. Sie werden beeindruckt sein."

Ich blieb tatsächlich. Während der Pause bei der Abendvorstellung beluden Rodleigh, Joe und Jon den Lastwagen schon mit dem Netz und den kleineren Teilen des Trapez-Aufbaus. Einige der Tierwagen rollten bereits vom Zirkusgelände. Unmittelbar nach dem Finale brach hektische Aktivität aus. Jeder wusste genau, was er zu tun hatte. Während die Zeltplanen fielen, begannen die Trapezkünstler, den Seilaufbau herunterzunehmen. Es war wie ein einstudierter Tanz, bis ins Kleinste geplant, sehr schnell und präzise ausgeführt.

Um fünf Minuten vor zehn schloss Rodleigh seinen Truck und hängte den Wohnwagen an. Gleichzeitig wärmten Jon und Joe ihre Trucks auf, und bevor ich wusste, wie mir geschah, waren alle abfahrbereit.

„Wir fahren im Konvoi", erklärte Karlene. „Rodleigh voraus, ich folge ihm, dann kommen Joe und Jon. Rodleighs und Jons Lastwagen sind mit Funkgeräten ausgestattet. Sie können unterwegs also miteinander kommunizieren und im Auge behalten, was zwischen ihnen vorgeht. Es kommt schon mal vor, dass wir uns wegen einer Ampel oder unerwarte-

ter Ereignisse verlieren, aber mit den Funkgeräten können wir uns gegenseitig helfen, wieder auf den richtigen Weg zu finden."

Bei Karlenes Worten stieg eine unerwartete Traurigkeit in mir hoch. Ich war traurig darüber, dass ich nicht in diesem Konvoi mitfahren konnte. In dieser einen Woche waren die Rodleighs so sehr Teil meines Lebens geworden, dass ihre Abreise mir körperlichen Schmerz bereitete. Mir wurde bewusst, wie schwer es für sie sein musste, ständig von Ort zu Ort zu ziehen, niemals so lange an einem Ort zu bleiben, dass sie dauerhafte Freundschaften aufbauen können.

War das das Ende? Würde ich sie wiedersehen?

Und dann fuhren sie los. Ich stand da und winkte ihnen nach, als sie hintereinander langsam vom Zirkusgelände rollten.

Eine ungewohnte Einsamkeit erfüllte mich. Als ich mich umdrehte, sah ich, wie das Zelt Stück für Stück abgebaut wurde. Das Gelände vollständig zu räumen, würde zwei Stunden dauern, aber darauf wollte ich nicht mehr warten. Ohne die Rodleighs war der Zirkus irgendwie einfach nur ein Zirkus, der es nicht wert war, dass man sich dafür die Nacht um die Ohren schlug.

Auf dem Weg zur Straßenbahn nach Hause spürte ich eine gewisse Verwirrung in mir. Ich war nicht mehr so sicher, ob ich mir mit dieser neuen „Berufung" nicht etwas vormachte.

KAPITEL 11

Dennie fällt auf, dass Henris Körper trotz der Medikamente immer noch sehr unruhig ist. Er kann durchaus verstehen, dass Henri verunsichert ist. Schließlich kommt es nicht jeden Tag vor, dass man durch ein Fenster nach draußen gehoben wird.

Aber Henri denkt nicht an seinen momentanen Zustand. Er ist wieder im Jahr 1991 und erinnert sich an das Gefühl der Einsamkeit beim Abschied von den Flying Rodleighs und an seine Traurigkeit darüber, dass er in diesem Konvoi nicht mitfahren konnte. Seine Beine zucken.

Und jetzt kämpft sich noch eine andere Erinnerung nach oben, die ihn noch weiter zurückführt in eine Zeit, wo sein ganzer Körper sich danach sehnte, sich einer Gemeinschaft von Menschen anzuschließen, die gemeinsam unterwegs waren. *Alles begann mit einem Gefühl der Ruhelosigkeit, einem inneren Drang, einem heftigen Nagen, einer schmerzlichen Frage: Warum bist du nicht in Selma?*, schrieb er nach diesem Ereignis.

✳ ✳ ✳

ES WAR MÄRZ 1965. HENRI studierte an der Menninger Clinic in Topeka, Kansas, Psychologie. Die Polizei in Alabama war mit Tränengas und Gewalt gegen die friedlichen Märsche der Schwarzen für Grundrechte vorgegangen, und Martin Luther King Jr. hatte die Kirchenführer und Christen im ganzen Land aufgerufen, nach Selma, Alabama, zu einem weiteren Marsch zu kommen. Als holländischer Bürger, der ein Visum für Amerika hatte, gab es für Henri viele Gründe, nicht dorthin zu fahren. Der Ort lag mehr als tausend Kilometer entfernt. Seine Freunde versicherten ihm, dies sei eine lokale Angelegenheit, und er als Ausländer sollte sich da lieber heraushalten. Sie unterstellten ihm, dass er nur um seiner selbst hinfahren wollte, dass er auf der Suche nach einem Nervenkitzel und Abenteuer sei. Aber Henri konnte den Wunsch, mit dabei zu sein, nicht abschütteln.

Der Marsch begann am Sonntag, dem 21. März. Um dreiundzwanzig Uhr an jenem Abend wälzte sich Henri unruhig in seinem Bett, und auf einmal wurde ihm klar, dass er einen Fehler begangen hatte. Seine Entscheidung stand fest. Gegen Mitternacht saß er in seinem Käfer und machte sich auf den Weg in den Süden der Vereinigten Staaten, um sich den Marschierenden anzuschließen. *Die Ruhelosigkeit verschwand, und da war eine tiefe, greifbare Sicherheit und das Gefühl der Entschlossenheit.*

In Vicksburg in Mississippi nahm Henri einen zwanzigjährigen Tramper mit Namen Charles mit. *Während wir durch die Nacht fuhren, erzählte Charles mir von den dunklen Tagen Mississippis.* Charles war ein Farbiger, und Henri nahm an, dass Charles jetzt an seinem Privileg als Weißer teilhaben würde, da Henri der ältere von beiden und außerdem der Fahrer des Wagens war. Aber er musste schon bald erleben, dass sie als Weißer und Schwarzer, die gemeinsam unterwegs waren, nirgendwo sicher anhalten konnten. Nicht, um zu tanken, nicht, um einen Kaffee zu trinken, nicht einmal, um die Toilette zu benutzen. *Ich spürte, wie ganz langsam meine Unschuld und das bisher nicht hinterfragte Gefühl der Freiheit in mir verschwand*, erkannte Henri. Die Ruhelosigkeit, die ihn zu dieser Reise gedrängt hatte, kehrte mit voller Macht zurück, doch dieses Mal in Gestalt von Angst. *Die Angst schenkte mir neue Augen, neue Ohren und einen neuen Mund.* Achtzehn Stunden nach seinem Aufbruch kamen Henri und Charles in Selma an, zerschlagen, unrasiert und zutiefst erschöpft. Auf der Suche nach den Marschierenden erinnerte die schwer bewaffnete Nationalgarde am Straßenrand Henri an seine Kindheit im besetzten Holland während des Krieges.

Bei der Ankunft wurden sie von zwei Zwölfjährigen begrüßt, die alle, die an dem Marsch teilnahmen, registrierten und ihnen drei Fragen stellten: Wie heißt du? Wo wohnst du? Wer soll benachrichtigt werden, falls dir etwas zustößt? Diese dritte, sachliche Frage war ein wenig beunruhigend, doch insgesamt herrschte nicht ein Gefühl der Angst. *Ungeachtet des Umfelds aßen die Leute, sie lachten, redeten und beteten*, schrieb Henri. Da er immer hungrig war, beeindruckte Henri besonders die Fülle an Essen. *Das war eines der Geheimnisse von Selma. Tausende bekamen während dieser fünf Tage in Selma, in Montgomery, entlang der Straße und in den Zelten zu essen; es war immer genug da. Man hatte den Eindruck, als sei nichts organisiert worden und als drohe alles im Chaos zu versinken, aber irgendwie wurde alles immer gut. Ich erlebte, wie es ist, mit Menschen zusammenzusein, die wussten, wie wichtig es ist, zu improvisieren und mit unmittelbarer Spontaneität zu reagieren.*

Henri stand unter den Zuhörern, als Martin Luther King Jr. auf den Stufen zum Verwaltungsgebäude langsam und mit kräftiger Stimme sagte: „Wir sind in Bewegung." Kings Stimme schwoll an und wurde dynamischer, als er den Kampf für die Freiheit des Menschen in der Geschichte seines Volkes benannte und die vielen Märtyrer aufzählte, deren Tod nicht umsonst gewesen sei, weil: „Wir sind in Bewegung", wiederholte er. „Wir werden zurückgehen, und wir werden auch weiter leiden, aber jetzt wissen wir: Wir sind in Bewegung."

Der Befehl der Truppen, die Marschierenden zu beschützen, war bis Punkt sechzehn Uhr befristet und erneut machte sich Angst in Henris Körper breit. Er bot drei Schwarzen an, sie nach Norden mitzunehmen. Sie rieten ihm, sich auf den Hauptstraßen zu halten, die Geschwindigkeitsbegrenzungen genau einzuhalten und nach Einbruch der Dunkelheit nicht mehr weiterzufahren. *Ich erinnere mich nur noch, dass wir Angst hatten*, schrieb Henri später, *Todesangst, und dass wir am ganzen Körper zitterten, wann immer wir durch eine Stadt kamen und vor jedem Polizisten, den wir sahen, auf der Hut waren.*

Die allgegenwärtige Gefahr, seinen Gefährten so vertraut, schockierte den dreiunddreißigjährigen holländischen Priester. Doch das Gefühl der Gemeinschaft hinterließ einen ganz tiefen, bleibenden Eindruck bei ihm. Der Hunger nach dieser Art der freundlichen Hingabe, die Gewalt und Ungerechtigkeit trotzte, erfüllte ihn. Henri reflektierte einige Jahre später: *Widerstand, der sich für den Frieden einsetzt, ist nicht so sehr die Bemühung von tapferen und mutigen Einzelpersonen, sondern eher das Werk der Glaubensgemeinschaft.*

Immer wieder vertrauten ihm als Priester Menschen an, dass sie sich unzulänglich fühlten, dass sie das Gefühl hätten, „nicht genügen" zu können. Er hatte Verständnis für dieses Gefühl, weil es ihm häufig genauso ging. Aber, versuchte er zu erklären, natürlich kannst du nicht genügen! Niemand von uns kann aus sich heraus jemals genügen. Die Wahrheit ist, dass wir alle Teil eines größeren Körpers sind, einer Gemeinschaft. *Der einzelne Mensch, selbst der beste und stärkste, wird schon bald von Erschöpfung und Entmutigung heimgesucht, aber eine Gemeinschaft des Widerstands kann durchhalten, selbst wenn einzelne Mitglieder Augenblicke der Schwäche und Verzweiflung erleben. Auf Dauer Frieden stiften können wir nur, wenn wir zusammen leben und arbeiten.*

AM DONNERSTAG, DEN 4. APRIL 1968, hielt sich Henri gerade in Chicago auf, als er hörte, dass Martin Luther King Jr. ermordet worden war. Die Nachricht entsetzte ihn und machte ihn sehr traurig, und die offensichtliche Gleichgültigkeit seiner überwiegend weißen Gemeinschaft verstärkte seine Gefühle noch.

Über Tage hinweg schwoll sein Kummer an und überflutete seinen Körper, bis er wieder eine unerwartete Entscheidung traf:

> *Es gab noch einen freien Platz für den Nachtflug nach Atlanta, und ich wusste einfach, dass ich hinfliegen musste. Während der vergangenen vier Tage waren Trauer und Traurigkeit, Zorn und Wahnsinn, der Schmerz und die Frustrationen aus den vielen verborgenen Winkeln meines Körpers gekrochen und hatten sich wie eine sich verschlimmernde Krankheit der Ruhelosigkeit, Anspannung und Bitterkeit ausgebreitet. Ich hatte dagegen angekämpft, aber jetzt wurde deutlich, dass nur sein eigenes Volk mich heilen könnte. Nur in der Anonymität ihres Weinens, Rufens, Marschierens und Singens könnte ich dem Mann von Selma wiederbegegnen und Ruhe finden.*

Bei seiner Ankunft am Morgen von Kings Beerdigung staunte Henri nicht schlecht. *In Atlanta war alles anders. Eine seltsame Leichtigkeit stand im krassen Gegensatz zu meinen schweren Gefühlen und Erwartungen. Keine dunklen Anzüge, sondern weiße Kleider und bunte Hüte, als ob die Menschen auf dem Weg zu einem großen Fest wären.*

Und wieder wurde er herzlich und mit unerwarteter Freundlichkeit begrüßt. *Vielleicht hatten mich meine Zweifel daran, ob ich bei der Beisetzung eines schwarzen Mannes willkommen wäre, beklommen gemacht. Aber mir wurden nur freundliche Fragen gestellt: „Brauchst du Hilfe? Mitfahrgelegenheit, Frühstück, eine Übernachtung?"*

Der Trauerzug war, so wurde Henri klar, Martin Luther Kings letzter Marsch, und alle wussten es. *Aber etwas war seltsam an seinem letzten Marsch, etwas war neu. Es gab keine Angst. Es gab keine zornigen Menschen auf den Bürgersteigen, die bereit waren, Steine zu werfen. … Wenn ich mich zu den unzähligen Menschen hinter mir umdrehte, hatte ich das Gefühl, dass dieser Siegesmarsch kein Ende hatte, dass der Strom der Menschen, die immer und immer wieder dasselbe Lied sangen: „We shall overcome, wir haben keine Angst, Schwarz und Weiß zusammen", kein Ende hatte.*

Der Trauerzug strömte in den stillen Park des Morehouse Seminars, und Henri ließ sich ins Gras sinken. Er war zu erschöpft, um sich auf die Reden oder Lieder auf der Bühne zu konzentrieren. Es wurde ihm alles zu viel.

Während ich im Gras saß, umgeben von den unzähligen Menschen, die um mich herum standen, fühlte ich mich sicher und beschützt. Ein Schwarzer lächelte mich an, als ich aus einem tiefen Schlaf erwachte. Ich fühlte mich erschöpft, hungrig und schwer. Aber eine seltsame Zufriedenheit durchströmte meinen Körper. Dies war der Ort, an dem ich sein wollte: verborgen, anonym, umgeben von schwarzen Menschen. Seit jenem Donnerstagabend hatte ich eine lange, bewegte Reise zurückgelegt. Ich war nervös gewesen, außer mir, erfüllt von Trauer und Frustration. Das hatte mich zu den grünen Rasenflächen des Morehouse Colleges geführt. Und hier ruhte ich aus, getragen von einem Volk, das ohne Unterbrechung sang und betete.

✳ ✳ ✳

JETZT, JAHRZEHNTE SPÄTER, FRAGT SICH Henri, der erschöpft und bewegungsunfähig in seinem Bett liegt und auf die Trage wartet, warum sich seine Erinnerung an die erste Zeit mit den Rodleighs mit diesen schon so lange in der Vergangenheit liegenden Tagen in Alabama und Georgia verknüpft hat. Vielleicht hält sein ruheloser Körper Erinnerungen fest. Vielleicht versucht er Wege in seinem Leben zu identifizieren, die die Voraussetzungen dafür geschaffen haben, dass die Flying Rodleighs ihn so tief beeindrucken konnten. Gelegenheiten, bei denen er Erkenntnisse gewann über seine eigenen Begrenzungen und sogar noch tiefer, seine tiefste Sehnsucht nach Gemeinschaft und Schönheit, verkörpert in einem Trauerzug in Atlanta und hoch über seinen Kopf fliegend in Freiburg.

Wisst ihr, in dieser Welt, in der es so viel Trennung gibt, so viel Spaltung und so viel Gewalt, sind die Rodleighs in gewisser Weise Friedensstifter. Sie schaffen Gemeinschaft. Sie schaffen etwas, das die Welt so dringend braucht. Wer sehnt sich nicht nach Freundschaft? Wer sehnt sich nicht nach Zugehörigkeit? Wer sehnt sich nicht nach Lachen? Wer sehnt sich nicht danach, frei zu sein? Wer braucht keine Disziplin? Wer braucht nicht das Gefühl der Zusammengehörigkeit?

Wisst ihr, es ist alles da in einem Akt – worum es im Leben geht, worum es in der Welt geht.

KAPITEL 12

Am Ende der Woche, in der Henri die Flying Rodleighs kennenlernte, packten sie in aller Eile ihre Sachen zusammen, und Henri winkte ihnen traurig nach, als ihre Fahrzeuge nacheinander vom Zirkusgelände in Freiburg rollten. Er wollte so gern Teil ihres Zuges sein. Er fühlte sich beraubt. Aber nur fünf Jahre zuvor hatte Henri selbst einen Konvoi von Lastwagen und Wohnwagen angeführt. Es war im Herbst 1986. Der Konvoi gehörte nicht zu einem herumreisenden Zirkus, und dieser Autokorso wirkte ein wenig übertrieben. Nachdem er ein Jahr mit Menschen mit geistigen Behinderungen in einer Arche-Gemeinschaft in Frankreich gelebt hatte, zog er jetzt mit allem, was er besaß, von Boston in die Arche-Gemeinschaft Daybreak in Kanada. Begleitet wurde er von einer Gruppe von Freunden in den unterschiedlichsten Fahrzeugen.

Seine Gefährten aus Harvard waren neugierig und auch ein wenig skeptisch. Ihr Akademikerfreund hatte beschlossen, mit Menschen zusammenzuleben, die nicht wussten, wer er war, die nie eines seiner Bücher gelesen hatten oder lesen würden und die sich von seinen Auszeichnungen und seiner Geschichte unbeeindruckt zeigen würden. Sie konnten sich nicht vorstellen, wie ihr ehrgeiziger und ungeduldiger ehemaliger Professor sich einfügen würde. Aber sie kannten ihn auch als einen Menschen mit der bemerkenswerten Fähigkeit, Gemeinschaft zu bauen und zu erhalten. Sie liebten ihn und die lebendige Gemeinschaft, die er während seiner Zeit in Boston um sich herum gesammelt hatte. Doch in diesen Jahren hatte er sich getrieben gefühlt und niedergeschlagen, und sie hofften, dass dieses wagemutige neue Experiment ihrem Freund helfen würde, endlich ein Zuhause zu finden.

Während sie über die Yonge Street nördlich von Toronto rollten, vorbei an hässlichen Einkaufszentren und Gebrauchtwagenläden und an einer erstaunlichen Anzahl an sehr kanadischen Donutläden, fragten sich seine Freunde, wie dieses Abenteuer für Henri, der Schönheit, historische Bauten und Kultur über alles liebte, wohl ausgehen würde.

Nacheinander bogen die Fahrzeuge in die gekieste Auffahrt der Arche-Gemeinschaft Daybreak Farm ein, ein großes altes ehemaliges Kloster aus rotem Ziegelstein, das rechts von ihnen lag. Vor sich sahen sie eine grüne Scheune und Felder.

Auch bei der Begrüßung entstand ein wenig Verwirrung. Sue Mosteller, die der Gemeinschaft schon lange angehörte, hatte schon viele Menschen bei Daybreak willkommen geheißen, Menschen mit und ohne geistige Behinderungen. Die meisten Helfer kamen in Jeans und nur mit einem Rucksack an. Henri traf mit einem ganzen Geleitzug ein. Als letzter Wagen kam ein großer Umzugswagen zum Stehen. Im Laufe der folgenden Wochen beobachtete Sue, wie Henris Energie und seine Bekanntheit Unruhe in die stille Gemeinschaft brachte.

Doch während seine Freunde seine zahlreichen Bücherkisten ausluden, war Henri zuversichtlich, dass sein Umzug in die Arche-Gemeinschaft Daybreak richtig war. Seine körperlichen Erfahrungen der Solidarität, von Selma über Lateinamerika bis hin zur Arche-Gemeinschaft in Frankreich, hatten eine Sehnsucht und eine Vision in ihm verstärkt, die er seit Jahrzehnten mit sich herumtrug.

Bereit, dem geistlichen Leben der Daybreak-Gemeinschaft als Priester zu dienen, war Henri überrascht, dass er bei seiner Ankunft gebeten wurde, in einem Haus mit Menschen mit geistigen Behinderungen und ihren Helfern zu leben. Noch verstörender für Henri war, dass er als regulärer Haushelfer arbeiten sollte.

Der Auftrag der Arche-Gemeinschaft, so wurde mir gesagt, sei, „mit den Kernmitgliedern zu leben", und so ließ ich mich zusammen mit allen Bewohnern des Neuen Hauses auf mein neues Leben ein. Handwerkliche Arbeit, Kochen und Haushaltsführung waren mir vollkommen fremd. Zwanzig Jahre lang hatte ich an Universitäten in Holland und den Vereinigten Staaten gelehrt, und während dieser Zeit hatte ich mir keine Mühe gemacht, mir ein Heim zu schaffen; auch hatte ich keinen Kontakt zu Menschen mit Behinderungen gehabt. In meiner Familie und im Freundeskreis stand ich im Ruf, zwei linke Hände zu haben.

Einige Monate nach dem Beginn seines neuen Lebens hatte Henri im Jahr 1987 die Gelegenheit, einem Publikum in Harvard seinen Haushalt zu beschreiben:

Ich lebe in einem Haus mit sechs behinderten Menschen und vier Helfern. Keiner der Helfer verfügt über eine spezielle Ausbildung für die Arbeit mit Menschen mit einer geistigen Behinderung, aber wir bekommen alle Hilfe, die wir brauchen, von Ärzten, Psychiatern, Verhaltenstherapeuten, Sozialarbeitern und Psychotherapeuten in der Stadt. Wenn es keine besonderen Krisen gibt, leben wir als Familie zusammen und vergessen allmählich, wer behindert ist und wer nicht. Wir sind einfach John, Bill, Trevor, Raymond, Adam, Rose, Steve, Jane, Naomi und Henri. Wir essen zusammen, spielen miteinander, beten miteinander und gehen miteinander aus. Wir alle haben unsere Vorlieben in Bezug auf Arbeit, Essen und Filme, und wir alle erleben Schwierigkeiten im Umgang miteinander, ob nun behindert oder nicht. Wir lachen viel miteinander. Wir weinen auch viel miteinander. Manchmal auch beides gleichzeitig.

Jeden Morgen, wenn ich sage: „Guten Morgen Raymond", antwortet er: „Ich bin noch nicht wach. Jeden Morgen guten Morgen zu allen zu sagen, ist nicht real." Am Heiligabend wickelte Trevor Marshmallows in Silberpapier als Geschenk für alle, und beim Weihnachtsessen stieg er auf einen Stuhl, hob sein Glas und sagte: „Meine Damen und Herren, dies ist keine Feier, das ist Weihnachten." Als einer der Männer sich am Telefon über den Zigarettenrauch eines Helfers beklagte, schrie er zornig: „Hör auf zu rauchen; ich kann nicht hören." Und jeder Gast, der zum Abendessen kommt, wird von Bill mit der Frage begrüßt: „Hey, hast du noch einen Truthahn in Reserve?" Wenn der Neuankömmling Unwissenheit eingesteht, sagt Bill mit einem großen Grinsen auf dem Gesicht: „Ich sage dir das morgen."

Trotz der heiteren Begebenheiten fiel es Henri schwer, sich an dieses neue Leben und die Menschen in seinem Umfeld zu gewöhnen. Er war tatsächlich sehr unpraktisch veranlagt. Seine Gefährten staunten nicht schlecht über seine Inkompetenz. Henri bat um Hilfe beim Teekochen, bei der Zubereitung eines Sandwiches und dem Waschen der Wäsche. Niemand konnte begreifen, wie dieser engagierte und liebevolle Mann so lange mit einer so erbärmlichen Lebenskompetenz überlebt hatte. Er fühlte sich desorientiert und nervös und entspannte nur, wenn er sich in sein Büro zurückziehen konnte, um zu schreiben und Briefe zu beantworten. Doch langsam, sehr langsam wuchs in Henri das Gefühl der Zugehörigkeit durch Bill Van Buren, der im Jahr 1969 die Arche-Gemeinschaft Daybreak gegründet hatte.

Während der vergangenen Monate habe ich eine Freundschaft zu einem der behinderten Männer in meinem Haus entwickelt. Sein Name ist Bill. Anfangs schien er nur an den vielen kleinen Dingen interessiert zu sein, die ich für ihn tun würde. Und er nutzte mich aus. Intuitiv spürte er meinen von Schuldgefühlen getriebenen Wunsch, zu helfen, und er ließ mich ihm so viel wie möglich helfen. Er ließ mich für sein Bier bezahlen, sein Geschirr spülen, sein Zimmer sauber machen, obwohl er alle diese Dinge sehr gut selbst tun konnte. Mit ihm fühlte ich mich ganz bestimmt nicht wohl.

Doch im Laufe der Monate erlebten wir viele Freuden und Schmerzen miteinander, und da begann sich etwas zu verändern. Eines Morgens schenkte er mir eine großzügige Umarmung. Eines Nachmittags lud er mich stolz zu einem Bier ein und bezahlte es selbst, und zu meinem Geburtstag kaufte er mir ein wunderhübsches Geschenk. Beim Abendessen wollte er immer neben mir sitzen, und bei der Messe wichen seine scherzenden Unterbrechungen meiner Predigten tief empfundenen Worten der Liebe und Sorge. Auf diese Weise wurden wir Freunde.

* * *

DENNIE ÜBERPRÜFT DEN SAUERSTOFFGEHALT AN Henris Fingerklemme. Seine Sorge lässt er sich nicht anmerken. Er versucht sogar, Henri Mut zu machen. „Alles läuft gut. Die Feuerwehrautos sind unterwegs. Sie werden in ein paar Minuten da sein. Wir müssen nur abwarten. Die Medikamente, die ich Ihnen gebe, werden bald wirken, und dann wird Ihr Körper entspannen können."

Henri hört nicht zu. Seine Erinnerung wandert zu Adam.

* * *

Adam ist das schwächste Mitglied unserer Familie. Er ist fünfundzwanzig und kann nicht sprechen, sich selbst nicht an- und ausziehen, er kann nicht ohne Hilfe laufen und essen. Er weint und lacht nicht und sucht nur gelegentlich Blickkontakt. Sein Rücken ist deformiert, und seine Arm- und Beinbewegungen sind sehr verdreht. Er leidet an einer sehr ausgeprägten Epilepsie, und trotz starker Medikamente gibt es nur wenige Tage ohne größere Anfälle. Manchmal wird er ganz plötzlich steif, stößt

*ein heulendes Stöhnen aus, und bei einigen wenigen Gelegenheiten habe
ich gesehen, wie eine dicke Träne über seine Wange läuft.*

Während seines Aufenthalts in der Arche-Gemeinschaft in Frankreich hatte er
nie direkt mit den behinderten Menschen gearbeitet. Vor dieser ihm unbekannten Welt hatte er ein wenig Angst. Diese Angst beherrschte ihn auch noch, als er
gebeten wurde, direkt mit Adam zu arbeiten.

*Ich war entsetzt! Ich glaubte einfach nicht, dass ich das könnte. „Und
wenn er stürzt? Wie stütze ich ihn beim Laufen? Was, wenn er einen
Anfall bekommt? Was, wenn sein Badewasser zu heiß oder zu kalt ist?
Was, wenn ich ihn schneide? Ich weiß überhaupt nicht, wie man ihn
ankleidet! So vieles kann schiefgehen. Außerdem kenne ich den Mann
doch gar nicht. Ich bin keine Krankenschwester. Ich habe keinerlei Ausbildung in solchen Dingen!" Einige dieser vielen Einwände gab ich von
mir, die meisten behielt ich für mich. Aber die Antwort war klar, entschlossen und beruhigend: „Du kannst das. Anfangs werden wir alle dir
helfen und dir genügend Zeit geben, bis du dich damit wohlfühlst. Du
wirst dich mit der Routine vertraut machen, du wirst Adam kennenlernen und er wird dich kennenlernen."*

*Und so fing ich an, voller Angst und Zittern. Ich erinnere mich noch
an jene ersten Tage. Selbst mit der Unterstützung anderer Helfer hatte
ich Angst, Adams Zimmer zu betreten und diesen Fremden aufzuwecken.
Seine schwere Atmung und die ruhelosen Handbewegungen brachten
mich in große Verlegenheit. Ich kannte ihn nicht. Ich wusste nicht, was
er von mir erwartete. Auf keinen Fall wollte ich ihn aufregen. Und schon
gar nicht wollte ich mich vor den anderen zum Narren machen. Niemand
sollte über mich lachen, und auf keinen Fall wollte ich für irgendwelche
Peinlichkeiten verantwortlich sein.*

Einige Monate später beschrieb Henri vor seinem Publikum in Harvard seinen
Tagesablauf.

*Es dauert ungefähr eineinhalb Stunden, Adam aufzuwecken, ihm seine
Medikamente zu verabreichen, ihn auszuziehen, ins Bad zu bringen, ihn*

zu waschen, zu rasieren, die Zähne zu putzen, ihn in die Küche zu brin-
gen, ihm sein Frühstück zu geben, ihn in seinen Rollstuhl zu setzen und
ihn an den Ort zu bringen, an dem er den größten Teil seines Tages mit
unterschiedlichen therapeutischen Übungen verbringt. Wenn er während
dieses Teil des Tages einen größeren Anfall erleidet, ist viel mehr Zeit
nötig, und häufig muss er dann wieder ins Bett und schlafen, um wieder
zu den Kräften zu kommen, die ihn ein solcher Anfall kostet.

In jener Anfangszeit war Adam für Henri jemand, der wirklich sehr anders war.
Adam redete nicht, und Henri konnte sich nicht vorstellen, jemals mit ihm kommunizieren zu können. Die Beziehung war sehr körperlich.

Beim Laufen musste ich mich hinter ihn stellen und ihn mit meinem
Körper und meinen Armen stützen. Ständig hatte ich Angst, er würde
mir auf die Füße treten oder hinfallen und sich verletzen. Und natür-
lich war mir bewusst, dass er jederzeit einen größeren Anfall bekommen
könnte: in der Badewanne, auf der Toilette, beim Frühstück, beim Schla-
fen, Laufen oder Rasieren.

Anfangs quälte mich ständig die Frage: „Warum habt ihr mir diese
Aufgabe übertragen? Warum habe ich sie angenommen? Was tue ich
hier überhaupt? Wer ist dieser Fremde, der Tag für Tag ein so großes
Stück meiner Zeit für sich beansprucht? Warum wurde mir, der ich von
allen Menschen im Haus der unfähigste bin, ausgerechnet die Pflege von
Adam übertragen und nicht die Pflege eines anderen, dessen Bedürfnisse
nicht so groß sind?" Die Antwort lautete immer gleich: „Damit du Adam
kennenlernen kannst." Das war ein Rätsel für mich. Adam schaute mich
häufig an und folgte mir mit seinen Blicken, aber er sprach nicht oder
reagierte auf irgendetwas, das ich ihn fragte.

Langsam, sehr langsam, stellte sich eine Veränderung ein. Mein ganzes
Leben war durch Worte, Ideen, Bücher und Enzyklopädien geprägt
worden. Aber jetzt verschoben sich meine Prioritäten. Wichtig für mich
wurden Adam und unsere gemeinsame Zeit, in der er mir in vollkomme-
ner Verletzlichkeit seinen Körper anvertraute, in der er mir sich selbst
schenkte, um ausgezogen, gebadet, angekleidet, gefüttert und von Ort
zu Ort gebracht zu werden. Diese Nähe zu Adams Körper brachte mich
Adam näher. Ganz langsam lernte ich ihn kennen.

KAPITEL 13

Während Dennie sich um Henri kümmert, sucht der Fahrer des Rettungswagens Henris Gepäck zusammen. Henris Medikamente hat er gefunden, aber seine Zahnbürste und Toilettenartikel noch nicht. Dennie beugt sich dicht über Henri, um seine Aufmerksamkeit auf sich zu lenken. „Wir können jetzt eine Tasche ins Krankenhaus mitnehmen. Ist alles, was Sie für eine Nacht oder zwei brauchen, in Ihrem Handgepäck?"

Henri fühlt sich benommen. Fieberhaft überlegt er. Im Krankenhaus wird er seine Notizen zu Rembrandt nicht brauchen, auch nicht seinen Anzug. Die bunte Stola aus Lateinamerika, die er während der Messe trägt, befindet sich in seinem Handgepäck, sowie einige Oblaten, ein kleiner Abendmahlskelch, eine Bibel und sein Andachtsbuch mit Morgen- und Abendgebeten. Ja, er hat alles, was er braucht. Er nickt.

* * *

HENRIS GEDANKEN WANDERN VON DEN Rodleighs zu seiner Daybreak-Gemeinschaft. *Wenn ich an den Zirkus Barum und Daybreak denke, stehen mir zwei internationale Gemeinschaften von Menschen vor Augen, die der Welt Freude und Frieden bringen wollen. Die behinderten Menschen bei Daybreak und die talentierten Artisten des Zirkus Barum haben viel mehr Gemeinsamkeiten, als es auf den ersten Blick erscheint.*

Doch warum, fragt sich Henri, hatte er nach seinem Umzug zu Daybreak und nachdem er eine Freundschaft mit Bill und Adam und seinem neuen Haushalt aufgebaut hatte, dann im Jahr 1987 einen so gravierenden emotionalen Zusammenbruch erlitten?

Nach wie vor setzt er sich für Frieden und soziale Veränderung ein, und seine Lebens- und Arbeitssituation hatte sich genau so verändert, wie er es sich seit Selma gewünscht hatte, sie hatte sich von einem *themenorientieren Leben* zu einem *personenorientieren Leben* verschoben. Und doch hatte es ihn beinahe kaputt gemacht.

Das war das eigentliche Problem. Er hatte sein Leben an anderen orientiert, an dem, was sie über ihn dachten, wie sie reagierten. Als ausgebildeter Psychologe und als Priester war sich Henri seiner Unsicherheiten bewusst. Enge Freundschaften waren schon früher unter der Last seiner Hoffnungen und Erwartungen zerbrochen.

Vielleicht fühlte er sich seit seinem Einzug bei Daybreak nun so weit unterstützt, dass er es endlich riskierte, sich dieser Seite seiner Persönlichkeit zu stellen, auf eine Weise, wie es früher nie möglich gewesen war. War seine neue Gemeinschaft schuld an seinem Kummer? Nein, Daybreak und seine neuen Freunde boten ihm einen Ort, an dem er sich endlich fallen lassen konnte. Und ganz unerwartet war Adam ein wichtiger Teil dieses Sicherheitsnetzes geworden.

Ich begann zu erkennen, dass die sanfte Sicherheit des Neuen Hauses viele der Verteidigungswälle, die ich um meine inneren Behinderungen herum errichtet hatte, ins Wanken brachte. In dieser liebevollen, fürsorgenden Umgebung ohne Wettbewerb, ohne den Drang, besser zu sein als andere, und ohne den großen Druck, mich von den anderen abheben zu müssen, erlebte ich, was ich vorher nicht sehen oder erfahren konnte. Ich sah mich konfrontiert mit einer sehr unsicheren, bedürftigen und gebrechlichen Person: mit mir selbst. Aus dieser Perspektive war Adam für mich der Starke. Er war immer da, still, friedlich und innerlich stabil. Adam, Rosie, Michael, John und Roy – sie alle zeigten sich mir als der feste Kern unserer Gemeinschaft.

Gegen Ende des Jahres 1987 wurde mir klar, dass ich auf eine Krise zusteuerte. Ich schlief nicht mehr richtig und war in Anspruch genommen von einer Freundschaft, die mir anfangs belebend erschienen war, ganz langsam für mich aber erdrückend wurde. Es war, als seien die Holzbohlen, die über meinem emotionalen Abgrund gelegen hatten, weggezogen worden, und ich schaute hinunter in eine Schlucht voller Bestien, die nur darauf warteten, mich zu verschlingen. Ein unendliches Gefühl der Verlassenheit, der Zurückweisung, der Bedürftigkeit, Abhängigkeit und Verzweiflung erfüllte mich. Hier war ich, lebte in einem außergewöhnlich friedlichen Haus zusammen mit ganz friedlichen Menschen, doch in mir tobte ein Sturm.

Henris Freundin Sue und andere machten sich große Sorgen. Henri konnte sich tagsüber kaum zusammenreißen, und abends hörte Sue in der kleinen Kapelle des Einkehrhauses von Daybreak, wo Sue wohnte, Henris gequälte Schreie. Manchmal ging sie zu ihm und setzte sich zu ihm, während er sich in körperlichem Schmerz wand.

Ich suchte das Gespräch mit einigen Mitgliedern meiner Gemeinschaft, machte anfangs nur Andeutungen, doch später sprach ich ziemlich offen und direkt aus, was ich empfand. Und ich vertraute mich einem Psychiater an. Alle sagten dasselbe: „Es ist höchste Zeit, dass du dich deinen Dämonen stellst. Es ist Zeit, deine Wunden zu verbinden, zuzulassen, dass andere dich pflegen."

Das war ein äußerst demütigender Vorschlag. Ich musste das Neue Haus und die Gemeinschaft verlassen und an einen Ort gehen, wo ich meinen Schmerz durchleben konnte in der Hoffnung, neue Kraft und neuen Frieden zu finden. Was bedeutete das alles? Ich wusste es nicht. Ich war gekommen, um in Gemeinschaft zu leben und Adam zu pflegen. Jetzt musste ich Adam verlassen, um mich meinen eigenen Behinderungen zu stellen.

Die Geschichte aus der Bibel von der Taufe Jesu, bei der eine Stimme aus dem Himmel ertönte, die Gottes Gefallen an Jesus als Gottes geliebtem Kind kundtat, hatte Henri sehr berührt. Für ihn war es eine Stimme, die er sehr gern persönlich gehört hätte: eine bedingungslose Liebe, die ihm Bestätigung gab.

Ich durchlebte den tief menschlichen Kampf, daran glauben zu können, dass ich geliebt bin, auch wenn ich nichts vorzuweisen hatte, auf das ich stolz sein konnte. Sicher, ich hatte die Universität mit ihrem Prestige verlassen, aber in diesem Leben hatte ich Befriedigung und sogar Bewunderung erlebt. Sicher, nach außen galt ich als guter, ja sogar edler Mensch, weil ich mich den Armen zugewendet hatte! Aber nachdem mir die letzte Krücke weggenommen worden war, stand ich vor der Herausforderung, zu glauben, dass ich Gottes geliebtes Kind war, auch wenn ich selbst nichts vorzuweisen hatte.

Während dieser emotional schwierigen Zeit erkannte ich, dass ich Adam sehr ähnlich war. Er hatte nichts, auf das er stolz sein konnte. Ich auch nicht. Er war vollständig leer. Ich auch. Er brauchte vollzeitliche Aufmerksamkeit, genau wie ich. Ich merkte, dass ich mich dagegen wehrte, „wie Adam zu werden". Ich wollte nicht abhängig und schwach sein. Ich wollte nicht so bedürftig sein. Trotzdem erkannte ich irgendwie, dass Adams Art, die Art der radikalen Verletzlichkeit, auch die Art Jesu war.

Während der Monate, die ich fern von Daybreak lebte, war ich – mit viel Anleitung – in der Lage, eine leise und sanfte innere Stimme wahrzunehmen, die sagte: „Du bist mein geliebtes Kind, dem meine Gunst gilt." Lange Zeit misstraute ich dieser Stimme. Immer wieder sagte ich mir: „Das ist eine Lüge. Ich kenne die Wahrheit. An mir ist nichts Liebenswertes." Aber meine geistlichen Begleiter waren da und machten mir Mut, dieser Stimme Glauben zu schenken und sie lauter werden zu lassen.

Henri durchlief sechs Monate intensiver psychologischer und geistlicher Begleitung fern von der Arche-Gemeinschaft Daybreak. Sue übernahm seinen pastoralen Dienst bei Daybreak, telefonierte täglich mit ihm und besuchte ihn auch. Durch die Therapie begann Henri mehr von seinem Drang zu verstehen, direkt ins Leben anderer hineinzugehen. Er schrieb: *Wenn du neugierig bist auf das Leben anderer Menschen, mit denen du zusammen bist, oder erfüllt bist von dem Wunsch, sie auf die eine oder andere Art zu besitzen, ist dein Körper noch nicht ganz zuhause angekommen.*

Er suchte nach einer neuen Art des Nachdenkens über das, was er als Schriftsteller, Priester und Redner in Worte fassen wollte. *Eine neue Spiritualität wird in dir geboren. Nicht den Körper verleugnend oder dem Körper frönend, sondern wirklich inkarnatorisch.* Aber die Öffnung für etwas Neues zog Veränderungen nach sich. *Du wirst entdecken, dass viele andere Spiritualitäten, die du bewundert und zu praktizieren versucht hast, sich nicht mehr mit deiner einzigartigen Berufung in Einklang bringen lassen.*

Im Juli 1988 war Henri immer noch nicht ganz stabil, trotzdem kehrte er zur Daybreak-Gemeinschaft zurück, wo er sehr herzlich willkommen geheißen wurde. Er lebte jetzt im Einkehrhaus der Gemeinschaft, einem Haus mit vier Zimmern, das in der Anfangszeit von Daybreak errichtet worden war. Die kleine Kapelle der

Gemeinschaft befand sich im umgebauten Keller. Die Beschäftigten der Schreinerei von Daybreak hatten im Wohnzimmer bereits Bücherregale eingebaut, um
Henris Bücher allen zugänglich zu machen.

Sue und er teilten sich das Haus, und gemeinsam kümmerten sie sich um
die geistlichen Bedürfnisse der Mitglieder der Daybreak-Gemeinschaft. Henri
bewohnte eines der kleinen Schlafzimmer, aber als einziges Privileg war für ihn
eine private Telefonleitung installiert worden. Das Bad teilte er sich mit den
Gästen, die in dem Haus untergebracht waren. Henris neues Heim war beschei-
den, und er hatte nur wenig Privatsphäre, aber er konnte Freunde und Mitglieder
der Gemeinschaft bei sich begrüßen. Er liebte das einfache Leben.

KAPITEL 14

Auf der Fahrt im Konvoi der Zirkuswohnwagen von Freiburg zu ihrem nächsten Gastspiel dachte Rodleigh unentwegt über den neuen Freund nach, der ihm in nur einer Woche so lieb geworden war. Henris sanfte und freundliche Art, mit der er auf jeden von ihnen zuging, war ungewöhnlich – mutig, und doch ernsthaft und aufmerksam.

„Wir haben einen Brief von Henri bekommen!", teilte Rodleigh etwa fünf Wochen später Jennie mit. Es rührte sie zutiefst, zu lesen, dass Henri sich bei der Truppe sehr willkommen gefühlt hatte. Das war doch wirklich keine große Sache, dachte Rodleigh. Eigentlich kostete es relativ wenig Mühe, dafür zu sorgen, dass Henri sich wohlfühlte. Henri war einfach im Umgang, und jedes Mitglied der Flying Rodleighs hatte ihn ins Herz geschlossen.

Einige Monate später starb ganz unerwartet Rodleighs und Karlenes Mutter, und Henris einfühlsame und aufbauende Briefe bedeuteten den trauernden Geschwistern sehr viel. Später erzählten sie Henri, wie schwer es gewesen sei, unmittelbar, nachdem sie die Todesnachricht erhalten hätten, für ihren Auftritt in der Manege zu stehen. „Wir haben es geschafft, weil wir beide diese Vorstellung für unsere Mutter gaben", vertraute Rodleigh Henri an. „Meine Schwester hatte denselben Gedanken, wie sie mir später erzählte. Wo immer sie auch war, ich hatte das Gefühl, dass dies ein ganz besonderer Augenblick war, eine besondere Zeit."

Gegen Ende des Sommers fragte Henri, ob er sie noch einmal besuchen dürfe. Alle freuten sich. Jon bot an, ihn in seinem neuen Wohnwagen übernachten zu lassen, und Jennie bereitete sich auf Henris unstillbaren Appetit vor.

Nachdem der Zirkus Barum Freiburg verlassen hatte und ich nach Toronto zurückgekehrt war, wo ich in der Arche-Gemeinschaft Daybreak lebe, blieb ich durch Briefe mit den Flying Rodleighs in Kontakt.

*Im November 1991 kehrte ich auf ihre Einladung hin nach Deutschland
zurück, um eine Woche lang mit ihnen von Stadt zu Stadt zu reisen.*

Am 11. November nahm Henri vom Korbacher Bahnhof aus ein Taxi zum Zirkus,
mit leuchtenden Augen und aufgeregt wie ein Kind in einem Spielzeugladen, aber
körperlich sehr erschöpft.

„Das war wundervoll!", waren Henris ersten Worte nach der Nachmittagsvorstellung nur wenige Stunden nach seiner Ankunft. Er legte sich kurz hin zu einem
Mittagsschlaf, doch er war viel zu aufgeregt, um zu schlafen, und aß stattdessen
mit Rodleigh und Jennie zu Abend.

„Ich hatte vergessen, wie groß sein Appetit ist!", sagte Jennie lachend zu
Rodleigh.

Nach dem Abendessen und trotz seines Jetlags nach dem transatlantischen
Flug schaute sich Henri auch die Abendvorstellung an. Er war sehr froh, dass er
wach geblieben war, weil Jon und Joe bei der Analyse ihres Auftritts nach der
Vorstellung in Streit gerieten. Den anderen aus der Truppe war es peinlich, dass
sie ihren Streit in Henris Gegenwart austrugen, aber ihm gefiel das. Er freute sich,
zu sehen, dass die Flying Rodleighs Menschen waren und Fehler machten und wie
alle anderen an ihren Beziehungen arbeiten mussten.

Dass er diese innigen Augenblicke der emotionalen Kämpfe, des Problemlö-
sens und der Hingabe an ein gemeinsames Ziel miterleben konnte, gab Henri das
Gefühl, dazuzugehören, wie Rodleigh erkannte. Beinahe unmerklich wurde Henri
immer mehr Teil ihrer Familie.

Henri bei sich übernachten zu lassen, war nicht ganz ungefährlich, wie sich
bald zeigte. An einem Tag musste die ganze Truppe zum italienischen Konsulat
neunzig Kilometer entfernt Visa für Italien beantragen. Henri blieb in Jons neuem
Wohnwagen und schaute sich Zirkusvideos an. Als die Truppe zurückkam, hockte
Henri auf den Knien vor dem Fernsehgerät und war so in die Videos vertieft, dass
er den Kessel vergessen hatte, in dem er auf dem Gasherd Wasser erhitzen wollte.
Die Emaille war ganz schwarz geworden. Jon machte keine große Sache daraus.
Als sie Henri besser kennenlernten, waren sie einfach nur froh, dass er nicht den
ganzen Wohnwagen in Brand gesteckt hatte. Jennie und Rodleigh machten auch
bald die Erfahrung, dass selbst Geschirrabtrocknen zu gefährlich für ihren ungeschickten und übermäßig begeisterungsfähigen Freund war, und von da an lehn-
ten sie seine Angebote, ihnen zu helfen, freundlich und entschieden ab.

Aber sie hatten ihn gern bei sich. Er war nicht nur in sein Thema eingetaucht,
sondern er schwelgte darin, wie Rodleigh beobachtete. Es amüsierte sie, wenn er

auf Jons Couch lag und mit ausladenden Gesten und dem Gefühl, voll und ganz dazuzugehören, seine Gedanken darlegte. Besonders faszinierte ihn ihr Perfektionismus, ihre uneingeschränkte Konzentration sowie ihr Selbstvertrauen und ihre Zusammenarbeit, die sie für ihre zehnminütige Darbietung brauchten. Häufig fragte er, wie es ihnen gelang, sich so ausschließlich auf die Sache zu konzentrieren; wie sie alles, was sie sonst gedanklich in Anspruch nahm, zur Seite schieben könnten, und Rodleigh antwortete darauf, das sei nur durch Disziplin und Übung möglich.

Mitte November interviewte Henri jedes Mitglied der Truppe. Rodleigh hob er sich bis zum Schluss auf. Er fragte ihn nach seiner Kindheit, seiner Familie und seinem religiösen Hintergrund, seinen Beziehungen und seiner Entwicklung als kreativer Künstler. Das dreistündige Interview musste dann ziemlich abrupt zu Ende gebracht werden, weil Henri sich beeilen musste, um seinen Zug noch zu bekommen. Nach der Vorstellung kam Rodleigh und Jennie der Wohnwagen sehr leer vor. Henri war zwar exzentrisch und sehr speziell, aber auch sehr liebenswert. Am Abend vermissten sie ihn bereits. Er brachte unterschiedliche Bewusstseinsebenen in ihr Leben, ein tieferes Gefühl für sie als Gemeinschaft, vielleicht, weil er selbst tief in einer Gemeinschaft verwurzelt lebte.

Während jener Woche entstand in mir die Idee, ein Buch über diese bemerkenswerte Truppe zu schreiben, vielleicht sogar einen Roman? Mit Freude gestatteten sie mir, sie zu interviewen und so über sie zu schreiben, wie ich es für richtig hielt. Diese eine Woche des Zusammenlebens mit ihnen öffnete mir die Augen und das Herz für eine ganz neue Welt der Kunst, Gemeinschaft und Freundschaft.

Wieder zurück in Kanada, sprach Henri mit Bart und Patricia Gavigan über seine neueste Buchidee. Als Schriftsteller, Regisseur und Drehbuchautor sowie Leiter einer ökumenischen Gemeinschaft mit angeschlossenem Zentrum in England hatten sie ihm 1987 treu durch die frühen und späteren Phasen seines Zusammenbruchs geholfen. Jetzt waren sie in Toronto zu Besuch, um ihren neuen Film *Zabelka – The Reluctant Prophet* zu zeigen. Außerdem hielten sie einen Workshop zu Gewaltfreiheit, den Henri mitgestaltete. An jenem Abend hielt er vor tausenden katholischen Lehrern einen Grundsatzvortrag, doch als sie in der Tiefgarage in den Wagen stiegen, platzte er heraus mit einem ganz anderen Projekt.

„Ich habe das Gefühl, als Schriftsteller an einer wichtigen Wegkreuzung angekommen zu sein", erklärte er. „Dieses Mal möchte ich für eine säkulare Leserschaft schreiben."

Bart stöhnte und verdrehte die Augen. Das sagte Henri schon seit Jahren.

Doch diesmal hatte Henri ein ganz anderes Projekt im Sinn. „Mein nächstes
Buch soll das Trapez zum Thema haben! Ich denke, das ist eine so gute Geschichte,
dass es eine Art übergreifendes Buch für mich werden wird."

Er hielt inne. Jetzt hatte er Barts und Patricias volle Aufmerksamkeit, darum
wagte es Henri, eine noch tiefere Erkenntnis zu äußern: „Ich habe mich noch nie
an ein Buch wie dieses gewagt, aber ich glaube, dass dies das wichtigste Buch sein
könnte, das ich je schreibe. Was meint ihr?"

„Dann an die Arbeit!", erwiderten seine Freunde. Und fröhlich sein Bild für
seine neue Vision aufnehmend, fügten sie hinzu: „Versuch es mit einem dreifa-
chen Salto!"

TEIL III

Zusammenarbeit

KAPITEL 15

F olgendes wird jetzt geschehen", erklärt Dennie Henri. „Die Feuerwehr schickt zwei Fahrzeuge. Die Hebebühne ist eine unterstützende Einheit und auf einem ganz normalen Löschfahrzeug montiert. Das Löschfahrzeug ist mit sechs Mann besetzt, einschließlich des Feuerwehrkommandanten. Er wird die ganze Mannschaft koordinieren, sowohl die beiden in der Hebebühne wie auch die sechs Männer in seinem Löschfahrzeug. Die meisten von ihnen werden mit der Trage hier oben sein. In Ihrem Zimmer wird es also ein wenig eng werden, aber jeder hat hier seine Aufgabe. Sie werden merken, dass es gut ist, so viele Hände zur Verfügung zu haben."

Ich hoffe, alle diese Leute können gut zusammenarbeiten, denkt Henri. Er fragt sich, ob sie einander wohl mögen. Die angekündigte große Mannschaft erinnert ihn an seinen ersten Eindruck von den Flying Rodleighs, den er in der Woche, in der er sie kennenlernte, auf Band gesprochen hatte.

* * *

Karlene machte diese Aufnahmen mit ihrer Kamera, und ich stand neben ihr. Sie versuchten ein neues Kunststück, und es war absolut faszinierend, das mit anzusehen, weil die Figur sehr schwierig war und ihnen nicht gelang. Wann immer sie es probierten, kam Rod entweder zu spät an oder Joe war zu früh oder Jon Griggs ließ Rod zu spät los oder ähnliche unterschiedliche kleine Fehler, die ihnen die erfolgreiche Ausführung unmöglich machten. Sie fanden nicht heraus, woran es lag. Rod wurde von Joe nicht aufgefangen und stürzte ins Netz, von ganz oben. So ein Sturz ins Netz ist wirklich gefährlich. Das sieht leicht aus, aber man kann sich sehr weh tun, und eine schmerzende Schulter, ein steifer Nacken und solche Dinge sind die Folge.

Aber besonders fiel mir auf, dass die Zusammenarbeit in der Truppe sehr gut war. Rod war eindeutig der Anführer. Alle hörten ihm sehr aufmerksam zu. Sie sind bereit, seine Anweisungen zu befolgen, und man spürt darin eine Art Sanftheit.

Und dann probten sie einige neue Tricks mit Rod und Jennie zusammen an der Russischen Schaukel. Das ist eine Art große Doppeldecker-Schaukel, und sie können viel Schwung bekommen, wenn sie gemeinsam schaukeln. Dann springen sie ab bis ganz nach oben zu Jon Griggs, der sie hinunterwirft zu Joe, oder sie springen mitten im Schwung ab und klettern auf das Podest zu Jon. Es ist einfach unglaublich.

Am Freitag habe ich wieder die Probe besucht. Sie haben das wieder gemacht – der Sprung misslang einmal, doch beim zweiten Versuch gelang er, und sie haben alles noch einmal probiert. Die Probe war nicht lang, auch weil es fürchterlich kalt war. Ich merkte, wie vorsichtig sie sind in Bezug auf ihre Gesundheit, denn sobald einer von ihnen krank ist oder bei der Vorstellung ausfällt, müssen sie ihren Akt abändern, denn es gibt keine Ersatzleute. Sie sind zu fünft, und alle werden gebraucht. Alle müssen gesund und in bester Verfassung sein.

Und es muss eine gute Atmosphäre herrschen, damit ihre Kunststücke gelingen. Sie hatten einen Flieger, der eingebildet war und bei einfachen Dingen nicht einspringen wollte. Es ist nicht leicht, wenn einer von ihnen nicht wirklich mit ihnen verbunden ist und nicht hineinpasst. Das ist also ein anderer Aspekt der ganzen Sache – wie sie zusammenarbeiten, zusammen proben und so weiter. Jeder von ihnen achtet sehr stark auf die Bedürfnisse der anderen.

✳ ✳ ✳

DIE MEDIKAMENTE IN DER INFUSION scheinen Wirkung zu zeigen, stellt Henri erleichtert fest. Dennie hatte gesagt, es sei eine Kombination zweier Medikamente. Sie könnten seinen Blutdruck noch weiter absacken lassen, hatte Dennie gewarnt, „also versuchen Sie nicht, aufzustehen". Henri gerät nicht in Versuchung. Nicht jetzt. In Gedanken sitzt er wieder in dem Ei.

✳ ✳ ✳

IN DEN MONATEN, NACHDEM HENRI von der Woche mit den Flying Rodleighs zurückgekehrt war, warteten in der Arche-Gemeinschaft Daybreak zwei große Ereignisse auf ihn.

Das erste fand im Dezember 1991 statt. Einige von Henris Freunde kamen zu einem Auswertungsgespräch, um mit Henri und Daybreak zusammen die fünf Jahre seiner Tätigkeit bei Daybreak zu reflektieren und über seine Zukunft nachzudenken. Einige Tage lang sprachen sie über Henri. Sehr komische und berührende und wertschätzende und verstörende Geschichten wurden am Esstisch erzählt. Bei den Gesprächen der drei Besucher mit den Mitgliedern der Gemeinschaft kristallisierte sich heraus, dass Henri Hilfe dabei brauchte, sein Leben in der Gemeinschaft mit seiner schriftstellerischen Tätigkeit außerhalb der Gemeinschaft abzustimmen.

Dieser Bewertungsprozess fand seinen Höhepunkt in einer Abendveranstaltung mit geladenen Würdenträgern aus drei christlichen Kirchen: der katholischen, der anglikanischen und der Vereinigten Kirche von Kanada. Neben einer eher ernsthaften Einschätzung von Henris Beiträgen und Herausforderungen in diesen fünf Jahren bei Daybreak präsentierten die Mitglieder der Gemeinschaft auch witzige Lieder und Sketche über Henri, zum Beispiel eine Version von „The Man on the Flying Trapeze", das umgedichtet worden war und nun von Henris Begeisterung für die Flying Rodleighs und von seinen häufigen Flügen durch die ganze Welt erzählte. Auch wenn einige der Sketche deutliche Sticheleien enthielten, war Henri nicht verletzt. „Ich wusste gar nicht, dass ihr mich so gut kennt", staunte er später.

Im Januar richtete die Arche-Gemeinschaft im Gemeinschaftssaal eine große Feier zu seinem sechzigsten Geburtstag aus. Als Thema war der Zirkus gewählt worden. Die Decke und die Wände wurden mit riesigen selbst gebastelten Bannern geschmückt, auf denen Zirkusclowns und Trapezartisten zu sehen waren. Unterhalten wurden die Gäste mit Sketchen, Geschichten, Liedern, Reden und Klamauk.

Als Höhepunkt forderte Robert Morgan, ein langjähriger Freund von Henri und der Arche-Gemeinschaft, Henri auf, sich als Babyclown verkleiden zu lassen. Bis dahin hatte Henri bereits große heitere und liebevolle Aufmerksamkeit erfahren und war bester Stimmung und in seinem Element. Ohne zu zögern, sprang er auf und trat zu Robert.

Ein Schauspieler und Bühnenautor, der selbst von Beruf Clown war, verkleidete Henri als Clown, zog über seine Kleidung ein sackartiges, glitzerndes Oberteil und einen ausladenden Rüschenkragen. Henri streifte eine Clownshose, die bis zum

Unterschenkel reichte, über seine Festtagshose, und Robert rundete seine Verkleidung ab mit einer auffälligen roten Mütze, die ihm bis über die Ohren reichte. Sehr zur Freude seiner Gäste sah der angesehene Schriftsteller und ehemalige Professor jetzt sehr närrisch aus. Einem der Zuschauer reichte er seine Brille und gab sich von ganzem Herzen und vor Freude strahlend dieser Verwandlung hin.

Als nächstes holte Robert einen großen weißen, mit bunten Stoffflicken verzierten Sack hervor und erklärte, dies sei ein Clownei. Und er erklärte Henri, was jetzt passieren würde.

> Um deine Laufbahn als Clown zu beginnen, musst du ganz zum Anfang zurückkehren. Dies ist ein Clownei... ein kleiner Babyclown wird aus diesem Ei schlüpfen. Du wirst also hineinkriechen. Dir muss klar sein, dass du im Innern dieses Eis erleben wirst, wie der Mensch im Schoß seiner Mutter gewoben wird, wie es in der Bibel heißt. Du wirst zusammengewoben zu einem Babyclown, und an einem Punkt wirst du spüren, dass dein Körper da drin ein wenig zu arbeiten beginnt.
>
> Du weißt ja, Babys kommen zur Welt, wenn sie bereit dazu sind. Wenn du bereit bist, wenn du das Gefühl hast, zusammengewoben zu sein, dann musst du herauskommen. Dann verlasse dieses Ei. Aber vergiss nicht, du hast noch nie geatmet, du hast noch nie einen Atemzug getan. Du musst also deinen ersten Atemzug tun. Du kannst deinen Körper zum ersten Mal spüren. Du hast noch nie die Luft auf deinem Gesicht gefühlt. Du hast noch nie deine Augen geöffnet. Du weißt nicht, was eine Hand ist. Du weißt gar nichts über deinen Körper. Eigentlich weißt du gar nichts! Ist es nicht wundervoll, sechzig zu sein?

Henri stieg in das Ei aus Stoff, und Robert zog das Bündel in die Mitte des Raums und ließ es dort liegen. Alle schauten gespannt zu.

Eine ganze Weile passierte gar nichts. Dann begann sich der Sack ganz langsam zu bewegen. Er rollte sich ein paarmal hin und her. Er wand sich, dehnte sich aus und zog sich zusammen. Und schließlich erschien in der Öffnung – ein nackter Fuß! Ein behaarter Unterschenkel mit dem Bund der Clownshose am Knie! Brüllendes Gelächter breitete sich im Raum aus, und das schüchterne Bein zog sich ins Ei zurück.

Kurz darauf erschien es erneut, vorsichtig, gefolgt von dem anderen Bein. Die beiden nackten Beine winkten in die Luft, streckten ihre Zehen, erkundeten die Umgebung.

Erneut rollte sich der Sack zur Seite, und Henris Gesicht erschien, mit aufgerissenen Augen, neugierig. Nur sein Gesicht und seine Füße waren zu sehen, und in dieser Haltung rollte er sich auf den Rücken, hob die Hände und packte seine Zehen, genau wie ein Baby. Und er versuchte, seine Zehen in den Mund zu stecken.

Der Babyclown setzte sich auf und schaute sich um, blinzelnd in neugeborener Verwirrung. Ganz langsam und mit der Hilfe einiger seiner Freunde, vorwiegend derer mit geistigen Behinderungen, und den vielen Kindern unter der Führung von Robert, stand er vorsichtig auf und fand heraus, wie seine Arme funktionierten. Robert imitierend, entdeckte er seine Stimme, übte erste einfache Vokale, dann Silben, und alle Gäste brüllten vor Lachen. Den Arm um Henris Schultern gelegt, lenkte Robert seine Aufmerksamkeit über die Entdeckung seines Körpers hinaus und stellte ihm die Festgemeinde als „deine Familie" vor.

„Sie lieben dich, Henri", erklärte er, „und du wirst entdecken, dass auch du sie liebst."

Die Wiedergeburt endete damit, dass Robert Bob Dylans „Forever Young" sang. Alle, die den Text kannten, stimmten mit ein: „May you always do for others, and let others do for you. May you build a ladder to the stars, and climb on every rung. …" („Mögest du immer für andere da sein und andere mögen für dich da sein. Mögest du eine Leiter zu den Sternen bauen und auf jede Sprosse steigen", Anmerkung der Übersetzerin.)

KAPITEL 16

Ja, erinnert sich Henri, das war das Jahr, in dem er so viel jünger wurde, das Jahr, in dem er sechzig wurde. Er entdeckte seinen Körper neu, ließ ihn im Clownei neu geboren werden in seine liebevolle und unterstützende Gemeinschaft hinein. Er gab sich selbst ganz dem Augenblick hin, offen für Verwandlung. Bei der Begegnung mit den Flying Rodleighs im vorherigen Frühjahr hatte er sich wie ein großer jugendlicher Bewunderer gefühlt. Sie schenkten ihm eine ganz neue Sicht, wie es sein könnte, „auf jede Sprosse zu steigen". Es war eine unerwartete Leiter hoch zu einem neuen Podest, doch ein gewisses Risiko schwang immer mit. Denn wann immer die Rodleighs die Leiter hochkletterten, taten sie das in dem Bewusstsein, dass sie abstürzen könnten. Seine neuen Freunde waren ununterbrochen in seinen Gedanken.

Die Darbietung der Rodleighs hatte in ihm eine sehr körperliche Reaktion ausgelöst. Seine früheren Bücher hatten nach innen gerichtete, geistliche Impulse und Entscheidungen zum Thema gehabt. Aber jetzt wusste er nicht, wie er seine Erfahrung in Worte fassen sollte. Eigentlich empfand er einen *gewissen inneren Widerstand*, wie er es formulierte. Er beschloss, in England an einem Workshop für Autoren teilzunehmen, der von Bart und Patricia Gavigan angeboten wurde.

„Was ist das Risiko?", war eine der wichtigsten Fragen in dem Workshop für Drehbuchautoren im Februar 1992, und die Frage nahm Henri gefangen. *Was ist das Risiko?*, schrieb er in sein Notizbuch. Er dachte an sein Buch über die Flying Rodleighs und begann eine Liste mit dem Wort *Zeit*. Danach kam *Sicherheit*, aber er notierte auch *Ein Rätsel: Eine tiefe Zuversicht, aber du weißt nicht, warum*. Es war wie *reisen ohne Landkarte, wo deine eigene Landkarte dich nicht hinführt*. Henri suchte nach einem Weg außerhalb seiner Komfortzone und fragte sich, wie er seine Erfahrung mit den Flying Rodleighs auf einer *psychologisch-emotionalen Ebene* erklären sollte.

Worum geht es?, schrieb er und notierte einige mögliche Antworten: *Ist dies nur eine Jugenderinnerung, nur ein Ausleben deiner Fantasie?* Da gab es ganz eindeutig *sexuelle Energie und die Einladung zur Fantasie*, und *das ist in jedem.*

Aber Henri wollte die Macht des Trapezbildes nicht begrenzen, um die Erfahrung allen seinen Lesern zugänglich zu machen, er wollte *eine andere Realität* identifizieren, die seine Erfahrung *entsexualisieren* sollte.

Doch so oder so, ein Risiko war nicht auszuschließen. Er könnte seine körperliche Reaktion auf die Trapezdarbietung erklären oder seine Aufmerksamkeit der sichereren *geistlichen Dimension* zuwenden, die für ihn *nicht wichtiger oder weniger wichtiger war als alles andere.*

Das Problem war, wie er erkannte, dass er *kein geistliches Buch schreiben wollte, sondern ein Buch über das Leben, das sich mit dem Leben auf allen Ebenen beschäftigte, und selbst seinen Platz fand.* Er wollte also versuchen, die körperliche Erfahrung in eine Geschichte über das Leben als Ganzes zu integrieren. Noch nie hatte er sich an etwas Derartiges herangewagt.

DEINE Reise muss genauso lebendig sein wie die Zirkusgeschichte, schrieb Henri in Erinnerung an Barts Ermutigung. *Schaffe Neugier, überrasche die Leute gelegentlich. Kannst du eine Vorfreude schaffen? Sogar eine bange Ahnung? Wie ist das Ende der Geschichte? Welches ist ihr Höhepunkt?*

Dies waren wichtige Fragen für jede gute Geschichte, das war Henri bewusst. Er hatte sich vorgestellt, dass der Höhepunkt sein sollte, die Welt des Zirkus mit der Welt der Gemeinschaft mit behinderten Menschen zusammenzubringen. Bei den Flying Rodleighs hatte ihn besonders beeindruckt, welchen Spaß sie miteinander hatten, wie sie sich während ihrer Darbietung anlächelten, wie sie den fröhlichen Geist der Gemeinschaft ausstrahlten.

Also, wenn sich diese beiden Welten der Arche-Gemeinschaft und des Trapezes begegnen, dachte er, könnten sie den Leser in eine Art der *vollkommenen Versunkenheit, der vollkommenen Freude führen.*

In der Zusammenarbeit mit Bart erschienen Henris eigene Ideen, Fantasien und Verbindungen zwischen Gemeinschaften eine dramatische Geschichte der Freude, des Risikos und der Überraschung zu sein. Aber im Verlauf des Workshops verlor er das Interesse am Schreiben auf der Basis seiner Notizen. Diese intensive körperliche Erfahrung mit den Rodleighs verblasste irgendwie.

ER MUSSTE SIE WIEDER TREFFEN. In jenem Frühjahr entwickelte er den gewagten Plan, sich für mehrere Wochen dem Konvoi der Flying Rodleighs anzuschließen.

KAPITEL 17

Als ich nach meiner Rückkehr nach Toronto in meiner Gemeinschaft über meine Erfahrung mit den Flying Rodleighs sprach, wuchs mein Wunsch, sie noch einmal zu besuchen und meine Beziehung zu den Zirkusleuten zu vertiefen. Ja, ich wollte über sie schreiben, aber um dies gut tun zu können, brauchte ich mehr Vertiefung als diese eine Woche.

Im Mai 1992 flog ich nach Amsterdam und mietete ein Wohnmobil, um mein eigenes kleines Heim zum Lesen und Schreiben zu haben. Damit kehrte ich zum Zirkus zurück. Rodleigh hatte mir die Reiseroute geschickt, und ich wusste, wo der Zirkus gastierte, ganz zufällig in der Nähe der holländischen Grenze, nur eine Stunde Fahrt vom Haus meines Vaters entfernt.

Am Montag, den 4. Mai, traf ich mit meinem kleinen mobilen Heim in Geysteren, einem kleinen Dorf in der holländischen Provinz Limburg, ein und parkte mein Wohnmobil vor dem Haus meines Vaters. Mein Vater war begeistert von meinen Plänen, und er und ein Freund aus dem Dorf halfen mir, alles, was ich für mein Wohnmobil brauchte, zu besorgen, damit ich unabhängig war.

Rodleigh und die Truppe freuten sich, als Henri anfragte, ob er zwei Wochen mit ihnen unterwegs sein könnte. Henri hatte vor, in dieser Zeit zu schreiben, darum packte er seine Bücher über kreatives Schreiben ein. *Als ich vom Haus meines Vaters losfuhr, nahm ich mir vor: „Dieses Mal werde ich ein Tagebuch führen."*

Mittwoch, 6. Mai, Emmerich

Gegen Mittag traf ich in Emmerich ein. Den Zirkus zu finden, war nicht schwer, da überall Werbeplakate vom „Zirkus Barum" hingen. Gestern Abend waren die Flying Rodleighs aus der kleinen Stadt Goch hier eingetroffen, und an diesem Morgen fand der „Aufbau" statt. Gegen Mittag waren Rodleigh, Jon und Joe noch damit beschäftigt, ihr Trapez und die Seile anzubringen, während die Marokkaner letzte Hand an die Zelte anlegten.

Ich bin froh, wieder hier zu sein. Eine andere Welt, so anders als meine Daybreak-Gemeinschaft in Toronto und doch so ähnlich. Tierdompteure, Clowns, Akrobaten, Magier, Flieger und Fänger, die alle in einem kleinen „Dorf auf Rädern" zusammen mit Musikern, Stallhelfern, Elektrikern und vielen Handwerkern lebten. Sie kommen aus der ganzen Welt: Deutschland, Russland, Ungarn, Italien, Spanien, Frankreich, Marokko, Südafrika und den Vereinigten Staaten.

Bei seiner Ankunft in Emmerich begrüßten die drei Männer in der Truppe ihn sehr herzlich und unterbrachen ihre Arbeit, um sein Wohnmobil vor Joes Wagen abzustellen. Das Zirkusgelände war zu klein für alle Zirkusfahrzeuge, darum standen die Wohnwagen hintereinander an der Straße. Henri konnte es kaum erwarten, dem Aufbau zuzuschauen. Der Boden war von den letzten Regenfällen aufgeweicht, darum waren mehrere Versuche und zusätzliche Pfähle nötig, um das Netz sicher zu verankern. Henri saß auf einem Tribünenplatz und machte sich eifrig Notizen. Rodleigh wappnete sich fröhlich für die nächste Fragestunde seines Freundes. Da sie in Eile waren, damit für die Nachmittagsvorstellung alles fertig war, erstaunten ihn die technischen Fragen, die Henri beschäftigten. Nach der Abendvorstellung ging die Frageunde weiter, und Rodleigh zeichnete Skizzen für Henri. Sehr ausführlich unterhielten sie sich über Henris neueste Buchideen, dann begleitete Rodleigh Henri zu seinem Wohnmobil, da er befürchtete, dass er sich in der Dunkelheit verlaufen könnte.

Karlenes neuer Wohnwagen wurde am nächsten Tag gebracht, und Henri machte es sich auf ihrer Couch gemütlich und plauderte mit ihr, während sie und Kail auspackten.

Donnerstag, 7. Mai

Ich habe den Auftritt der Flying Rodleighs jetzt schon wieder vier Mal gesehen, und jedes Mal bin ich fasziniert von ihrer atemberaubenden Darbietung in der Luft. Seit November hat sich ihr Auftritt nicht verändert. Er ist immer noch spektakulär, elegant und sehr kunstvoll. Aber eben auch gefährlich! Bei jeder Analyse nach ihrem Auftritt wird mir bewusster, wie viel passieren kann. Bei allem geht es um den Bruchteil von Sekunden.

Nach der Abendvorstellung sorgten Henris Freunde dafür, dass genügend Wasser in den Tanks seines Wohnmobils war, und luden seine Batterien für die Reise. Rodleigh überlegte, wie er den Konvoi am besten anordnete, und entschied dann, dass er vorneweg fahren würde, gefolgt von Jennie, die Karlenes Wohnwagen ziehen sollte, danach Henri, Joe und Jon ganz zum Schluss.

Als sie in der Dunkelheit aufbrachen, stellte Henri entsetzt fest, dass eine neue Art des Schreibens im Augenblick nicht seine größte Herausforderung war: Das große Wohnmobil zu fahren, machte ihm Angst.

Rodleigh merkte erst, wie viel Angst Henri vor der Fahrt mit dem großen Fahrzeug bei Nacht hatte, als sie anhielten. Als Rodleigh zu ihm ging, sah er, dass Henri das Lenkrad immer noch so fest umklammert hielt, dass seine Knöchel weiß hervortraten. Rodleigh fragte ihn, ob alles in Ordnung sei. „Ich habe noch nie einen so großen Wagen gefahren", platzte Henri voller Verzweiflung heraus, „und ich bin noch nie gern im Dunkeln gefahren, und ich weiß nicht, was ich jetzt tun soll – ich kann ihn nicht einparken." Er weinte beinahe vor Erleichterung, als Rodleigh das Wohnmobil übernahm und für ihn abstellte.

Doch in der Nacht schlief Henri gut, und am folgenden Morgen, als Rodleigh nach ihm schaute, saß er an seinem Tisch und genoss die Aussicht. Rodleigh schloss Henris Wagen an den Strom an und war verblüfft, als er feststellte, dass Henri bereits sein ganzes Wasser aufgebraucht hatte. Er zeigte ihm, wie man die Tanks auffüllte, und gab ihm den Rat, sparsamer mit seinem Wasservorrat umzugehen.

Als sich Henri später am Tag hinsetzte, um sein Tagebuch zu schreiben, war die schreckliche Fahrt bereits Vergangenheit, und sein Fokus lag wieder auf seiner Verbindung zu Rodleigh und dem Trapezakt.

Freitag, 8. Mai, Borken

Gestern Abend sind wir in die nächste Stadt gefahren: Borken. Es war eine Fahrt von gut anderthalb Stunden. Wir kamen unbeschadet an, und ich war froh, weil ich Angst habe, in der Nacht zu fahren, schon gar ein so großes Wohnmobil.

Ich fragte Rodleigh, ob er bereit sei, ein Video ihres Trapezaktes Schritt für Schritt zu kommentieren. Er lud mich in seinen Wohnwagen und gab mir eine sehr detaillierte Analyse der ersten Figur, einer Schraube mit doppeltem Überschlag. Die Figur auszuführen, dauert keine zehn Sekunden, aber sein Kommentar füllte, nachdem ich ihn vom Tonband übertragen hatte, ganze drei Seiten!

Samstag, 9. Mai

In der Nachmittagsvorstellung patzte Rodleigh bei seinem „langen Sprung". Es war ein dramatischer Augenblick, als ich sah, wie er Joes Hände verpasste und ins Netz stürzte. Anschließend wiederholte er den Sprung, und dieses Mal fing Joe ihn sicher auf, unter dem donnernden Applaus des Publikums.

Es ist seltsam, obwohl ich den fliegenden Trapezakt nun schon unzählige Male gesehen habe, lässt meine Nervosität kein Stück nach. Ganz im Gegenteil. Da ich jetzt viel besser über die Feinheiten der Nummer Bescheid weiß, bin ich mir auch viel stärker bewusst, wie viel schief gehen kann, und ich spüre mehr Spannung als letztes Jahr, als ich sie zuerst sah. Ich sagte sogar zu mir: „Ich will das nicht wieder sehen; das macht mir zu viel Angst." Aber natürlich weiß ich, dass ich es mir noch sehr oft anschauen werde.

Nach der kritischen Analyse hinter der Manege lud Joe mich auf einen Kaffee in seinen Wohnwagen ein. Wir sprachen über das Fangen. „Ich wusste, dass ich Rodleigh bei seinem ersten langen Sprung nicht würde auffangen können", erklärte er. „Als ich sah, wie er an Jon vorbeiflog, wurde mir klar, dass er zu weit entfernt war. Ich konnte ihn nicht berühren. Er war außerhalb meiner Reichweite." Ich fragte ihn, woran das gelegen hätte. „Es liegt an der Koordination zwischen Jennie und Rodleigh auf der Russischen Schaukel. Sie waren zu hoch, darum ist er nicht weit genug geflogen." Ich fragte, wie flexibel Joe beim Auffangen sei, und war erstaunt, wie viel Spielraum er bei der Anpassung hatte, damit Rodleigh sicher in seinen Händen landete.

Er erklärte, er sähe Rodleigh auf sich zukommen, allerdings nicht genau. Er nähme die Umrisse seines Körpers wahr und sei in der Lage, sich so weit nach ihm auszustrecken, dass er zumindest die Möglichkeit hätte, ihn doch noch aufzufangen, auch wenn die Wahrscheinlichkeit gering sei. „Manchmal muss ich meine Arme kreuzen, damit ich seine beiden Handgelenke packen und ihn so drehen kann, dass wir uns beim Schwingen über der Schürze gerade ausrichten können." Während seiner Erklärungen wurde mir klar, wie viel im Bruchteil einer Sekunde passierte.

Joe erklärte auch, was es für ihn bedeutet, wenn Rodleigh zu spät oder zu früh kommt: „Wenn er zu spät ist, muss ich meinen Schwung abbremsen. Wenn er zu früh ist, muss ich schneller werden. Normalerweise merke ich, ob er zu spät oder zu früh ist, wenn er an Jon vorbeifliegt. Dann weiß ich in der Regel, was ich tun muss. Aber wenn er zu hoch ist und sich sein Körper zurück in Richtung des Podestes bewegt, dann gibt es für mich keine Möglichkeit, ihn zu fangen, dann muss ich ihn einfach ins Netz fallen lassen."

Je mehr ich über die Abläufe dieses kurzen Trapezakts erfahre, desto mehr wird mir bewusst, wie lang er ist. In einem kritischen Augenblick kann das Leben in Zeitlupe ablaufen. Menschen, die in einen Autounfall verwickelt sind, berichten häufig, was sie gesehen haben, worüber sie nachgedacht und was sie von dem Augenblick an, in dem sie die Kontrolle über das Auto verloren hatten, bis zum Zusammenprall mit einem anderen Auto oder einem Baum, gefühlt haben. Manche Menschen berichten sogar, sie hätten in einer Sekunde ihr ganzes Leben an sich vorbeiziehen sehen.

Jetzt erkenne ich, was Joe in den wenigen Sekunden sieht, fühlt und entscheidet, in denen Rodleigh auf ihn zufliegt. Das ist vermutlich mit dem Anschauen eines Films in Zeitlupe zu vergleichen. Ich erkenne auch, dass das, was für Joe gilt, auch auf Rodleigh, Jennie, Jon und Karlene zutrifft. Ihr zehnminütiger Akt besteht aus einer langen und komplizierten Abfolge von Manövern, die zu beschreiben viele Stunden dauert. Was das Publikum sieht, ist das hochkompakte Ergebnis vieler Überlegungen, Bewegungen, Entscheidungen, Anpassungen, Erfolgen und

Fehleinschätzungen, die nur das trainierte Auge erkennen kann. Wenn ich nach dem Auftritt zu ihnen gehe und ihnen zu ihrem Erfolg gratuliere – Erfolg bedeutet für mich, dass niemand während ihres Auftritts ins Netz gestürzt ist –, dann zählen sie alle Fehler auf, die sie gemacht haben. Anfangs hatte ich keinen dieser „Fehler" bemerkt, und auch jetzt übersehe ich sie meistens.

Das Fliegende Trapez ist ein Mikrokosmos, auch wenn es wie eine breite und freie Bewegung des Fliegens und Fangens wirkt. Mein Zusammensein mit den Rodleighs ist, als würde ich von einem Biologen eingeladen, durch ein Mikroskop zu schauen und zu erkennen, dass in meinem Daumen sehr viel mehr geschieht, als mein bloßes Auge wahrnehmen kann.

Jennie begrüßte Henri sehr herzlich, als er am späten Nachmittag vorbeischaute. „Ich wollte Rodleigh bitten, noch mal durchzulesen, was ich über die Schraube und den doppelten Salto geschrieben habe", erklärte er.

Jennie überredete Henri, Platz zu nehmen, und die Figur mit ihr durchzusprechen. Sie wusste, dass Rodleigh nicht in der Stimmung wäre für ein solches Gespräch. Er war draußen und reparierte die Heizung des gebrauchten Mercedes Benz, den er am Tag zuvor gekauft hatte. Der neue, größere Wohnwagen würde hoffentlich keine Probleme machen. Sehr gern ließ sich Henri zu einer Tasse Tee einladen und bediente sich an Jennies Keksen.

Ich bat Jennie, mir mehr darüber zu erzählen, wie sie Rodleigh den Schwung für seinen langen Sprung verschaffte. „Voraussetzung ist richtige Koordination", erklärte sie nur zu gern. „Ich muss Rodleighs Absprung zeitlich abstimmen. Ich sage: ‚Bereit … los.‘ Aber da kann vieles schiefgehen. Manchmal gebe ich das Startsignal zu früh oder zu spät. Rodleigh kann zu früh oder zu spät abspringen. Da ich weniger wiege als Rodleigh, bin ich sehr abhängig von der Schwungkraft der Russischen Schaukel und kann nicht einfach mein Körpergewicht hinter ihn bringen, falls der richtige Zeitpunkt verpasst ist."

Zu ihren Anpassungsmöglichkeiten erklärte Jennie: „Wenn Rodleigh zu früh abspringt, fliegt er zu weit und kommt Joe zu nahe. Wenn er zu spät abspringt, fliegt er zu hoch und kommt Joe nicht nahe genug. Ich muss die Korrekturen vornehmen. Wenn ich merke, dass er zu spät ist,

muss ich stärker schieben; wenn er zu früh abspringt, muss ich abbrem-
sen." Ihre Erklärung verwirrte mich sehr. „Inwiefern bewirkt dein stär-
kerer Schwung etwas, wenn Rodleigh zu spät abspringt?", fragte ich in
der Annahme, dass Abspringen bedeutet, fort von der Schaukel. „Nun",
erwiderte Jennie, „wenn Rodleigh zu spät abspringt, ist er zu spät, um
aufgefangen zu werden. Dann weiß ich, dass ich ihm zusätzlichen Schub
geben muss."

An jenem Nachmittag war Rodleigh frustriert, weil das Auto, das er gerade erst gekauft hatte, schon gleich repariert werden musste. Bei ihrem Auftritt vermasselte er seinen langen Sprung, die eindrucksvollste Figur ihres Auftritts. Seine Stimmung war auf dem Nullpunkt. Es war seine eigene Schuld, er war nicht richtig konzentriert gewesen. Nach der Vorstellung war er ganz und gar nicht in der Stimmung, mit irgendjemandem darüber zu sprechen, vor allem nicht mit Henri. Aber er wollte seine schlechte Laune auch nicht an Henri auslassen, darum zwang er sich, Henris Fragen zu beantworten.

Zu seinem Erstaunen ging es ihm besser, nachdem er mit Henri über seinen Patzer gesprochen hatte. Das war bei Henri so, erkannte Rodleigh. Er hatte nicht nur auf ihn diese Wirkung, sondern auch auf alle anderen Mitglieder der Truppe. Da Henri von den Menschen keine Perfektion erwartete, akzeptierte er menschliches Versagen viel leichter als Rodleigh.

Die Abendvorstellung der Flying Rodleighs war atemberaubend. Alles lief
glatt. Was für eine Freude, das anzuschauen, was für eine Schönheit und
was für eine Anmut! Es war elektrisierend. Das Publikum applaudierte
und stampfte vor Begeisterung wild mit den Füßen.

KAPITEL 18

Samstag, 9. Mai, abends

Nach der Pause kehrte ich ins Zelt zurück, um mir das russische Trio Kaminski anzuschauen. Sie arbeiten am Russischen Barren. Das Trio setzt sich zusammen aus zwei Männern und einer Frau. Der Holm liegt auf den Schultern der Männer, die Frau springt von dem Holm oder der Stange ab und vollführt ihre Kunststücke in der Luft. Der ganze atemberaubende Akt ist inszeniert wie ein Balletttanz zu mitreißender Musik! Die Artisten sind hervorragende Schüler der berühmten Moskauer Zirkusschule. Rodleigh erzählte mir, dass sie viele Jahre gebraucht haben, um diesen athletischen Akt einzustudieren, und sie würden für den Rest ihrer Berufslaufbahn nichts anderes vorführen als diesen Akt in seiner gegenwärtigen Form. Dies führte mich wieder zurück zu den Komplikationen der artistischen Spezialisierung. Ihr Auftritt war perfekt, aber er ist immer derselbe – das ist ungefähr so, als würde ein Pianist nur einen Chopinwalzer perfekt beherrschen und nie etwas anderes spielen!

An jenem Abend gab Karlene eine kleine Einweihungsfeier in ihrem neuen Wohnwagen, und wie alle erwartet hatten, war Henri als erster da, um sich mit Tee und Keksen verwöhnen zu lassen.

Mit wachen Augen beobachtete Henri die Flying Rodleighs, und Rodleigh konnte sich nicht zurückhalten, Henri mit der gleichen Aufmerksamkeit zu beobachten. Nach drei Tagen war es, als wäre Henri bereits seit Jahren mit ihnen zusammen. Amüsiert bemerkte Rodleigh, dass er mit einem gewissen Selbstbewusstsein über das Zirkusgelände lief, was aber auf andere so wirken mochte, als wäre er ein verwirrtes, verlorenes Kind.

Mindestens einmal am Tag schaute sich Rodleigh mit Henri ein Video des Auftritts vom Tage an und erklärte in allen Einzelheiten, was jeder von ihnen tat und wie sich das anfühlte. Besonders fesselten Henri die Aufnahmen in Zeitlupe, und er staunte darüber, wie der Körper des Menschen einen solchen Tanz in der Luft vollführen konnte. Tag für Tag lernte er die neue Sprache des Trapez.

Nicht nur die körperliche Disziplin beeindruckte ihn, er war auch fasziniert von dem Maß an Konzentration, das während der Auftritte nötig war. „Wenn du erst einmal auf diesem Podest stehst oder an der Fangstange hängst", erklärte Rodleigh, „darfst du nicht mehr über das nachdenken, was gerade in deinem Leben geschieht."

Abgesehen von den auf der Hand liegenden körperlichen und geistigen Herausforderungen des Trapezaktes, gab es innerhalb der Truppe natürlich auch emotionale Turbulenzen, die sich keinesfalls auf ihre Darbietung auswirken durften. Immer wieder fragte er die Rodleighs nach ihren Gefühlen und ihrer Interaktion untereinander.

Rodleigh hatte Spaß an diesen „psychologischen Gesprächen" mit Henri, wie er sie nannte. Als Leiter der Gruppe musste er nach jedem Auftritt das Gespräch anstoßen über das, was schief gelaufen war.

„Ich muss in der Lage sein, jedem zu versichern, dass ein Fehler nicht schlimm ist", erklärte Rodleigh Henri gegenüber. „Allerdings kann ich meine Enttäuschung während unseres Auftritts nicht verbergen. Aber natürlich darf ich nicht hingehen und sagen: ‚Warum hast du das gemacht? Das ist deine Schuld. Warum hast du dich nicht konzentriert?' Das baut kein Vertrauen auf für den nächsten Auftritt. Ich muss Führung geben, damit die anderen beim nächsten Mal mit dem Gefühl hochsteigen: ‚Also gut, jetzt werde ich es richtig machen', denn jeder hat seinen Stolz."

„Was du sagst, ist unglaublich wichtig, nicht nur für das Trapez, sondern auch für das Leben", erwiderte Henri. „Deine Bereitschaft, nicht sofort Vorwürfe zu machen, nicht mit dem Finger zu deuten und zu sagen: ‚Du hast etwas falsch gemacht', sondern einfach die Realität anzunehmen und den Leuten immer wieder zu vermitteln: ‚Ich bin bei euch, und das nächste Mal werdet ihr es gut machen.' Das ist eine wundervolle Art der Disziplin."

Henri begann, die unterschiedlichen Facetten von Rodleighs Position innerhalb der Truppe aufzulisten. „Deine Rolle ist sehr kompliziert!", bemerkte Henri. „Alle verlassen sich auf dich, ihre emotionale Stärke und Willenskraft hängen ab von dir. Als Leiter der Truppe musst du Frieden stiften, wenn es Unstimmigkeiten gibt, du musst wichtige Entscheidungen für die anderen Mitglieder der Truppe treffen, und jedem für sein persönliches Leben Fürsorge und Unterstützung geben."

Rodleigh spürte, wie sich sein Körper anspannte. So hatte er seine Rolle noch nie gesehen, und der Druck dieser neuen Verantwortlichkeiten wog schwer. Doch dann wurde ihm klar, dass sich im Grunde ja nichts geändert hatte. Henri hatte ihm nur gerade geholfen, die vielen Aufgaben, die er bereits erledigte, zu unterscheiden und zu benennen. Er ließ die Schultern sacken und entspannte.

Durch ihre Gespräche gewann Rodleigh wichtige Erkenntnisse, nicht nur über das Leben der Truppe, sondern auch über Henri als Person. Er mochte die Art, wie Henri dachte, und dass sie für ihn nicht nur Artisten waren, sondern Menschen.

Henri freute sich über Rodleighs Erklärungen und wiederholte sie immer wieder, kleidete sie in seine Worte, suchte Parallelen und Ähnlichkeiten zu seinem eigenen Leben.

Sonntag, 10. Mai

Heute Morgen habe ich eine katholische Kirche in der Stadt besucht, zwei Minuten Fußmarsch vom Zirkuseingang entfernt. Viele Kirchenglocken läuteten, als würden sie miteinander wetteifern, doch als ich in die Kirche eintrat, war da nur Harmonie und Frieden. Bei Beginn der Messe war die Kirche praktisch voll besetzt. Die Messe war sorgfältig strukturiert. Der Priester führte sie voll tiefer Hingabe durch, hielt eine gut vorbereitete Predigt und sprach das Eucharistiegebet voller Überzeugung und Klarheit.

Wie in den meisten deutschen Kirchen herrschte hier zwar viel Ordnung, aber wenig Intimität. Die Gottesdienstbesucher grüßten sich kaum, und das Friedenszeichen wurde weggelassen. Mir fiel auf, wie ähnlich und doch so ganz anders dieser Gottesdienst war als meine Gottesdienste bei Daybreak. Ich empfand eine tiefe Dankbarkeit, dass ich Gottes Wort hören und Gottes Geschenke empfangen konnte, aber in dieser großen Kirche mit ihrer strengen Liturgie fühlte ich mich auch ein wenig verloren. Alles war so vertraut und doch so fern und fremd.

Von den Zirkusleuten war keiner da. Das Zirkuszelt und die Kirche standen nur wenige hundert Meter voneinander entfernt, sind aber zwei vollkommen verschiedene Welten. Ich sehe zwar eine enge Verbindung, aber das scheint sonst niemand so zu sehen. Bemühen sich nicht beide darum, den menschlichen Geist zu ermuntern und den Menschen zu helfen, über die Begrenzungen ihres täglichen Lebens hinauszublicken?

Und sind nicht beide gleichzeitig in ständiger Gefahr, in leblose Routinen zu verfallen, die ihre Vitalität und übergreifende Macht verloren haben?

Ich blieb noch ein wenig sitzen, nachdem die meisten Gottesdienstbesucher die Kirche verlassen hatten. Aber beten konnte ich nicht. Ich fühlte mich verloren in diesem großen Kirchenschiff, in dem alles so ästhetisch korrekt war, so gut angeordnet – Blumen, Kerzen, Statuen etc. – und so penibel sauber. Auf der Suche nach einem etwas intimeren Ort betrat ich die kleine Seitenkapelle, aber dort war eine ältere Nonne damit beschäftigt, alle Kerzen vor einer großen Pieta aus Bronze auszupusten. Sie machte mir klar, dass ich die Kirche jetzt besser verlassen sollte.

Es war seltsam tröstend, die gut organisierte Kirche zu verlassen und über die vom Regen aufgeweichte Wiese zu seinem vorübergehenden Heim zurückzukehren. Nicht dass es im Zirkus an Disziplin mangelte, aber wie in der Arche-Gemeinschaft akzeptierte der Zirkus, dass im Leben nicht immer alles glatt lief.

Während ich zu dem schlammigen Zirkusgelände zurücklief, fragte ich mich, wie alles zusammenpasste. Es gab keinen Grund, den Zirkus zu idealisieren. Vieles von dem, was dort vorgeht, ist recht unspektakulär, innerhalb wie außerhalb des Zeltes. Es gibt aber auch keinen Grund, die Kirche zu romantisieren. Vieles von dem, was dort vorgeht, ist alles andere als geistlich. Und trotzdem, das Herz des Menschen sucht nach etwas Größerem, nach etwas, das größer ist als die eigene Belanglosigkeit, und jeder, der den Zirkus oder die Kirche betritt, ist auf der Suche nach etwas, das sich nach den Sternen ausstreckt oder darüber hinaus!

Sollte nicht in jedem Priester ein kleines bisschen von einem Trapezartisten stecken, und in jedem Trapezartisten ein kleines bisschen von einem Priester? Ich bin sicher, dass das so ist, aber das scheint niemand zu erkennen!

KAPITEL 19

Der Trapezakt am Nachmittag war sehr schlecht. Es fehlte die Lebendigkeit – als wären alle müde. Karlene verfehlte Joe bei ihrem Sprung. Er musste sie ins Netz fallen lassen. Danach setzten sie ihren Auftritt ohne große Begeisterung fort. Nach der Vorstellung war Karlene sehr niedergeschlagen. „Am liebsten würde man sich bei allen entschuldigen und ihnen ihr Geld zurückgeben", sagte sie. „Ich fühle mich schrecklich."

Heute Abend bin ich schlecht gelaunt. Rodleigh reagierte auf meine Fragen nach der Vorstellung sehr ungeduldig und behandelte mich ziemlich herablassend, und er stellte mir Fragen, wie ein Polizist sie häufig stellt, wenn er dir ein Bußgeld aufbrummt, zum Beispiel: „Können Sie denn nicht das Verkehrszeichen lesen? Da steht 50 Kilometer pro Stunde." Ich musste mir in Erinnerung rufen, dass Rodleigh einen schlechten Nachmittag hatte und ich nur sehr langsam lerne.

Heute Abend wird wieder abgebaut. Fünfundvierzig Minuten nach der Vorstellung werden wir durch die Nacht nach Datteln fahren, der nächste Gastspielort etwa 57 Kilometer entfernt. „Wir rechnen mit anderthalb Stunden", erklärte Jennie. Ich hasse es, im Dunkeln zu fahren, vor allem mit diesem Wohnmobil. Aber der Zirkus zieht weiter!

Rodleigh und die anderen wussten, dass sie für die Fahrt länger brauchen würden, da Henri sehr langsam und vorsichtig fuhr. Doch sie trösteten sich damit, dass es auch von Vorteil war, als Letzte auf dem Zirkusgelände einzutreffen. Falls es Probleme gab, müssten die anderen sie aus dem Weg räumen.

Montag, 11. Mai, Datteln

Die Fahrt war schlimm für mich. Rodleigh führte den Konvoi an und verständigte sich über Funk mit Jon, der mit seinem großen Wohnwagen das Schlusslicht bildete. Zwischen Rodleighs Truck mit Wohnwagen und Johns Wohnwagen fuhren Karlene und Jennie im Mercedes, der Karlenes neues Haus auf Rädern zog. Joe schloss sich an mit seinem Truck und Wohnwagen. Ich fuhr hinter Joe und konnte Jon hinter mir im Rückspiegel sehen.

Wie gesagt, die Fahrt war schlimm für mich, aber nicht für die anderen. Sie sind es gewöhnt, mit ihren mobilen Häusern auf den engen deutschen Landstraßen zu fahren. Aber für mich war es der reine Horror! Mein Wohnmobil verfügt über fünf Gänge, und es war nicht leicht, herauszufinden, welcher Gang bei welcher Geschwindigkeit der richtige war. Wir fuhren langsam über Bahnübergänge und durch scharfe Kurven, und jedes Mal fragte ich mich, in welchen Gang ich zurückschalten musste. Ich brauchte lange, um mich daran zu gewöhnen, doch irgendwann entspannte ich mich ein wenig.

Immer wieder überholten uns die deutschen Autos, die schneller fuhren als wir, und fädelten sich in unseren Konvoi ein. Offensichtlich waren wir ihnen zu langsam, und sie überholten uns in hohem Tempo. Bei dem Gegenverkehr erinnerten mich ihre Manöver an Russisches Roulette. Von meinem erhöhten Platz im Wohnmobil konnte ich dieses Katz-und-Maus-Spiel zwischen den näherkommenden und vorbeifahrenden Autos beobachten, und ich wundere mich immer noch darüber, dass niemand ums Leben gekommen ist.

Bei Fahrten wie dieser gibt es Gelegenheiten die Fülle, sich zu fragen, warum die Leute ständig ihr Leben in Gefahr bringen. Man hat den Eindruck, alle wollen so dringend irgendwo ankommen, dass ihnen das Ankommen wichtiger ist, als am Leben zu bleiben!

Rodleigh nahm das Zirkusgelände in Datteln in Augenschein. Der Boden war vom Regen so aufgeweicht, dass die Trucks der anderen Artisten im Matsch stecken blieben. Nur ein Traktor könnte sie herausziehen. Daraufhin wies er den Fahrzeugen der Flying Rodleighs zum Parken ein Gelände zu, das nicht so aufgeweicht war, und sie stellten ohne Probleme ihre Fahrzeuge dort ab. Müde von der

Fahrt, war Henri beinahe sprachlos vor Dankbarkeit, dass Rodleigh ihm erneut anbot, sein Wohnmobil einzuparken.

Gestern Abend, nach unserer Ankunft in Datteln, lud Karlene mich zu einem heißen Getränk ein. Ich war sehr dankbar dafür. Bei unserer Unterhaltung wurde deutlich, dass sie Rodleighs Ungeduld mir gegenüber mitbekommen hatte und bemüht war, mich zu besänftigen. „Wenn man mit Akrobaten aufgewachsen ist, dann merkt man nicht immer, dass die eigene Sprache für Außenstehende schwer zu verstehen ist", erklärte sie. Jennie schien ihr unterwegs von meinem Gespräch mit Rodleigh erzählt zu haben. Ich war dankbar für ihre Freundlichkeit und dass sie mir erneut das Gefühl der Zusammengehörigkeit vermittelt hatte.

In seinem Tagebuch machte er sich am nächsten Morgen weiter Gedanken über die Bedeutung des Herumreisens:

Während wir über zweispurige Straßen durch die Nacht fuhren und ein kleines Dorf nach dem anderen durchquerten, dachte ich über das Leben meiner fünf Trapezfreunde nach. Sie ziehen von Ort zu Ort und haben kaum Zeit, sich bewusst zu machen, wo sie sich befinden. Das Zirkusgelände liegt üblicherweise am Stadtrand, und die Rodleighs sind so sehr damit beschäftigt, ihre Seilkonstruktion aufzubauen, ihre Fahrzeuge betriebsbereit zu halten, ihre Wohnwagen zu putzen und ihre Auftritte zu absolvieren, dass nicht viel Zeit für Entspannung bleibt.

Die vielen, nur zwei Tage dauernden Gastspiele sind sehr anstrengend. Die Truppe trifft gegen Mitternacht in einer neuen Stadt ein und verbringt den ganzen folgenden Vormittag mit dem Aufbau. Allein der Aufbau des Trapez dauert vier Stunden. Um 15 Uhr 30 und 19 Uhr beginnen die Vorstellungen. Obwohl der Trapezakt nur zehn Minuten dauert, kommen dazu noch das Umziehen, die Dehnübungen als Vorbereitung für den Auftritt, die Analyse nach der Vorstellung, das Umziehen für das Finale und das Finale selbst. Das alles kostet Zeit, und sie haben die meiste Zeit zu tun. Am zweiten Morgen ist ein wenig Zeit, um einzukaufen, zu telefonieren und geschäftliche Angelegenheiten zu erledigen, doch der Rest des Tages ist wieder ausgefüllt von dem Trapezakt. Dann kommt um 21 Uhr wieder der Abbau und um 22 Uhr bricht der Konvoi auf zur nächsten Stadt.

Gestern Abend konnte ich in einer Kurve von meinem Wohnmobil aus den ganzen Konvoi sehen. Ich dachte: „Worum geht es hier? Fünf Menschen, vier große Mobilheime, die von einer deutschen Kleinstadt zur nächsten ziehen, manchmal im Regen, manchmal bei eisiger Kälte. Sie haben nicht die Möglichkeit, mal für einen Augenblick innezuhalten, mal keine Vorstellung zu geben, weil einem nicht danach zu Mute ist, und das alles für einen zehnminütigen Auftritt, den die meisten Menschen gleich wieder vergessen!"

Das ist das Leben der Unterhaltungskünstler! Sie entlocken den Menschen „Oohs" und „Aaaahs" und „Wow" und „Neeein"; sie vermitteln ihnen Spannung und Entspannung, bringen sie dazu, in die Zeltkuppel zu schauen und zu sagen: „Wie machen sie das? Ich glaube es nicht", und entlassen das Publikum dann nach Hause mit diesem fremden, aber schnell vergehenden Gefühl, in einer anderen Welt gewesen zu sein.

Ist mein eigenes Leben denn anders? Ich reise hierhin und dorthin, halte Vorträge, gebe den Menschen ein Gefühl der Sicherheit, der Freude und helfe ihnen, sich mit ihren Gefühlen des Verlustes, des Versagens und der Furcht abzufinden, wie auch mit diesen Gefühlen der Weiterentwicklung, des Erfolgs und der Freude.

Bin ich wie die Zirkusleute – ein Unterhaltungskünstler? Versuche ich, die Menschen zwischen den vielen zerstückelten Augenblicken ihres Lebens zu halten und ihnen einen Blick auf das „Dahinter" zu vermitteln? Interessant finde ich, dass das Wort „Unterhaltung" auf die lateinischen Wörter inter (zwischen) und tenere (halten) zurückzuführen ist.

Was ist verkehrt daran, ein Unterhaltungskünstler zu sein? Ist nicht Jesus der größte aller Unterhaltungskünstler gewesen? Baut er nicht die Menschen auf in einem Leben, das ständig dazu neigt, eintönig zu werden? Kam Jesus nicht aus einer anderen Welt und zog von Ort zu Ort, um die Menschen dazu zu bringen, für einen Augenblick aufzuschauen und zu erkennen, dass das Leben mehr ist, als sie gedacht hatten? Und waren nicht die meisten von denen, die Jesus zugehört haben, den Zirkusgängern vergleichbar, die aufgeregt nach Hause zurückkehrten, aber alles sofort wieder vergaßen, wenn der Alltag seine Forderungen stellte? Es waren so viele, unzählige Menschen während der drei Jahre, in denen er von Stadt zu Stadt zog, um die Gute Nachricht zu verkünden, aber es

waren nur ganz wenige, bei denen seine „Darbietung" einschneidende
Wirkung zeigte.

＊ ＊ ＊

„DIE FEUERWEHRAUTOS SIND DA", ERKLÄRT Dennie. „Die Mannschaft
wird jetzt mit der Trage die Treppe hochkommen und in einer Minute hier sein
und mit anpacken, damit Sie nach unten in den Rettungswagen kommen."

Unterhaltung ist, dazwischen zu halten, „inter-tenere", erinnert sich Henri. Er
weiß, dass er gut gehalten sein wird zwischen dem Fenster und dem Rettungswagen, aber besonders unterhaltsam scheint ihm das nicht zu sein. Wird ihm der
Abstieg Angst machen? Er ist froh, dass er wenigstens nicht den Wagen fahren
muss.

＊ ＊ ＊

Montag, 11. Mai [Fortsetzung]

*Heute Morgen habe ich allein in meinem Wohnmobil Eucharistie gefei-
ert. Das war das dritte Mal während der Zeit beim Zirkus. Ich habe überlegt, ob ich jemanden dazu einladen sollte, doch mir wurde klar, dass es
besser ist, „im Verborgenen" zu bleiben. Der Gedanke, den Leuten dieses
Zirkus als Priester zu dienen, hat einen gewissen Reiz auf mich ausgeübt,
aber je länger ich hier bin, desto mehr wächst meine Überzeugung, dass
hier nur nach einer langen Zeit im Verborgenen eine Art des Dienstes
deutlich werden könnte. Die religiösesten Menschen hier scheinen die
Muslime aus Marokko zu sein. Gelegentlich höre ich sie singen, und das
klingt so, als würden sie beten.*

*Anzeichen für irgendeine christliche Form des Gebets oder der Anbe-
tung kann ich jedoch nicht erkennen. Doch Rodleighs Freundlichkeit,
Gastfreundschaft, Unterstützung und Großzügigkeit sind für mich ein
großes Geschenk. Es ist offensichtlich, dass ich dieses Mal mehr zu empfangen habe als zu geben. Im Augenblick sieht es wohl so aus, als sollte
ich hier eine lange Zeit einfach mit dabei sein, jeden Einzelnen besser
kennenlernen, und dann werde ich schon erkennen, wie ein Dienst aussehen könnte.*

Mittwoch, 13. Mai, Kamen

Die Fahrt über die deutschen Straßen von Datteln nach Kamen gestern Abend war kurz, aber für mich wieder sehr anstrengend. Irgendwann merkte ich, dass ich vergessen hatte, die Treppe zu meinem Wohnmobil zurückzuschieben. Da ich Angst hatte, dass es gefährlich wäre, wenn diese Metalltreppe heraussteht, musste ich anhalten, um das Wohnmobil herumgehen und die Treppe hineinschieben. Jon, der hinter mir fuhr und erkannte, was los war, gab Rodleigh an der Spitze des Konvois über Funk Bescheid. Die ganze Zirkustruppe kam zum Stillstand. Und dann wollte mein Wohnmobil zuerst nicht wieder anspringen, doch irgendwann konnte ich endlich weiterfahren, und auch alle anderen setzten sich wieder in Bewegung. Meine Tollpatschigkeit war mir peinlich, aber mir wurde klar, dass ich sie mit einem Lächeln annehmen musste.

ES WAR MITTAGESSENSZEIT. JENNIE BLICKTE zu Rodleigh und verdrehte die Augen. Er wusste genau, was sie dachte. Wieder einmal war Henri in ihren Wohnwagen geplatzt, ohne zu merken, dass er den Matsch hereintrug. Sie hatten bereits mit ihm darüber gesprochen, aber er konnte sich einfach nicht merken, dass es im Zirkus üblich war, die Schuhe auszuziehen, bevor man einen Wohnwagen betrat. Und meistens dachte er auch nicht daran, sie auf der Fußmatte abzutreten. Das war keine Absicht, und ganz bestimmt wollte er nicht unhöflich sein, er vergaß es einfach immer wieder. Darum waren Rodleigh und Jennie übereingekommen, es zu ignorieren. Sie hatten einen Pfad aus kleinen Teppichen an der Tür und Zeitungen im Innern des Wohnwagens ausgelegt.

Jennie wandte sich ab, um ihr Lächeln zu verbergen, als es Henri tatsächlich gelang, neben den Zeitungen herzulaufen und seine schlammigen Schuhe doch wieder auf ihrem Teppich abzutreten. Sein Gesicht leuchtete vor Aufregung, und er wollte unbedingt darüber reden, ob sich der durchweichte Boden negativ auf den Aufbau des Trapez und die Pfosten für das Sicherheitsnetz auswirkte.

Mittwoch, 13. Mai, Kamen [Fortsetzung]

Schlamm, nichts als Schlamm. Das Zirkusgelände in Kamen war eine Schlammwüste. Ich ging hinüber zu Karlenes Wohnwagen, und wir haben Kaffee miteinander getrunken. Sie war sehr offen zu mir und erzählte von den „Stimmungsschwankungen" der Truppe. „Rodleigh ist manchmal extrem kritisch mir gegenüber. Manchmal habe ich wirklich die Nase voll von seiner Kritik. Er meckert an allem herum, am Zustand meines Wohnwagens, an meinem Umgang mit meiner Tochter, an der Gestaltung meines Parts beim Auftritt. Noch vor ein paar Wochen wollte ich alles hinschmeißen… aber ich muss gestehen… das, was ihn so kritisch macht, ist das, was ihn zu einem so guten Artisten macht. Er ist ein wirklicher Perfektionist. Man muss Perfektionist sein, wenn man ein guter Luftakrobat sein will. Man muss nicht nur gute Tricks haben, sondern sie auch noch perfekt vorführen. Ein schwieriger Trick, nachlässig ausgeführt, trägt nicht zu einer guten Vorstellung bei. Nun, sein Perfektionismus zeigt sich eben in allem. Vermutlich muss ich lernen, seine Kritik nicht zu persönlich zu nehmen."

Karlene sprach sehr liebevoll und voller Hochachtung über Jennie, Joe und Jon, aber sie ließ auch durchblicken, dass ein so enges Zusammenleben Tag für Tag, ohne Freunde von außerhalb, alles andere als leicht ist. „Man muss einander Raum geben. Ich brauche meinen Freiraum, und ich kann es nicht haben, wenn jeder in meinen Wohnwagen platzt, wie er will."

* * *

MEHRERE FEUERWEHRLEUTE IN IHREN DUNKLEN Uniformen betreten mit der Trage, einem Laken und einer Decke Henris Hotelzimmer. Dennie faltet in aller Eile die große Decke auseinander. Er und die Feuerwehrleute breiten sie über die Trage und legen das Laken darauf.

Dennie wendet sich wieder an Henri. „Jetzt kommt alles zusammen. Wir sind auf dem Weg."

Starke Hände heben Henri sanft hoch, und er erinnert sich an die Flying Rodleighs, die ihn für ein Foto auf die Arme nehmen. Jetzt hebt Rodleigh die Decke an, um Henri warm einzupacken, und befestigt die Gurte um ihn und lässt sie einrasten wie einen Sicherheitsgurt – oder ist das Dennie? Henri fühlt sich benommen: Der gegenwärtige Augenblick und die Vergangenheit fließen ineinander.

TEIL IV

Vertrau dem Fänger

KAPITEL 20

Während er darauf wartet, durch den engen Hotelflur geschoben zu werden, konzentriert sich Henri auf seinen Körper, den Schmerz in seiner Brust und dieses vertraute Flattern in seinem Magen. Angst? Oder vielleicht nicht nur Angst. Vorahnung – mit einem Hauch von Neugier? Sogar Vorfreude, obwohl er gerade einen medizinischen Notfall erlebt? Seine Gedanken gehen erneut auf Wanderschaft, zurück zu der körperlichen Anstrengung und der aufregenden Reise mit den Flying Rodleighs im Jahr 1992.

* * *

JEDEN TAG FÜHLTE ER SICH mehr wie ein Schriftsteller, der Notizen für eine ganz neue Art des Schreibens sammelt. Seine Sorgfalt beim Schreiben seines Tagebuchs lässt nach. Er konzentriert sich jetzt darauf, zu überlegen, was für eine Art Buch und wie er schreiben möchte.

Mittwoch, 13. Mai, Kamen [Fortsetzung]

Je länger ich hier bin, desto mehr entdecke ich, über das ich schreiben kann. Allein über den Trapezakt könnte ich viele Monate lang schreiben. Ich habe einige sehr persönliche Geschichten der drei Flieger und der beiden Fänger zusammengetragen. Von Rodleigh selbst habe ich eine ziemlich gute Beschreibung des Aktes selbst bekommen, aber die Lücken in meinem Wissen scheinen größer zu sein als je zuvor.

Ich weiß nichts über den Trapezaufbau. Ich würde Wochen brauchen, um die Namen der verschiedenen Teile zu lernen und wie sie zusammen-

gefügt werden. Ich weiß nichts über Kostüme, wie sie ausgewählt und eingesetzt werden. Ich weiß nichts über Einkünfte und Ausgaben und die unzähligen administrativen Aspekte des Aktes.

Je mehr ich lerne, desto mehr wird mir bewusst, wie wenig ich weiß. Trotzdem, je mehr Details ich aufnehme, desto besser. Vielleicht werde ich in meiner endgültigen Geschichte nicht alle Details verwenden, aber ohne das Wissen darum kann ich beim Schreiben keine guten Entscheidungen treffen, denke ich. Dabei muss ich an Rodins Statue von Balzac in Paris denken. Obwohl die Statue Balzac in einem weiten Umhang zeigt, sind auf den vorläufigen Skizzen viele nackte Modelle zu sehen. Rodin wollte jedes Details von Balzacs Körper erforschen, um eine gute Skulptur von ihm mit dem weiten Umhang über den Schultern anfertigen zu können. So ist das auch, wenn man eine gute Geschichte über das Fliegende Trapez schreiben will. Auch wenn man seine Leser nicht mit allen technischen Details ablenken will, muss man sie recht gut kennen, um die künstlerische Macht der Darbietung richtig beschreiben zu können.

Donnerstag, 14. Mai

Nachdem ich Jon Franklins Writing for Story *und Theodore A. Rees Cheneys* Writing Creative Nonfiction *gelesen hatte, war ich stärker denn je überzeugt von der Kraft des Schreibens. Das schriftstellerische Handwerk habe ich nie wirklich studiert, aber diese Bücher zeigen mir, wie viel ich versäumt habe.*

Während ich mitten im Zirkusgeschehen diese Bücher lese, frage ich mich: „Warum bist du hier? Um mehr über den Zirkus zu erfahren oder um das Schreiben zu lernen?“ Ich erkenne, wie die beiden Dinge miteinander verbunden sind. Ich liebe den Zirkus, aber ich liebe ihn so sehr, weil er mir so viel bietet, über das ich schreiben kann. Durch meine Vertiefung in diese Bücher erkenne ich, wie vieles ein Thema wäre, über das zu schreiben sich lohnen würde. Zuerst erschien es mir, als sei der spektakuläre Trapezakt das Hauptthema, aber nun, da ich bei der Beschäftigung mit diesen Büchern tiefer in die Zirkuswelt eintauche, erkenne ich überall um mich herum kleine Geschichten, und wenn ich mein Wohnmobil verlasse, dauert es kaum mehr als zehn Minuten, bis ich am liebsten wieder zurücklaufen und über das schreiben würde, was ich gerade gesehen oder gehört habe.

Mein Leben hier ist also ein seltsames Laufen hin zu und von dem kleinen Schreibtisch in meinem Wohnmobil weg: Eine seltsame Spannung zwischen Aktion und Kontemplation, zwischen beobachten und berichten, zwischen zuhören und schreiben, zwischen herumlaufen und hinsetzen.

Meine wichtigste Disziplin ist jetzt, den Fokus nicht zu verlieren. Es gibt so viel zu sehen und zu hören, dass ich mich leicht von den zahllosen Eindrücken, die von allen Seiten auf mich einstürmen, mit fortreißen lasse. Ständig muss ich mich selbst daran erinnern, dass ich nicht überall hingehen, dass ich nicht mit allen sprechen, nicht an allem teilnehmen kann.

Die Rodleighs helfen mir, fokussiert zu bleiben. Was immer ich von ihnen lernen kann, will ich gern aufnehmen. Aber alles andere – die Clowns, die Magier, die Dompteure, die marokkanischen Arbeiter und die polnischen Musiker – muss am Rand meines Blickfelds bleiben. Denn sonst beginnt sich alles zu drehen, und es wird mir unmöglich zu schreiben.

Henri wandte sich wieder dem Buch *Writing Creative Nonfiction* zu und las: „Konfrontiert mit der Suche nach Struktur, lehnen Sie sich zurück und sichten Sie, durchmischen und sortieren Sie. Nehmen einige Muster, oder Dinge, die wie mögliche Muster erscheinen, Gestalt an? … Wenn das Ende da ist, dann wirkt es wie ein Magnetpol, der alles zu sich heranzieht." Er markierte den Absatz, um ihn später besser wiederzufinden. In sein Tagebuch schrieb er:

Donnerstag, 14. Mai [Fortsetzung]

Ich bin überzeugt, dass ich zu den Rodleighs gesandt worden bin, um etwas Neues über Leben und Tod, Liebe und Angst, Frieden und Konflikt, Himmel und Hölle zu entdecken, etwas, das ich sonst nicht erfahren hätte, über das ich nicht hätte schreiben können.

Oft denke ich: „Hätte ich mir vor ein paar Jahren vorstellen können, dass ich einmal mit einem Wohnmobil einen Zirkus für mehrere Wochen auf seinen Gastspielen in Deutschland begleiten würde? Und hätte ich gedacht, dass ich dann in besagtem Wohnmobil sitzen und schreiben würde?" Aber genau so ist es. Ich sitze in einem Wohnmobil, und im Augenblick fühlt es sich gut an. Das ist der Ort, an dem ich sein sollte. Was morgen sein wird, werde ich morgen herausfinden. Ich bin froh, dass ich das heute nicht wissen muss.

Während der Nachmittagsvorstellung, kurz nachdem Karlene mir die Sache mit dem Magnesiumcarbonat-Pulver, mit dem die Flieger und Fänger ihre Hände trocknen, erklärt hatte, lockerte sich Joes Beutel mit dem Pulver und fiel nach unten ins Netz. Rodleigh deutete darauf, aber da war nichts mehr zu machen, denn der Akt war bereits in vollem Gang. Der marokkanische Manegehelfer lächelte mich an, als er bemerkte, dass ich den Vorgang beobachtet hatte.

Die Vorstellung ging weiter wie gewohnt, aber bei der Analyse später gestand Karlene mir, dass sie Angst gehabt hätte. „Joe schwitzt sehr stark. Seine Hände müssen trocken sein, damit er uns halten kann."

Die Abendvorstellung lief nicht gut für Rodleigh. Er patzte bei seiner Schraube und auf dem Rückweg stieß er sich die Oberschenkel am Podest an. Nach dem Akt humpelte er schlimm, aber Jennie machte nicht viel Aufhebens darum. „Eine seltsame Stelle, um sich zu verletzen", erklärte sie. „Das ist noch nie vorgekommen."

Freitag, 15. Mai, Wuppertal

Wir sind auf dem Zirkusgelände im Zentrum von Wuppertal angekommen, obwohl ich auf der Autobahn die Ausfahrt verpasst habe und John mir hinterherfahren und mich zum Konvoi zurücklotsen musste, und obwohl Rodleigh zu früh von der Autobahn abgefahren ist und mit dem ganzen Konvoi am falschen Ende der Stadt herumirrte. Als wir gegen Mitternacht unsere Wohnwagen endlich abgestellt hatten, waren wir hoch erfreut über unseren neuen Standort. „Ich habe einen großen Supermarkt ganz hier in der Nähe entdeckt", sagte Karlene. Joe rief: „Endlich ein Ort, wo wir eine Weile bleiben können." Jennies Kommentar: „Auch wenn kein Gras hier ist, ist dies ein idealer Standort", und Rodleigh fügte hinzu: „Schön und nah am Zelt. So hören wir die Musik und wissen, wann unser Auftritt kommt." Jon war ganz besonders guter Laune, weil seine Eltern am nächsten Tag für eine Woche aus Detroit kommen würden.

Am Morgen beschloss ich, mit dem Nachmittagszug nach Freiburg zu fahren, um Freunde zu besuchen. Der Gedanke an meine Abreise stimmte mich ein wenig traurig, aber ich freute mich, dass ich ja in einer Woche wieder da sein und noch ein paar Tage bei dem Zirkus in Wuppertal bleiben würde.

Rodleigh kümmerte sich um den Aufbau, und Jennie brachte Henri zum Bahnhof. Doch zuerst überprüften sie in Henris Wohnmobil, ob auch Strom und Gas abgestellt waren. Nachdem sie zehn Tage gemeinsam unterwegs gewesen waren, wussten sie über Henris Eigenarten Bescheid.

KAPITEL 21

In Freiburg besprach Henri seine Gedanken zu dem Trapez mit seinem Freund und Lektor Franz Johna. Schließlich war Franz an jenem ersten Abend zusammen mit ihm und seinem Vater im Zirkus gewesen.

Sonntag, 17. Mai, Freiburg

Ich spüre, dass Franz meine Begeisterung für den Zirkus noch immer nicht ganz teilt. In seiner Gegenwart habe ich das Gefühl, als sollte ich mich für ein etwas ernsteres Thema entscheiden. Er kann nicht so ganz sehen, wie dies zu einem geistlichen Buch führen könnte. Doch in unserem Gespräch erklärte ich ihm, dass ich nicht vorhätte, die Rodleighs als Illustrationen für große geistliche Wahrheiten zu nehmen, sondern einfach versuchen wollte, eine gute Geschichte über gute Menschen zu schreiben, die gute Dinge tun. Franz begann sich für die Idee zu erwärmen und zeigte sogar eine gewisse Begeisterung.

Es ist wichtig für mich, ein wenig Abstand zum Zirkus zu bekommen und die Gelegenheit zu haben, mein Projekt zu „verteidigen". Je mehr ich darüber rede, desto mehr wird mir klar, dass ich eine gute Geschichte schreiben will und dass ich darauf vertrauen muss, dass die Geschichte die gute Nachricht in sich tragen wird.

Henri schlenderte durch die Seitenstraßen der Innenstadt von Freiburg und dachte glücklich: *Freiburg ist für mich zur zweiten Heimatstadt geworden.* Er kaufte einige Drucke von Vincent van Gogh. Seine Lehrtätigkeit an der Universität vermisste er nicht, aber er freute sich an den vielen Studenten mit ihren Rucksäcken, die aus den verschiedenen hübschen alten Universitätsgebäuden kamen oder dahin unterwegs waren. *Einfach nur hier zu sein!*, freute er sich.

Montag, 18. Mai

Ich habe eine gute Stunde mit Franz zusammengesessen. Wir überlegten, ein Buch mit Meditationen für jeden Tag herauszubringen. Franz hatte ein solches Buch mit täglichen Lesungen von Carlo Martini, Carlo Caretto und Heinrich Spaemann veröffentlicht, Zusammenstellungen von Auszügen aus ihren früheren Werken.

Ich war nicht allzu begeistert davon, noch einen Sammelband herauszubringen. Viele meiner Bücher entsprechen nicht mehr meiner geistlichen Vision, und obwohl ich meine früheren Schriften nicht als nicht mehr gültig verwerfe, habe ich das Gefühl, dass etwas radikal anderes von mir gefordert ist.

Meine vielen Begegnungen mit Menschen, die keinerlei Kontakt zu irgendeiner Kirche haben, meine Begegnungen mit AIDS-Patienten, meine Erfahrung im Zirkus und die vielen sozio-politischen Ereignisse der vergangenen paar Jahre, all das schreit nach einer neuen Weise, über Gott zu reden. Zu dieser neuen Weise gehört nicht nur Inhalt, sondern auch Form. Nicht nur das, was ich sage, sondern auch die Art, wie ich es sage, sollte anders sein.

In erster Linie kommen mir Geschichten in den Sinn. Ich weiß, ich muss Geschichten schreiben. Keine Aufsätze mit Argumenten, Zitaten und Analysen, sondern kurze und einfache Geschichten, die uns inmitten unseres facettenreichen Lebens einen Blick auf Gott erhaschen lassen.

Am folgenden Tag saß Henri den ganzen Tag an seinem Schreibtisch und schrieb. Die Wohnung im zweiten Stock von Franz und Reny Johnas Haus war vertraut und behaglich. Dort hatte er schon immer gut arbeiten können.

Aber ich empfinde einen gewissen inneren Widerstand, an dem Zirkusbuch zu arbeiten, als sei das Projekt zu groß für mich, und als hätte ich noch nicht genügend Wissen über das Trapez, um einfach loszulegen. Vielleicht, dachte er, war er immer noch zu sehr Beobachter. *Ich bin immer noch nicht ganz in der Lage, von innen heraus zu schreiben.* Er versuchte, sich selbst Mut zu machen, dass der Prozess, Teil des eigenen Themas zu werden, nie zu Ende sein würde. Also fang einfach an zu schreiben, im Vertrauen darauf, dass etwas klar werden wird. Und so schaltete er langsam herunter, und das Schreiben fiel ihm leichter.

Doch sein Besuch ging bald zu Ende.

Donnerstag, 21. Mai, Wuppertal

Heute Morgen brachte Franz mich zum Bahnhof. Um 13 Uhr 30 war ich wieder beim Zirkus. Im Zug hatte ich überlegt, wie die Woche für die Flying Rodleighs wohl verlaufen war. War Rodleighs Bein wieder gesund? Hatten sie während ihres langen Aufenthalts in dieser Stadt ein gutes Publikum gehabt? Würde ich alle guter Stimmung antreffen, weniger erschöpft und ausgelaugt als bei meiner Abreise?

Schon bald erfuhr ich, dass es keine leichte Woche gewesen war. Rodleighs Beinverletzung sah immer noch schlimm aus. Karlene litt an einer inneren Blutung im Bauchbereich, verbrachte viele Stunden beim Arzt und musste schließlich erfahren, dass sie keinesfalls am Trapez arbeiten könne, solange sie noch Schmerzen hätte. Jennie hatte wegen ihrer Herzgeräusche eine größere Untersuchung. Der deutsche Clown war wegen seiner Stauballergie in der Manege zusammengebrochen und ins Krankenhaus gebracht worden. Mrs. Kaminski war bei ihrer letzten Darbietung am Russischen Barren gestürzt und hatte sich das Bein verletzt. Peter, der Engländer mit seiner Hundedressur, hatte einen schlimmen Rückschlag erlebt: Der Hund des Clowns hatte sich losgerissen, war auf Peters kleinen Zirkushund losgegangen und hatte ihn so schlimm gebissen, dass Peter fast eine Woche lang nicht mit ihm in die Manege konnte. Und die ganze Ali-Hassani-Truppe schien Schmerzen in den Handgelenken und Knöcheln zu haben!

Ein wenig besorgt besuchte ich die Nachmittagsvorstellung. Ich fragte mich, wie der Trapezakt mit zwei verletzten Artisten wohl laufen würde. Anfangs gab es keine allzu großen Abweichungen. Doch als Rodleigh mit Jon arbeitete und einen Salto vorwärts von Jon zu Joe machen wollte, verpasste er Joes Hand und stürzte ins Netz. Da er vorgehabt hatte, von Joe zu Jon zurückzukehren und einige Kunststücke an Jons Hand vorzuführen, zwang sein Sturz ihn, das alles wegzulassen und Jennie weitermachen zu lassen.

Doch die Abendvorstellung war wieder ganz anders. War es die einfache Entschlossenheit, unter schwierigen Umständen gut zusammenzuarbeiten? War es das große und begeisterte Publikum? Ich weiß es nicht, und die Rodleighs vermutlich auch nicht, aber die Vorstellung war hervorragend. Rodleigh flog mit großer Leichtigkeit von Jon zu Joe und wurde ohne sichtbare Anstrengung aufgefangen. Er machte seine

Saltos und Schrauben mit außergewöhnlicher Anmut und bewegte sich durch die Luft, als gehöre sie ihm. Auch Jennie sprang mit großer Eleganz von ihrem Podest ab und kehrte dorthin zurück, und als Jennie und Rodleigh zum Schluss ihrer Darbietung aneinander vorbeiflogen von und in die Hände von Joe, brach das Publikum in tosenden Applaus aus und stampfte vor Begeisterung mit den Füßen. Gerd Simoneit schickte die ganze Truppe zurück in die Manege, um sich noch einmal zu verbeugen.

Die Truppe war begeistert; sie hatten die Spannung in der Luft gespürt. Sogar Joe, der normalerweise sehr zurückhaltend ist, konnte seine Begeisterung nicht verbergen. „Es ist wirklich gut gelaufen", bemerkte er.

Am folgenden Tag verbrachte Henri ganz bewusst die Pause mit Jons Schwester, die zu Besuch gekommen war. Ein Rat in Cheneys *Writing Creative Nonfiction* war bei ihm hängen geblieben, weil es um etwas ging, was ihm leicht fiel: „Hören Sie allen zu – unerbetene Bemerkungen von ,unwichtigen Leuten' sagen manchmal mehr aus als die der ,Prominenz'."

Samstag, 23. Mai, Wuppertal

Gestern Abend nahm ich in der Pause nicht an der Analyse der Rodleighs teil, sondern unterhielt mich stattdessen mit Jons Schwester Kristen, die seit ihrer Ankunft mit ihren Eltern aus Detroit jede Vorstellung besucht. Kristen liebt den Zirkus und kann gar nicht genug davon bekommen.

Für eine Frau mit Down-Syndrom ist sie sehr selbständig und ziemlich wortgewandt. Die Clowns mit ihrem „Boxakt" mit den heftig klingenden Schlägen waren ihre Lieblinge. Sie erzählte mir von ihrer Familie, ihrer Arbeit und ihrer Teilnahme an den Special Olympics, wo sie bereits zwei Medaillen und ein Band gewonnen hat.

Bei unserem Gespräch wurde mir klar, dass der Zirkus nicht nur die jungen und alten Menschen anspricht, sondern auch geistig behinderte wie gebildete Menschen. Tatsächlich hat der Zirkus die universelle Sprache gefunden, die viele Unterschiede zwischen den Menschen überbrückt.

An diesem, meinem letzten Tag im Zirkus, erkannte ich viele Verbindungen zwischen meiner Arche-Gemeinschaft in Toronto und dieser Zirkusgemeinschaft. Aus der Ferne erscheinen sie so unterschiedlich, doch

wenn man näher hinschaut, findet man viele Ähnlichkeiten. Beides sind
Gemeinschaften ganz besonderer Menschen.

Der Abschied nach so vielen guten Tagen mit so guten Menschen war
nicht leicht. Aber ich war bereit, weiterzuziehen. Ich weiß, die Rodleighs
werden immer meine Freunde sein. Vielleicht wissen sie es noch nicht,
aber mein Abschied gestern Abend schien kein Abschied für lange Zeit zu
sein. Nur eine Zeit, um alle meine neuen Eindrücke zusammenzufassen
und die Geschichte zu suchen, die dahinter steckt.

Nach einem herzlichen Abschied am frühen Morgen stieg Henri in sein Wohnmobil und fuhr los, wie es typisch für ihn war. Rodleigh zuckte zusammen, als
Henri einen Bordstein rammte und dabei einem geparkten Auto sehr nahe kam.

Um sechs Uhr heute Morgen verließ ich das Zirkusgelände in Wuppertal.
Anderthalb Stunden später passierte ich die Grenze nach Holland, und
um 8 Uhr 30 war ich zuhause bei meinem Vater in Geysteren. Er war sehr
froh, mich zu sehen, und wollte alles über den Zirkus wissen.

KAPITEL 22

Im Hotel in Hilversum drückt der Fahrer des Rettungswagens Dennie eine große rote Notfalltasche in die Hand. Dennie holt zusätzliche Medikamente heraus.

„Ich behalte das hier für den Fall, dass wir es in den nächsten Minuten brauchen werden", erklärt er Henri. Einer der Feuerwehrleute wartet bereits an der Tür mit Henris Handkoffer. Dennie gibt dem Fahrer die Notfalltasche zurück. Zusammen mit dem Feuerwehrmann rennt er los. „Sie werden unten auf uns warten", fügt Dennie noch hinzu.

Er hält inne, macht sich Sorgen, weil Henri nicht reagiert. Lenkt der Schmerz ihn ab, hat er Angst oder ist er nicht mehr ganz bei sich? Dennie redet weiter. Er will, dass Henri wach und fokussiert bleibt: „Jetzt sind wir so weit, dass wir Sie durch den Flur zum Fenster schieben können. Die Leute vom Hotel haben es für uns geöffnet. Durch die Fensteröffnung werden wir die Trage in den Korb der Hebebühne schieben. Keine Sorge. Ich bleibe die ganze Zeit bei Ihnen."

Die Decke, in die Henri eingewickelt ist, ist warm. Henri öffnet die Augen und will Dennie anlächeln, doch Dennie kann seinen Mund unter der Sauerstoffmaske ja gar nicht sehen. Dennie verstaut die Sauerstoffflasche zwischen Henris Füßen. Der Herzmonitor wird von einem der Feuerwehrleute getragen, die dicht an der Trage stehen und aufpassen, dass die drei Kontakte auf Henris Brust nicht verrutschen. Ein anderer wird den Infusionsbeutel halten. Henri ist beeindruckt von ihrer Effizienz, Koordination und Sorgfalt. Jeder scheint genau zu wissen, was zu tun ist, und nimmt seine Aufgabe sehr selbstsicher wahr. Das wurde bestimmt eingeübt.

Das ist auch eine Form des Ausstreckens nach anderen, denkt Henri. *Reaching Out* war der Titel seines zweiten Buchs, und Henri denkt, dass sich die wichtigsten Gedanken aus diesem Buch auf das Trapez übertragen lassen. Der Fänger streckt sich aus nach dem Flieger. Sogar der Untertitel des Buchs betont Bewegung und Schwung: *The Three Movements of the Spiritual Life* (dt. Die drei Bewegungen des geistlichen Lebens, Anmerkung der Übersetzerin). Als er dieses Buch vor einundzwanzig Jahren verfasste, beschrieb er eine *nach innen gerichtete Bewegung* von Alleinsein zu Einsamkeit, dann eine *nach außen gerichtete Reise* von Feindseligkeit zu Gastfreundschaft und schließlich eine *nach oben gerichtete Bewegung* von Illusion zu Gebet. Die Leser waren sehr angetan von diesen Bildern, es war ein geistliches Selbsthilfebuch mit praktischen und hilfreichen Tipps in einem Genre, das gerade erst Interesse bei den Lesern fand. Es war Henris erster „Bestseller".

Doch während er jetzt Dennie und das eingespielte Miteinander der Rettungskräfte beobachtet, fragt sich Henri, ob er Spiritualität vielleicht zu individuell gesehen hatte. Wie konnte jemand allein auf solche Weise für andere da sein? Ohne das Gefühl, Teil eines größeren Ganzen zu sein, sogar einer Gruppe oder Gemeinschaft? Die Frage ist nicht neu. Bereits im Jahr 1983, als er in Lateinamerika lebte, hatten Henris neue Freunde ihn darauf hingewiesen, *wie individualistisch und elitär meine eigene Spiritualität gewesen ist. Es fiel schwer, das einzugestehen, aber es stimmt, dass mein Denken in Bezug auf das geistliche Leben in vieler Hinsicht tief von meinem nordamerikanischen Umfeld beeinflusst war mit der Betonung auf dem „inneren Leben" und den Methoden und Techniken, dieses Leben zu entwickeln.*

Tatsächlich, so reflektierte Henri, war er in eine *Spiritualität für introspektive Menschen gerutscht, die den Luxus der Zeit und den nötigen Raum haben, um innere Harmonie und Stille zu entwickeln.* Ein großer Unterschied zu dem disziplinierten Fokus von Dennies Kollegen, die sich der Dringlichkeit ihrer Arbeit immer bewusst sind. Oder zu den Flying Rodleighs.

Was will ich über die Zusammenarbeit des Trapezaktes sagen?, fragt sich Henri jetzt. Ist Schönheit in ihrem Wesen ein geteiltes geistliches Unterfangen? Diese Artisten streben nach ständiger Selbstverbesserung, aber sie schaffen Schönheit für andere, und ihr Akt lebt von ihrer Zusammenarbeit und Gemeinschaft. *Ich habe sehr deutlich gesehen, dass alle zusammen einen Leib bilden, als ein Ganzes. Wenn ein Teil des Körpers nicht funktioniert, funktioniert der ganze Körper nicht.*

* * *

AM ENDE DER GEMEINSAMEN ZEIT mit den Rodleighs im Jahr 1992 ist Henri Feuer und Flamme für sein Projekt und macht sich mit Feuereifer daran, zu lernen, anders zu schreiben. Weniger als zwei Wochen, nachdem Henri mit seinem Wohnmobil abgefahren war, bekam Rodleigh einen Brief, in dem er sich bei ihnen für ihre Freundlichkeit und Gastfreundschaft bedankte. Henri teilte ihm mit, er hätte jetzt jede Menge Material für sein Buch, und er überlege, zum ersten Mal zu versuchen, für eine säkulare Leserschaft zu schreiben.

Wer könnte die weitreichenden Verbindungen nachvollziehen, die er sah? Am 2. Juni schrieb er an John Dear, einen amerikanischen Freund, der sich für Gemeinschaftsbildung und Friedensarbeit einsetzte: *Eines Tages hoffe ich, in der Lage zu sein, dir von einem außerordentlich interessanten Monat zu erzählen, den ich vor Kurzem bei einem deutschen Zirkus verlebte. In gewisser Weise ist das Leben in einem Zirkus dem Leben in einer gewaltfreien Gemeinschaft nicht unähnlich.*

Ende November schrieb Henri erneut an Rodleigh und erklärte, dass er jetzt doch ein religiöses Element in sein Buch einflechten und damit in vertrauterem schriftstellerischen Terrain bleiben wolle. Rodleigh lachte in sich hinein und fragte sich, ob Henri wohl genügend Bezüge zwischen dem Trapezakt der Flying Rodleighs und einem religiösen Thema finden würde, um damit ein Buch zu füllen.

Nachdem er seinen Brief an Rodleigh abgeschickt hatte, nahm Henri voller Tatendrang seinen Stift zur Hand. Er konnte sich gut vorstellen, die Geschichte der Rodleighs in drei Bewegungen zu erzählen. Dieses Format war ihm vertraut und bisher sehr erfolgreich gewesen. In jeder würde er einen Bezug herstellen zwischen den Flying Rodleighs, seiner Arche-Gemeinschaft und der Kirche.

Von Karriere zu Berufung, schrieb er. Bei dieser ersten Bewegung würde es um die *persönliche Reise eines jeden Mitglieds der Truppe gehen. Viele Assistenten in der Arche-Gemeinschaft Daybreak hatten ähnliche Entscheidungen getroffen.*

Die zweite Bewegung war *von Individualismus zu Gemeinschaft.* Diesen Teil skizzierte Henri in einem Begeisterungsrausch. *Um die eigene Berufung zu erkennen, mussten die Flying Rodleighs zusammenleben, weil alles in ihrem Akt von ihrer Zusammenarbeit und der gegenseitigen Fürsorge abhing. Es durfte keinen Wettstreit unter ihnen geben, keine Helden, keinen Zorn und keine Eifersucht, und sie konnten ihren Akt nur gemeinsam proben. Bei der Arche-Gemeinschaft war es ähnlich: Ein Lebensstil, der in einer Gemeinschaft, voller Mitgefühl, Vergebungsbereitschaft und einem gemeinsamen Lebensrhythmus ausgelebt wird. „Seht, wie haben sie einander so lieb!" Das sollte, wenn es nach Jesus ginge, über die Christen gesagt werden, und dasselbe galt auch für die Zirkusgemeinschaft.* Henri las seine Notizen noch einmal durch und überlegte, wie dieser Teil den einsamen Menschen helfen könnte, die sich ratsuchend an ihn wandten.

Und schließlich nahm er noch eine dritte Bewegung in den Blick *von Unterhaltung zu Inspiration.* Dieser Gedanke bewegte ihn, seit er sich auf seiner Rundreise mit dem Zirkus mit dem Thema Unterhaltung beschäftigt hatte. *Der Zweck des Trapezakts ist nicht nur, den Menschen Ablenkung zu schenken, sondern ihnen einen Blick auf die Schönheit des Lebens zu gewähren. Nicht nur artistische Schönheit, sondern ein wunderschöner Blick auf die Menschheit in Harmonie, wo die Menschen sich sicher miteinander wohlfühlen können.* Tatsächlich boten die Flying Rodleighs *eine Vision des Erstaunens, der Freude, des Entzückens, der Schönheit und Eleganz* – Henris Worte flossen nur so aus ihm heraus. Er stellte sich vor, dass einige aus dem Publikum ähnlich dachten wie er: *Ich vergesse nicht nur alle meine Probleme, sondern ich erkenne, wer ich bin, sein kann und sein will.* In dieser Hinsicht *gilt der Trapezakt anderen*, schrieb er, *weil er das Leben der Berufung und Gemeinschaft verdeutlicht, genau wie die Arche-Gemeinschaft.*

Und dann veränderte sich etwas. Henri spürte, wie sich Niedergeschlagenheit in ihm ausbreitete. Er legte den Stift aus der Hand und die Arme um die Brust, starrte durch das Fenster neben seinem Schreibtisch. In dem Buch, das er schreiben wollte, schienen viele wichtige Erkenntnisse zu stecken. Die Abschnitte über das Trapez gefielen ihm, aber seine Energie ließ nach, und sein Fokus wanderte ab, als er sich daran machte, einen Abriss der Abschnitte über die Arche-Gemeinschaft zu entwerfen. Als er dann versuchte, seine Erkenntnisse auf das geistliche Leben zu übertragen, verlor er gänzlich das Interesse an seinem Projekt.

Seufzend musste er sich eingestehen, dass er keine rechte Begeisterung für diesen Weg empfand, sein Erleben zu strukturieren. Vielleicht war das Problem, dass *Reaching Out* viele Jahre zuvor veröffentlicht worden war. Wenn sein Buch über die Flying Rodleighs sich ebenfalls mit drei geistlichen Bewegungen beschäftigte, wäre das dann nicht so wie bei jenen russischen Künstlern? Die Kaminskis hatten einen Akt erschaffen und perfektioniert, und sie würden ihn für den Rest ihres Berufslebens genau so aufführen.

Henri wollte nicht nur ein Kunststück parat haben, er wollte nicht dieselbe Art von Buch immer und immer wieder schreiben, auch wenn seine Leserschaft jedes Mal applaudierte. Wie Rodleigh wollte Henri ständig seinen Akt verändern, ein Risiko eingehen, etwas Neues ausprobieren, selbst wenn es fehlschlagen sollte oder unbequem wäre. Er verwarf, was er bisher entworfen hatte.

„Ich will nicht einfach nur ein weiteres Buch schreiben", äußerte er ein Jahr später einem Interviewer gegenüber.

Viele Leute haben gesagt: „Warum schreibst du nicht noch ein Buch über das Gebet, noch ein Buch über Gott, noch ein Buch über Meditation?"
Nein, nein, ich möchte ein Buch über das Trapez schreiben.

Und sie sagen: „Was hast du dir da nur vorgenommen? Bist du ver-
rückt?"

Nein, ich bin nicht verrückt. Ich habe mich nur in das Trapez verliebt
und ich liebe Gott, und die beiden haben etwas miteinander zu tun.

Wann immer Henri sich wieder dem Trapezbuch zuwandte, spürte er ein gewisses Gefühl der Berufung. Darüber hatte er in seinem früheren Tagebuch geschrieben, als er mit dem Zirkus unterwegs war:

Warum sollte ich über einen Trapezakt schreiben? Ich habe keine Ant-
worten. Der Trapezakt wurde mir im vergangenen Jahr „geschenkt", so
wie der Druck von Rembrandts „Die Rückkehr des verlorenen Sohnes"
mir im Jahr 1983 „geschenkt" wurde.

In Bezug auf das Schreiben über den Trapezakt gibt es ein seltsa-
mes „Muss". Ich weiß immer noch nicht so genau, warum die Flying
Rodleighs so wichtig für mich sind. Ich kann die volle Bedeutung ihrer
Darbietung immer noch nicht in Worte fassen. Aber ich weiß mit großer
innerer Überzeugung, dass sie ein wichtiges Geheimnis für mich bereit
halten, das sich nach und nach zeigen wird, wenn ich meiner Intuition
treu bleibe.

KAPITEL 23

Ja, denkt er, das Trapez wurde ihm „geschenkt". Da war sofort eine geheimnisvolle, körperliche Verbindung. Eine ganz ähnliche Erfahrung hatte er einige Jahre zuvor gemacht.

* * *

ES WAR IM JAHR 1983. Henri saß in dem kleinen Zimmer in der Arche-Gemeinschaft in Trosly in Frankreich mit seiner Freundin Simone zusammen. Ihr Poster von Rembrandts Gemälde zog ihn in seinen Bann, und er konnte ihrem Gespräch nicht mehr folgen. Die darauf dargestellte Szene fesselte ihn so sehr, dass er nichts anderes mehr wahrnehmen konnte. Ein Sohn, in Lumpen gekleidet, lag auf den Knien und lehnte den Kopf an seinen alten Vater, der vor ihm stand und liebevoll beide Hände auf den Rücken des Sohnes gelegt hatte. Das Gemälde zeigte ein Gleichnis, das Jesus erzählt hatte, von einem jüngeren Sohn, der sein Erbe einforderte, von zuhause fortging und sein Geld verprasste. Als sein Geld aufgebraucht war und seine Freunde ihn verlassen hatten, kehrte der Sohn tief beschämt zu seinem Vater zurück. Anstatt ihm Vorwürfe zu machen, umarmte ihn der Vater und gab ein Fest, um ihn daheim willkommen zu heißen. Sein älterer Bruder, der gehorsam zuhause geblieben war, ärgerte sich darüber, dass sein Vater sein Daheimbleiben so selbstverständlich voraussetzte und seinen verantwortungslosen Bruder mit einem großen Fest begrüßte. Das Gemälde zeigte nicht nur die liebevolle Wiedervereinigung des Vaters mit dem jüngeren Sohn, sondern auch den brodelnden Zorn des älteren Sohnes.

Als Henri dieses Bild sah, tauchte er in diese Szene ein, und er war davon überzeugt, dass das Bild von Rembrandt ihm „geschenkt" worden war, in sein Leben geplatzt war als etwas so Tiefes, dass er es in seinem eigenen Körper spürte.

Und so meditierte er über mehrere Jahre hinweg über diesem Gemälde von Rembrandt. Auf alle seine Reisen nahm er kleine Drucke davon mit, um sie zu verschenken. Größere Poster wurden während verschiedener Einkehrtage aufgehängt. Allen, denen er begegnete, zeigte er sie, und er dachte unentwegt darüber nach. Doch viele Jahre lang fand er keinen Weg, über dieses Gemälde zu schreiben, das ihn so tief berührt hatte. Das Buch wollte einfach keine Gestalt annehmen.

Im Jahr 1987, als er einen größeren emotionalen, psychischen und geistlichen Zusammenbruch erlitt, war dieser Druck von Rembrandt sein Begleiter. Von Daybreak nach England, dann weiter nach Winnipeg. Tage wurden zu Wochen, und er vertiefte sich jeden Tag und während der langen Nächte in diese Szene. Sie schwebte immer am Rand seines Bewusstseins, sogar wenn er sich stöhnend auf dem Boden krümmte.

Des Gefühls seiner selbst und aller Sicherheit beraubt, begann Henri auf rätselhafte Weise, sich langsam in dem Gemälde, in das er sich so lange vertieft hatte, wiederzufinden. Ganz allmählich kamen Erkenntnisse. Nicht alle auf einmal, und nicht auf einfache Weise. Seine Identifikation mit dem jüngeren Sohn wurde stärker. Jetzt fühlte er sich genauso hilflos, verloren und bedürftig wie dieser Sohn, voller Selbstzurückweisung und Ekel. Er versuchte, diesen Sohn zu lieben. In England gab sein Freund Bart Gavigan Henri den Rat, sich auch in dem älteren Sohn zu suchen. Henri war der älteste Sohn in seiner Familie, gehorsam und treu, doch er musste zugeben, dass er nicht frei war von Zorn und Selbstgerechtigkeit. Er sehnte sich nach Freiheit und bedingungsloser Liebe, und er war neidisch auf den Mut und die Abenteuer des jüngeren Sohnes, der es gewagt hatte, sich auf den Weg zu machen und ein Risiko auf sich zu nehmen, auch wenn es ein schlimmes Ende nahm.

Als er nach und nach Frieden in seinem Körper fand, in der Wahrheit seines Körpers, bot ihm seine Freundin Sue eine neue Erkenntnis. „Henri, ob du nun der jüngere oder der ältere Sohn bist, du musst erkennen, dass du berufen bist, der Vater zu werden", sagte sie. Und auf einmal brachten die fünf Jahre der Vertiefung in Rembrandts Gemälde Klarheit.

Diese tieferen Selbstreflektionen boten einen Weg in dieses Gemälde hinein, den jeder gehen konnte, auf dem jeder seine eigenen Gefühle in den beiden Söhnen und dem Vater gespiegelt fand. Sein Zutrauen wuchs, und Henri bot Einkehrtage und Vorträge über Rembrandts Gemälde an und versuchte, sein eigenes Leben durch Rembrandts Bild in Worte zu fassen, sodass andere ihre Erfahrungen darin wiederfanden. Die Reaktion war enorm, und Henri fühlte sich ermutigt, wann immer er mit der Autorität seiner eigenen Verletzlichkeit schreiben konnte. Aber der Weg war weit. Selbst mit dieser tiefen Erkenntnis zogen weitere vier Jahre ins Land, bevor das Buch veröffentlicht werden konnte.

Nach Fertigstellung des Buches überlegte er sich einen Titel, begann mit *A Dreadful Mercy* (dt. Eine schreckliche Gnade). Doch das gefiel ihm nicht. Er versuchte es mit *A Dreadful Love* (dt. Eine schreckliche Liebe), dann änderte er den Titel ab zu *Canvas of Love* (dt. Leinwand der Liebe). Er weigerte sich, das Buch nach Rembrandts Gemälde oder Jesu Gleichnis zu nennen, weil das Wort „verloren" veraltet erschien. Sein Ziel war, eine breitere Leserschaft zu erreichen. Seine Verleger überzeugten ihn jedoch davon, dass seine Leser gut auf einen Buchtitel reagieren würden, der auf das Gemälde und das Gleichnis anspielte.

Sein Buch *The Return of the Prodigal Son* (dt. Die Rückkehr des verlorenen Sohnes) erschien 1992 mit dem Untertitel *A Meditation on Fathers, Brothers and Sons* (dt. Eine Meditation über Väter, Brüder und Söhne). Er widmete es seinem Vater, der in diesem Jahr neunzig wurde. Aber wie seine Bücher *Letters to Marc* (dt. Briefe an Marc), für seinen Neffen und andere jüngere Leser bestimmt, und *Du bist der geliebte Mensch*, geschrieben für einen säkularen jüdischen Freund und andere wie er, fand es keine große Leserschaft. *The Return of the Prodigal Son* verfing nicht bei den Männern der Männerbewegung der 1990er-Jahre. Stattdessen wurde es enorm populär unter den Geistlichen und den geistlich Suchenden aller Denominationen.

Für die zweite Auflage dieses Buches änderte Henri den Untertitel ab: *A Story of Homecoming* (dt. Eine Geschichte des Nachhausekommens).

* * *

NUN, DENKT HENRI JETZT, VIELLEICHT wird mein Trapezbuch eine ganz andere Leserschaft ansprechen als die, die ich im Sinn habe. Aber der eigentliche Punkt ist, dass von dem Zeitpunkt, als Rembrandts Gemälde in sein Leben platzte, bis zur Fertigstellung des Buches neun Jahre vergingen.

Entspann dich, ermahnt er sich. Du hast die Flying Rodleighs vor fünf Jahren das erste Mal gesehen. In dir ist alles in Bewegung.

Bewegung ist alles, erkennt er. Ganz anders als bei einem Gemälde, gibt es bei einer herumreisenden Trapeztruppe keinen Stillstand. Es war die Bewegung und die Dynamik des Aktes, die ihn fesselte, als er fünf Jahre zuvor die erste Probe der Rodleighs miterlebte.

Sie probierten etwas Neues aus, und es war absolut faszinierend, das zu erleben, denn es war ein sehr schwieriges Kunststück, das ihnen nicht auf Anhieb gelang. Es war ein Sprung von einem Podest, sie schwingen, schwingen zurück und dann kommt der Salto von Rod. Er wurde auf- gefangen von Joe, einem der Fänger. Und dann warf Joe ihn hoch, ganz nach oben, wo Jon Griggs hing und ihn dort in der Mitte auffing, genau in der Mitte des Zirkus, und dann musste er ihn zu Joe zurückwerfen, und dann steigt Rod mit Joe wieder auf das Podest.

IHR BEMÜHEN DARUM, DIE KUNSTFIGUR richtig hinzubekommen, rührte etwas tief in Henris Innerem an – es war nicht nur der Schwung des Flie- gers, sondern wie Flieger und Fänger sich miteinander drehten, ihr Schwung und ihre Energie, die sich gegenseitig ergänzten. Während seines Fluges vertraut der Flieger darauf, dass der Fänger ihn auffängt und seinem Schwung neue Kraft gibt, und ihn dann weiterwirft zu dem nächsten Fänger. Risiko und Vertrauen in die fortdauernde gemeinsame Bewegung.

KAPITEL 24

Henris Glieder zucken. Jetzt ist sein geschwächter Körper tatsächlich einem körperlichen Risiko ausgesetzt. Das Gefühl der Gefahr, das er damals im Jahr 1992 bei dem Workshop mit Bart zu packen versuchte, scheint nun, wo sein Körper bald in der Luft hängen wird, hoch droben auf der Hebebühne der Feuerwehr von Hilversum, seltsam theoretisch und körperlos.

Seine Brust schmerzt noch immer, aber nicht so stark. Henri macht sich keine Sorgen. Das wird eine Warnung sein. Er ist in guten Händen und doch noch gar nicht so alt, erst vierundsechzig. Irgendwie ist er sogar seltsam erleichtert, dass diese Pause ihm hier in seinem Heimatland auferlegt wird, sodass sein Vater, seine Brüder und seine Schwester kommen und bei ihm sein können.

Erregung macht sich in Henri breit, als sich sechs Feuerwehrleute in Uniform an seiner Trage aufstellen, sie anheben und gemeinsam durch den Flur tragen. Das ist unglaublich: Eine ausgebildete Truppe von Rettern bereitet mich auf meinen Flug vor, staunt Henri.

Als ich die Flying Rodleighs zum ersten Mal sah, hatte ich das Gefühl, dass sie meine tiefste Sehnsucht, vollkommen frei und vollkommen sicher zu sein, zum Ausdruck brachten.

Er fühlt sich sehr sicher.

Für mich ist es außerordentlich faszinierend, dass diese Kunst nur gelingen kann, wenn alle Mitglieder gegenseitig voll aufeinander konzentriert sind. Sie müssen immer wissen, wo jeder von ihnen ist. Dann entsteht Harmonie. Die Schönheit der menschlichen Gemeinschaft wird in diesem Akt sichtbar.

* * *

HENRIS FREUND FRANK HAMILTON LAS Henris Tagebuch von 1992, in dem er beschreibt, wie er mit seinem Wohnmobil die Flying Rodleighs begleitet hatte. Darüber war er sehr erschrocken. Er wusste, dass Henri nicht der aufmerksamste Fahrer war. Tatsächlich war sein Fahrstil berüchtigt. In seinem Tagebuch beschrieb er, wie sie um ein Uhr morgens durch kleine Städte und über dunkle Landstraßen gefahren waren.

Als Frank 1993 hörte, dass Henri erneut einen Besuch bei den Flying Rodleighs plante, sagte er: „Henri, du willst im nächsten Juni nach Deutschland fahren. Darf ich dich begleiten?"

Henri überlegte. Die Rodleighs waren allmählich wie eine Familie für ihn geworden. Wäre es gut, wenn ein Freund ihn begleiten würde?

„Warum?", fragte Henri.

„Weil ich dich vielleicht beim Fahren unterstützen könnte", bot Frank an. Frank war ein langjähriger Freund, Kaplan beim amerikanischen Militär.

Henri brauchte nicht lange für seine Entscheidung. „Weißt du, das würde mir sehr gefallen! Ich könnte entspannen, wenn du am Steuer sitzt, und es wäre schön, die Reise gemeinsam zu machen. Bei dir fühle ich mich sicher."

Henri entwarf eine neue Version seines Trapezprojekts: Ein mit Fotos illustrierter Roman. Den Fotografen Ron P. van den Bosch kannte Henri schon seit mehr als fünfundzwanzig Jahren aus ihrer Zusammenabriet bei mehreren Büchern. Trotzdem war Ron überrascht, als Henri bei dem Empfang nach der Beisetzung eines Familienmitglieds in Holland auf ihn zuging und ihm vorschlug, ein neues Projekt gemeinsam anzugehen. Unmittelbar nachdem er seine Priestergewänder abgelegt und noch bevor er eine Tasse Kaffee oder ein Sandwich bekommen hatte, fragte Henri ihn, ob er für Anfang Juni, ein paar Wochen später, bereits Pläne hätte. Ron erwiderte, er hätte Zeit, und Henri erklärte ihm sein Vorhaben. Ron sollte ihn nach Deutschland begleiten, um Fotos von Trapezartisten in einem Zirkus zu machen. Überrascht davon, wie schnell Henri die Traurigkeit der Beerdigung ablegen und sich etwas anderem zuwenden konnte, trank Ron seinen Kaffee und nahm sich Zeit für die Antwort. Unwillkürlich musste er an Filme über Mafiosi denken, die bei den vielen Beerdigungen Abmachungen trafen und Geschäfte abschlossen. Doch Henris strahlende Augen und seine Begeisterung waren unwiderstehlich.

> *Ich lernte das Trapezleben von innen heraus kennen. Ich konnte beobachten, wie Rodleigh, seine Frau und seine Freunde miteinander umgingen. Ich erfuhr, wie gefährlich das war, was sie taten. Ich erfuhr, wie kompliziert alles ist, was im Zusammenhang mit diesem einen Akt steht – der Seilaufbau, die Vorbereitung, die Kostüme, der Lärm, die Musik. In diesem einen kleinen Akt verbarg sich ein ganzes Leben, und was in diesen zehn Minuten geschieht, ist tatsächlich das Ergebnis eines Lebens der Arbeit, des Denkens, der Hingabe, der Begeisterung, und das faszinierte mich. Ich wollte es einfach von innen heraus begreifen.*

Die Flying Rodleighs stimmten einem erneuten Besuch begeistert zu. Sie waren auch nicht erstaunt, dass Henri eine Zeit wählte, wo sie länger an einem Ort gastierten, sodass er in einem Hotel am Ort absteigen konnte und nicht im Wohnmobil mit ihnen unterwegs sein musste.

Henri und Frank stießen im Juni 1993 zu der Truppe. Rodleigh und die anderen begrüßten Henri wie ein Familienmitglied, und sie freuten sich, dass Henri sich wie üblich vor Begeisterung kaum halten konnte. Rodleigh kam sich ein wenig benachteiligt vor, dass Frank so viel mehr über die Flying Rodleighs wusste als sie über ihn. Kurz darauf traf auch Ron ein und begrüßte die ganze Truppe, als wären sie alte Freunde. Henri hatte ganz offensichtlich viel von ihnen erzählt.

Henri stellte ihnen seinen Plan vor. Ron würde eine Reihe professioneller Fotos für Henris Buch machen. Ron begann die Fotoreihe mit dem Trapezaufbau. Er schien nicht bedacht zu haben, dass die Truppe vielleicht ihre Natürlichkeit verlor, wenn sie ständig von einer Kamera verfolgt würde. Auch Henris Freunde schienen ihren Einfluss auf andere charmanterweise überhaupt nicht zu bemerken.

Henri platzte beinahe vor Stolz. Rodleigh hatte den Eindruck, dass ihr Trapezakt noch eindrücklicher für ihn war, da er nun jemanden hatte, mit dem er darüber reden konnte. Zum traditionellen Treffen nach der Vorstellung mit Tee und Keksen brachte Henri Frank und Ron mit, und Henri und die Rodleighs berichteten, was sie in den vergangenen Monaten erlebt hatten. Henri war froh, dass Karlenes Bauchprobleme geheilt worden waren und sie wieder mitmachen konnte. Rodleigh zeigte Henri ein Video aus Rom, in dem sein dreifacher Salto zu sehen war. Den konnte er im Zirkus Barum nicht vorführen, weil das Zelt nicht groß genug war. Henri war begeistert von der Schönheit dieses Kunststücks und schaute es sich mehrmals hintereinander in Zeitlupe an.

Als Henri, Frank und Ron sich verabschiedeten, war es spät und still auf dem Zirkusgelände. Rodleigh konnte ihr aufgeregtes Gespräch auf dem Rückweg zum Hotel mit anhören.

„Und? Was sagt ihr?", fragte Henri seine Freunde, als sie über das stille Zirkusgelände liefen. „Ich weiß nicht, warum ich für dieses Buch einfach keinen Anfang finde. Wieso bin ich so fasziniert von den Flying Rodleighs, was meint ihr?"

Frank und Ron brachen in Gelächter aus. „Nun, vielleicht, nur vielleicht, weil das atemberaubend schöne Menschen sind, Henri!", gluckste Frank. Und Ron fügte hinzu: „Sind dir zufällig ihre ebenmäßigen Gesichtszüge und ihre wunderschönen Körper aufgefallen?"

Darüber dachte Henri kurz nach. „Ich denke, wie im Cirque du Soleil bieten sie ein sehr sinnliches Zirkuserlebnis. Aber die Darbietung der Flying Rodleighs gefällt mir viel besser."

„Sicher", erwiderte Frank. „Das ist nachvollziehbar. Du bewunderst ihre Körper und ihren akrobatischen Akt, aber mittlerweile bist du ihnen auch so nahe gekommen, dass du sie in ihrem Geist und vielleicht sogar in ihrer Seele anrühren kannst. Dadurch werden sie Menschen aus Fleisch und Blut, reale Menschen für dich, nicht nur eine Fantasie."

„Ihre Artistik ist wunderschön", überlegte Ron, „vor allem ihre Art der Interaktion."

„Ja! Und es ist sogar noch mehr!", schwärmte Henri. „Es ist die Art, wie sie mich in ihr Leben eingeladen haben. Wisst ihr, sie sind nicht religiös, aber ich denke, ein geistlicher Hunger ist durchaus bei ihnen vorhanden, nur wissen sie nicht, wie sie darüber reden sollen. Wenn ich sie fliegen sehe, empfinde ich in mir einen Hunger, den ich auch nicht in Worte fassen und beschreiben kann."

Jennies Essen am nächsten Tag begeisterte Frank und Ron. Henri dagegen war so damit beschäftigt, das Leben der Artisten erklären zu wollen, dass er kaum wahrnahm, was er aß. In den sich anschließenden Tagen besuchten sie alle Vorstellungen, plauderten mit jedem Mitglied der Truppe, und Ron verknipste viele Filme.

An einem Nachmittag drängte Henri Ron, ein Foto von ihm und Frank und der Truppe zu schießen. Ohne dass Henri es mitbekam, machte Rodleigh den anderen ein Zeichen. Sie schnappten sich Henri und stemmten ihn in die Luft.

„Seht ihn euch an, zufrieden wie ein römischer Kaiser, der von seinen Dienern Weintrauben in den Mund gesteckt bekommt", witzelte Rodleigh. „Wenn er eine Katze wäre, würde er schnurren!"

Die Fotos misslangen leider, und Henri bat am nächsten Tag, diese Pose noch einmal zu wiederholen, und er war genauso entspannt und begeistert wie am Tag zuvor bei der spontanen Aktion.

KAPITEL 25

Den Höhepunkt des Besuchs im Jahr 1993 erlebte Henri am 6. Juni, als er sich auf Rodleighs Einladung einließ, selbst mal am Trapez zu schwingen. Mit Beklommenheit bemerkte er, dass die Sprossen der Strickleiter zum Podest unterschiedliche Abstände in unterschiedlichen Höhen hatten, aber er zögerte nur kurz, dann machte er sich wagemutig an den Aufstieg. Ein Helfer hielt die Leiter fest, damit sie nicht so schwankte. Mit vor Konzentration weit aufgerissenen Augen kletterte Henri vorsichtig in seinen Lederschuhen und seiner Stoffhose nach oben. Karlene half ihm auf das Podest, und von dort schauten sie zu, wie Rodleigh einen doppelten Sprung von Jon zu Joe ausprobierte und dabei die Höhe austestete. Er muss hoch genug sein, damit Joe ihn fangen kann, erklärte Karlene.

Ich klammere mich an dem Podest fest mit mehr Angst, als notwendig ist. Dies ist ein sicherer Ort, aber wenn ich hinunterschaue ins Netz und die Sonntagmorgenbesucher auf ihren Plätzen sehe, wird mir Angst und Bange. Nach seiner Probe mit Jon kommt Rodleigh mit dem Sicherheitsgurt auf das Podest. Karlene legt mir den Sicherheitsgurt um, und Rodleigh hakt ihn in den Seilen ein. Er pudert meine Hände und bittet mich, den Holm zu packen. Das birgt ein gewisses Risiko, denn der Holm ist ein ganzes Stück von dem Podest entfernt. „Hab keine Angst", macht Rodleigh mir Mut. „Ich halte dich und stoße dich erst vom Podest, wenn der Holm fest in beiden Händen liegt."

„Halte beim Schwingen deine Beine gerade", rät er mir. „Nicht die Knie beugen. Wenn du genug hast und ins Netz fallen möchtest, warte, bis ich sage ‚hopp', und dann lass die Stange los und zieh die Beine an den Körper, dann fällst du in einer sitzenden Position ins Netz."

Ich packe den Holm mit einer Hand. Rodleigh steht hinter mir und schlingt seinen Arm um meine Taille. Dann lege ich die andere Hand an den Holm. „Du musst die Arme gerade halten", erklärt mir Rodleigh. Dann hebt er mich vom Podest.

Es ist großartig, durch das Zirkuszelt zu schwingen. Gar nicht beängstigend. Einfach vor- und zurückschwingen. Nach ein paar Schwüngen ruft Rodleigh: „Beim nächsten Schwung – lass los." Dann ruft er: „Hopp." Ich lasse den Holm los, ziehe die Knie an und falle ins Netz. Das Netz ist gar nicht so tief unten, wie ich gedacht hatte. Joe, der die mit meinem Sicherheitsgurt verbundenen Seile hält, bremst den Sturz noch ein wenig ab. Ich liege auf dem Rücken im Netz. Die Leute im „Publikum" klatschen lachend.

Rodleigh gefiel es, Henri übersprudelnd vor Freude auf dem Podest zu sehen. Und er fand Henris Verhalten interessant. Die meisten Anfänger zeigten Furcht, aber Henri schien keine Angst vor der Höhe zu haben. Er war ganz darauf konzentriert, die Hand auszustrecken und den Trapezholm zu greifen und zu schwingen. Rodleigh erklärte Henri ganz genau, was er zu tun hatte, und ermahnte ihn noch einmal, seine Anweisungen unbedingt zu befolgen, damit er bei dem Sturz ins Netz keinen Schaden nahm. Henri nickte ernst, doch das dümmliche Grinsen auf Henris Gesicht hätte ihm eine Warnung sein müssen, dass Henri nicht alles aufnahm, was Rodleigh ihm sagte. Der Sicherheitsgurt sollte sich als gute Entscheidung erweisen.

Henris Augen wurden noch größer, als er vom Podest sprang. Rodleigh fragte sich, ob Henris ungewolltes Keuchen wohl ein Ausdruck von Angst war oder ein schneller Appell an seinen Schutzengel, der, so stellte Rodleigh sich vor, vermutlich pausenlos damit beschäftigt war, Henri vor Unheil zu bewahren. Viel zu spät reagierte Henri auf Rodleighs Aufforderung, loszulassen und sich ins Netz fallen zu lassen, und anstatt in einer sitzenden Position aufzukommen, landete er mit den Füßen zuerst im Netz. Joe hielt das am Sicherheitsgurt befestigte Seil so fest er konnte und lockerte es nur langsam, damit Henri einigermaßen sanft im Netz landete, wenn auch von Anmut keine Spur zu sehen war. Henri hatte keine Ahnung, dass er seinen Sturz nicht perfekt ausgeführt hatte. Rodleigh sagte, Henri hätte so breit gegrinst, dass seine Lippen sich vermutlich hinter seinem Kopf berührt hätten, wenn seine Ohren nicht gewesen wären!

Vorsichtig stand Henri im Netz auf und versuchte zum Rand des Netzes zu kommen. Aber natürlich federte das Netz nach. Seine Füße bewegten sich schneller als sein Körper. Doch bevor er aus dem Netz geschleudert werden konnte, zog Joe an den an seinem Gurt befestigten Seilen, um ihn auszubremsen. Henri drehte sich um. Dabei verhedderten sich die Seile an seinem Sicherheitsgurt. Er musste sich erst mal wieder entwirren, und dann bewegte er sich an seinem Sicherheitsgurt rückwärts über das Netz Und wieder konnte er sich nicht bremsen, und das Publikum lachte über die ungewollte Darbietung. Als Joe ihm dann einen Streich spielte und die Seile locker ließ, die Henri im Gleichgewicht hielten, landete er unversehens auf dem Rücken, und seine dünnen Beine zappelten in der Luft. Das Publikum lachte noch lauter, und auch ihm blieb die Komik seiner Darbietung nicht verborgen. Die Atmosphäre im Zelt war fröhlich, es war eine Szene, die nicht so schnell in Vergessenheit gerät. Für Rodleigh eine wertvolle Erinnerung: Das Lachen und die Freundschaft, Henri mittendrin mit diesem unverwüstlichen Grinsen auf dem Gesicht, als er nach seinem großen Auftritt am Trapez im Netz lag.

Rodleigh lädt mich ein zu einem zweiten Versuch. Und wieder klettere ich hoch zu dem Podest, werde von Rodleigh heruntergestoßen und lande im Netz. Erst später wird mir klar, dass ich die Gelegenheit, den Schwung zu verstärken und einige stärkere Schwünge zu machen, nicht genutzt habe. Ich ermüdete schnell und erkannte, dass ich das wegen meiner Nervosität und meiner nicht trainierten Muskeln nicht noch ein drittes Mal probieren konnte.

Als Henri, Ron und Frank in ihr Hotel zurückkehrten, trugen sie ihre Gedanken zu Henris Buch zusammen. „Ich mag sie sehr, Henri", begann Frank. „Ich denke, sie sind begierig darauf, sich mit einem Menschen wie dir zusammenzusetzen, und nicht nur wegen dem, was du bisher erreicht hast."

Henri stimmte zu. „Das sind wunderbare, suchende, schöne Menschen. Aber auch mir tut das Zusammensein mit ihnen sehr gut. Ich fühle mich durch ihre Bekanntschaft geerdet, vielleicht sogar ein wenig so wie in Adams Nähe bei Daybreak. Und sie bestätigen mich auf ganz neue Weise. Ich kann ihnen etwas anderes geben."

Er nahm sein kleines schwarzes Notizbuch heraus und setzte sich in einen Sessel, um sich Notizen zu machen. „Was meint ihr? Was sollte ich in meinem Buch sagen?", fragte er

„Der Akt ist wie eine russische Ikone, die durch die Verzerrung der natürlichen Welt einen Betrachter in eine geistliche Welt einlädt", schlug Frank vor.

Sie begannen, mythische Begriffen für den Trapezakt zu suchen. Die Männer – Rodleigh, Jon und Joe – waren *attraktiv, anmutig, gut gebaut, fotogen und stark, und sie fingen blonde Mädchen und sich gegenseitig auf, wenn sie durch die Luft flogen.* Und auch: *Sie retten sich gegenseitig vor Gefahr, Absturz und Tod.*

Aber die Mitglieder der Truppe waren nicht nur mythische Geschöpfe, sondern einzigartige Individuen. Wenn Henri etwas kreativer schreiben wollte, müsste er durch spezielle Details jedem von ihnen Leben einhauchen. Henri machte sich weiter Notizen, jetzt unter der Überschrift: *Reale Menschen.* Er begann mit Jennie: *Macht ihren Wohnwagen zu einem warmen, blitzsauberen und behaglichen Heim. Nie untätig – sie entwirft und näht komplexe Muster für ihre paillettenbesetzten Kostüme.*

Rodleigh, fanden alle, stand für *Integrität und Ganzheitlichkeit.* Seine Schwester Karlene wurde als eine *Überlebende* identifiziert, die einige schlimme Erfahrungen hinter sich hatte und jetzt in ihrer Rolle als Mutter für Kail sorgte.

Frank machte eine Bemerkung zu *Gastfreundschaft, Freundlichkeit und Aufmerksamkeit,* die er bei der Truppe hatte erleben können. Sie fuhren fort mit dem *Aussehen: Rod, Jon und Joe – gut aussehend, gut gebaut – starke, schöne und eindringliche Gesichtszüge.*

Sie hatten ihren Spaß dabei. Frank begann, den Amerikaner Jon zu beschreiben mit Begriffen von einer Speisekarte: *Bürstenhaarschnitt mit einer gesunden Buttermilch-und-Maisbrot Einstellung zu sich. Ein bisschen was von einem Schinken – er lässt sich sehr gern fotografieren.* In Bezug auf Joe bemerkte Frank: *Ich möchte am liebsten sagen: „Joe, du bist toll."* Die drei Freunde nickten. Joe hatte etwas an sich, das sie anrührte. *Dunkle, lockige Haare, tiefe Grübchen, türkiser Ohrring, stottert. Kleine dicke Hände und Arme – muskulös und anmutig,* schrieb Henri.

„Aber wie kann ich das geistliche Element kommunizieren, das tief darin verkörpert ist?", fragte Henri. Gemeinsam überlegten sie. Bereits nach kurzer Zeit waren sie zu einem Konsens gekommen. Henri, Frank und Ron hatten einen Weg entdeckt, diese sehr intensive körperliche Darbietung in Worte zu fassen.

Ron bemerkte: „*Das ist wie der Geschlechtsakt von zwei Menschen! Denkt doch nur darüber nach: Zwei Körper im Tandem miteinander, Harmonie, Präzision. Sie interagieren in der Luft wie zwei Liebende, die miteinander Spaß haben.*"

„Ja", fügte Frank hinzu. „*Das ist Liebesspiel im Himmel!*"

„*Und anschließend sprechen alle Teilnehmenden über die Fehler*", gluckste Henri.

Vor Lachen fielen sie beinahe von ihren Stühlen. Henri schrieb alles schnell auf. Er konnte sich zwar nicht vorstellen, wie er in einem Buch diese geteilte Freude einfangen sollte, aber er wünschte, er könnte es.

KAPITEL 26

Rodleigh sah Henri erst bei einem kurzen Besuch im November 1993 wieder, dieses Mal in Begleitung von Ron und dessen Tochter Marieke. Sicher gehalten von einem Sicherheitsgurt, amüsierte Henri alle mit seinen einzigartigen Sprüngen auf dem Trampolin. Er schlang das herzhafte Mittagessen herunter, das Jennie ihm vorgesetzt hatte, und äußerte seine Sorge, Rodleigh könnte beim Einstudieren eines neuen Aktes zu große Risiken eingehen. Obwohl er wusste, dass es im Leben von herumreisenden Zirkusartisten ständig Veränderungen gab und Aufmerksamkeit und Flexibilität nötig waren, war er nicht sicher, wie sich das neue Truppenmitglied Slava in den Akt einfügen würde und welche Auswirkungen dies auf seine Studien und sein Buch haben würde. Nachdem er die Nacht in Jons Wohnwagen auf dem Sofa verbracht hatte, reiste er am nächsten Morgen wieder ab – ein kurzer Besuch mit einem liebevollen Abschied, sagte Rodleigh in der Rückschau.

Im folgenden Frühjahr schickte Henri Rodleigh ein Exemplar von *Our Greatest Gift*. Rodleigh hoffte, Henri würde nie erfahren, dass er nicht eines der anderen Bücher gelesen hatte, die er ihm geschenkt hatte. Es war nicht so, dass er keinen religiösen Hintergrund hätte, eigentlich ganz im Gegenteil. Er und Karlene waren als Siebenten-Tags-Adventisten aufgewachsen, in einer Kirche, in der das in ihren Augen dekadente, gegenkulturelle Zirkusleben missbilligt wurde.

Rodleighs Ruf, Zirkusartist zu werden, war jedoch so stark gewesen, dass er ihm folgte, auch wenn er seine Glaubensgemeinschaft dafür verlassen musste. Seither fühlte er eine tiefe Abneigung gegen wertende religiöse Überzeugungen, die ihn in Selbstzweifel und Schuldgefühle stürzen könnten.

Aber Henri war anders. Rodleigh war neugierig auf das, was Henri über die Flying Rodleighs geschrieben hatte. Er betrachtete das schmale gebundene Buch mit dem ansprechenden cremefarbenen Cover, las die freundliche Inschrift von Henri, dann blätterte er weiter zu den Seiten, auf die Henri ihn in seinem Begleitbrief hingewiesen hatte.

Eines Tages saß ich mit Rodleigh, dem Leiter der Truppe, in seinem Wohnwagen zusammen und unterhielt mich mit ihm über das Fliegen. „Als Flieger", sagte er, „muss ich vollkommenes Vertrauen in meinen Fänger haben. Die Zuschauer denken vielleicht, dass ich der große Star am Trapez bin, aber der eigentliche Star ist Joe, mein Fänger. Er muss innerhalb vom Bruchteil einer Sekunde für mich da sein und mich in der Luft auffangen, wenn ich im langen Sprung auf ihn zukomme."

„Wie funktioniert das?", fragte ich.

„Das Geheimnis", führte Rodleigh aus, „ist, dass der Flieger nichts und der Fänger alles tut. Wenn ich auf Joe zu fliege, muss ich einfach nur meine Arme und Hände ausstrecken und darauf warten, dass er mich fängt und sicher über die Schürze hinter der Fangstange zieht."

„Du tust gar nichts!", staunte ich.

„Nichts", wiederholte Rodleigh. „Das Schlimmste, was der Flieger tun kann, ist, zu versuchen, den Fänger zu fangen. Ich brauche Joe nicht zu fangen. Es ist Joes Aufgabe, mich zu fangen. Wenn ich Joes Handgelenke packen würde, könnte ich sie brechen, oder er könnte meine brechen, und das wäre das Ende für uns beide. Ein Flieger muss fliegen, und ein Fänger muss fangen, und der Flieger muss mit ausgestreckten Armen darauf vertrauen, dass sein Fänger für ihn da sein wird."

Die Überzeugung, mit der Rodleigh dies erklärte, erinnerte mich an die Worte Jesu: „Vater, in deine Hände befehle ich meinen Geist." Sterben ist, auf den Fänger zu vertrauen. Sich um die Sterbenden zu sorgen, ist zu sagen: „Hab keine Angst. Denke daran, dass du Gottes geliebtes Kind bist. Er wird da sein, wenn du deinen langen Sprung machst. Versuche nicht, ihn zu packen; er wird dich auffangen. Strecke einfach deine Arme und Hände aus und vertraue, vertraue, vertraue."

Noch nie hatte Rodleigh etwas Vergleichbares gelesen. Sein Blick wanderte durch das Fenster über das Zirkusgelände hinweg. Dieser Gedanke beschäftigte ihn. Fangen. Sterben. Nachdem er den Abschnitt mehrmals gelesen hatte, stellte er das Buch zu den anderen Büchern von Henri und ging los, um mit Jennie darüber zu sprechen.

„Was Henri in seinem Buch über uns geschrieben hat, ist nicht unbedingt religiös. Es geht um die Freiheit, darum, dass der Geist fliegen kann", sagte er zu ihr.

Jennie war fasziniert. „Wir gingen davon aus, dass du ihm ein neues Vokabular im Zusammenhang mit dem Zirkus und Trapezbegriffe beibringst, aber eigentlich ist es so, dass du Henri zu einer neuen Sichtweise seines Glaubens angestoßen hast?"

„Und sogar noch mehr. So, wie wir mit neuen Übungen bei unserem Trapez-akt experimentieren, experimentiert Henri mit diesen neuen Bildern in seinen Büchern und Predigten", überlegte Rodleigh. „Es macht Spaß, darüber nachzu-denken. Ich frage mich, ob das für ihn genauso aufregend und herausfordernd ist wie für uns, wenn wir unsere Arbeit tun."

KAPITEL 27

Es stimmte, was Rodleigh sagte: Henri experimentierte, suchte seine Stimme in einer gewagten neuen Art der Kommunikation der durch ihre Freundschaft angeregten Erkenntnisse.

Kurz nachdem Rodleigh Henris Buch erhalten hatte, war Henri in Minneapolis zu Gast. Mit strahlendem Gesicht betastete er die neue Medaille an einem breiten roten Band um seinen Hals. Die Medaille war eine Würdigung seiner Beiträge zur internationalen Bewegung geistlicher und pastoraler Fürsorge und Seelsorge. Während der langen stehenden Ovationen nach der Überreichung der Auszeichnung ließ er seinen Blick nachdenklich über die Teilnehmer des COMISS-Treffens (*Coalition On Ministry In Specialized Settings*) wandern und überlegte, was er in seiner Dankesrede sagen sollte.

Er sprach ohne Konzept und begann mit seiner Freundschaft zu Adam. Aber er wollte auch mehr über die Gemeinschaft sagen, darum erzählte er von seiner Begegnung mit den Flying Rodleighs.

„*Ich liebe die Trapezartisten sehr!*", rief er. „*Es gibt drei Flieger und zwei Fänger. Drei Flieger, die diese unglaublichen Dreifachsprünge machen, müssen Sie wissen.*" Da er unbedingt die Dynamik des Aktes verdeutlichen wollte, wedelte Henri heftig mit den Armen. Seine COMISS-Medaille geriet in Bewegung und hätte beinahe sein Mikrofon vom Ständer gestoßen. „*Sei besser ein wenig vorsichtig*", ermahnte er sich selbst, und seine Zuhörer lachten.

Ich frage mich, ob ihnen klar ist, dass der Fänger nicht auf den Flieger wartet?, dachte Henri. Bevor er die Flying Rodleighs kennenlernte, hatte er keine Ahnung von der komplexen Dynamik des Aktes gehabt, von den ständigen Entscheidungen und Anpassungen, die von jedem Artisten in Bruchteilen von Sekunden getroffen und umgesetzt werden müssen. Wie kann ich ihnen erklären, welche aufmerksame Zusammenarbeit erforderlich ist, wenn alle bereits in Bewegung sind? Er versuchte, die Dynamik zu verdeutlichen, indem er seinen rechten Arm schwenkte. „*Der Fänger hängt an einem Fangstuhl, der in Bewegung ist. In der*

Zwischenzeit springt der Flieger vom Podest ab und vollführt seine Schrauben und Saltos." Henri drehte seine linke Hand hoch über seinem Kopf und ließ sie herabfahren zu seiner rechten Hand, die von der rechten Seite angeflogen kam. Als seine rechte Hand mitten in der Bewegung sein linkes Handgelenk packte, blickte Henri triumphierend in die Menschenmenge, und das Publikum lachte und beklatschte Henris erfolgreiche Darbietung.

„*Und Rodleigh sagt:* ‚*Henri, weißt du, die größte Versuchung für mich als Flieger ist, zu versuchen, den Fänger zu fangen. Weil der Fänger da sein wird. Ich muss mich darauf verlassen. Nach meinem Sprung muss ich die Hände ausstrecken, und ob ich hier bin*" – Henri drehte sich um und streckte seine Arme aus – „*oder ob ich dort bin*" – Henri drehte sich leicht zur Seite – „*oder ob ich hier bin*" – er veränderte erneut die Richtung seines Körpers –, „*ich muss vertrauen, dass er da sein wird.*" Henri verdeutlichte das Auffangen am Trapez, indem er erneut mit der Hand seinen anderen Arm packte. „*Und er wird mich hochziehen in die Kuppel.*" Triumphierend beschrieb Henri mit seinem rechten Arm einen hohen Bogen.

„*Darauf muss ich vertrauen. Und wenn ich anfange*", Henri entschied sich, mit Gesten zu verdeutlichen, was er meinte, und nicht mit Worten, und streckte seine Arme vor sich aus, während er verwirrt herumstolperte und sich um die eigene Achse drehte, „*dann brechen wir uns die Handgelenke und sind in großen Schwierigkeiten.*"

Henris Publikum sprang erneut auf und applaudierte seiner Darbietung, mit der er Vertrauen und Zusammenarbeit in Bewegung deutlich machen wollte.

EIN PAAR MONATE ZUVOR HATTE Henri eine Einladung zur *National Catholic HIV/AIDS Ministry Conference* in Chicago erhalten. Er sollte dort einen Vortrag halten. 1994 war AIDS in den Vereinigten Staaten die häufigste Todesursache bei Menschen zwischen fünfundzwanzig und vierundvierzig.

Als die Einladung von den Organisatoren der Konferenz bei ihm eintraf, konnte sich Henri nicht entscheiden. Er sagte zu, doch dann änderte er seine Meinung und lehnte ab. Er wusste nicht so genau, ob er die richtige Person für einen Vortrag vor einer solchen Zuhörerschaft war, und er sorgte sich darum, was ihn das persönlich kosten würden. Aber seine Verbindung zu den Flying Rodleighs schenkte ihm neue Ideen und den Mut, sich auf etwas Neues und Riskantes einzulassen. Und so erklärte sich Henri bereit, an der Konferenz teilzunehmen und den Abschlussvortrag zu halten.

Als er am Ende der einwöchigen Konferenz am Mikrofon stand, war Henri sehr nervös. Die Woche hatte ihm gut getan. Er atmete tief durch, wischte seine verschwitzten Hände an seiner Cordhose ab und ließ seinen Blick über die Zuhörer wandern.

Ich bin sehr dankbar, dass ich die ganze Woche hier sein konnte. Zu Beginn möchte ich Ihnen erzählen, wie es dazu kam. Im Jahr 1981 lernte ich den Gründer der Arche-Gemeinschaft kennen. Das ist eine Gemeinschaft für und mit Menschen mit geistigen Behinderungen. Bei unserem Gespräch schaute er mich an und hatte den Eindruck, dass ich nicht besonders glücklich wirkte. Er spürte meine Beklommenheit, und dass ich auf der Suche war nach etwas Neuem. Aber ich wusste nicht, was das sein könnte, und er sagte: „Vielleicht haben unsere Leute ein Heim für dich. Vielleicht haben unsere Leute etwas für dich, das du wirklich brauchst." Es dauerte eine ganze Weile, bis ich darauf hörte, und im Jahr 1986 wendete ich mich endgültig von der akademischen Welt ab und schloss mich der Arche-Gemeinschaft an. Und seit ich dorthin kam, verläuft mein Leben ganz anders, radikal anders, beängstigend anders.

Im Jahr 1991 oder 1992 lernte ich Rodney DiMartini [den Leiter des National Catholic AIDS Network] kennen. Er schaute mich an und hatte den Eindruck, dass ich nicht besonders glücklich aussah.

Das Publikum lachte, und er sprach mutig weiter:

Und er spürte meine Ängstlichkeit in Bezug auf bestimmte Dinge, ganz sicher aber in Bezug auf einige der Dinge, für die er sich interessierte.

Henris Publikum applaudierte, und Henri grinste sie an.

Er sagte: „Henri, vielleicht haben unsere Leute etwas für dich, was du wirklich brauchst." Es ist ziemlich beschämend, wenn die Menschen, denen man begegnet, ständig zu wissen glauben, was du brauchst.

Es dauerte ein paar Jahre, bis ich schließlich bereit war, einzugestehen, ja, vielleicht. Aber zuerst sagte ich nein, und dann sagte ich ja, und dann sagte ich nein, und er sagte, du solltest lieber ja sagen, und so kommt es, dass ich jetzt hier stehe.

> *Der Besuch dieser Konferenz ist mit einem Sprung in etwas Unbe-kanntes zu vergleichen – ein wenig beängstigend unbekannt, weil ich nicht weiß, was das mit mir machen wird.*

Ermutigt von seinem Publikum, das ihm aufmerksam zuhörte, versuchte Henri zu erklären, welche Entwicklung in Gang gesetzt worden war:

> *Vielleicht ist mein ganzes Leben davon geprägt, dass Grenzen erweitert und eingerissen werden, und jede Grenze, die fällt, hat Ängste für mich zur Folge. Und so habe ich erkannt, okay, ich habe vielleicht in Gemein-schaft oder in der Kirche oder im Seminar oder in meiner Familie als einem sicheren Ort begonnen, und dann peng, peng, peng stürzen alle diese Begrenzungen in sich zusammen, alle diese kleinen Hecken und Zäune brechen zusammen. Und auf einmal ist der Ungläubige vielleicht gläubiger als der Gläubige, der Außenseiter hat dem Insider vielleicht etwas beizubringen. Auf einmal ist der Unterschied zwischen katholisch und protestantisch, christlich und buddhistisch, religiös und säkular nicht mehr so bedeutsam, wie ich gedacht hatte.*
>
> *Als ich zur Daybreak-Gemeinschaft kam, lernte ich, dass es keinen Unterschied mehr gab zwischen behinderten und nicht behinderten Men-schen. Ich lernte, dass ich die behinderten Menschen nur lieben konnte, weil ich selbst behindert war, dass ich Menschen, die Schmerzen litten, nur deshalb nahe sein konnte, weil sie mir irgendwie meinen eigenen Schmerz spiegelten.*
>
> *Der Unterschied zwischen Männern und Frauen, jung und alt, ver-heirateten und alleinstehenden, weißen und farbigen Menschen – all die Unterschiede, die so wichtig erschienen, wurden auf einmal von der welt-weiten Epidemie in den Hintergrund gedrängt, der Unterschied zwischen homosexuellen, asexuellen und bisexuellen Menschen, oder zwischen verheirateten Menschen und Transgender – noch nie habe ich so viele Begriffe gehört!*

Henris Publikum applaudierte begeistert.

Diese Differenzen scheinen eigentlich gar nicht so wichtig zu sein. Verheiratet, zölibatär, alleinstehend – egal, was Sie sind, aber wir sind zusammen, AIDS bringt uns zusammen. Ich sage Ihnen, als für mich persönlich die Grenzen fielen, und vermutlich ist das auch an manchen Stellen bei Ihnen so gewesen, fragt man manchmal ängstlich: „Und wo sage ich nun stopp, oder das hier, das ist es?" Es ist nicht mehr da, und auf einmal erkennen Sie, dass Ihr Herz sich weitet, und dass es für diese Erweiterung keine Grenzen gibt."

Henri sprach über das Paradoxon, das er erlebte, dass Liebe und Intimität in Gemeinschaft ganz unerwartet eine tiefe innere Einsamkeit offen legen kann. Aber Trauer und Freude sind keine gesonderten Empfindungen, sie sind immer in uns, und darum Henris mutige Aufforderung: Also *„fangt einfach an zu leben!"*

Er wartete die Reaktionen der vielen neuen Freunde ab, die er im Laufe dieser Woche gefunden hatte, und beschloss, ihnen von den Flying Rodleighs zu erzählen.

Am Ende dieser Überlegungen möchte ich eine kleine Geschichte erzählen. Vor ein paar Jahren besuchte mich mein achtundachtzigjähriger Vater in Deutschland. Er wollte etwas Schönes mit mir unternehmen, darum schlug ich vor: „Lass uns doch in den Zirkus gehen."

Dort sahen wir fünf südafrikanische Trapezartisten – sie sprangen von ihren Podesten und tanzten durch die Luft, und ich sagte zu meinem Vater: „Ich glaube, ich habe meine Berufung verfehlt! Das ist, was ich immer wollte. Das wollte ich schon immer machen – fliegen!"

Ich sagte: „In der Pause kannst du dir ja die Tiere anschauen, aber ich werde mit diesen Artisten sprechen." Und ich sagte: „Hey Leute, ihr seid absolut fantastisch" – und in diesem Augenblick war ich ein sechzehnjähriger Bewunderer, der diese starken und großen Männer in den Dreißigern anhimmelt.

„Nun, wenn Sie möchten", erwiderten sie, „dann kommen Sie doch morgen zur Probe." Und ich sagte: „Ja! Ich komme gern zu Ihrer Probe morgen!"

Henris Publikum jubelte, als er die Szene, die er gerade beschrieb, vorspielte. Beim Anblick der Menschen, die täglich mit Leid und Tod konfrontiert waren, verspürte Henri den tiefen Wunsch, sie zu inspirieren und zu ermutigen. Die geistliche Bedeutung des Fliegens und Fangens bezog sich nicht nur auf den Tod, erkannte er, sondern auch auf das Leben, auf die bemerkenswerte Gemeinschaft, die er in jener Konferenzwoche des *National Catholic HIV/AIDS Ministry* erlebt hatte und die er jetzt in den Menschen verkörpert vor sich sah. Der Fänger bot ein Bild für das Sterben, aber es ging auch um die Schönheit und Kunstfertigkeit des Fliegens und Fangens, Tag für Tag.

Es gab einen Augenblick, den er nicht mehr aus dem Kopf bekommen konnte, der Augenblick, wenn der Flieger alles loslassen musste und durch die Luft flog, im Vertrauen darauf, dass der Fänger genau im richtigen Augenblick da sein würde. In dieser Woche war Henri damit konfrontiert worden, wie die Teilnehmer der Konferenz in diesen Akt involviert waren, wie diszipliniert sie waren in ihrer Liebe, welche Risiken sie eingingen, wie sie loslassen, vertrauen und sich gegenseitig auffangen mussten. Das war das Wichtigste, das er von Rodleigh gelernt hatte.

Ich brauche nur meine Hände auszustrecken, sagte Rodleigh. Wenn ich meinen Teil getan habe – meine Hände ausgestreckt habe, dann vertraue ich darauf, dass er dort sein und mich wieder hochziehen wird.

Um ein solches Vertrauen haben zu können, müssen wir einander lieben. Sie und ich, wir fliegen viel, und ich wünschte, wir könnten sehr viel mehr fliegen, und sehr viel mehr springen, und sehr viel mehr Saltos machen, und ich hoffe, wir bekommen auch ein paar Dreifachsprünge hin. Es ist wundervoll zu sehen, dass Sie sehr viel Applaus bekommen werden, und es ist gut. Genießen Sie es! Aber am Ende geht es um Vertrauen – vertrauen Sie darauf, dass der Fänger da sein wird, wenn Sie von Ihrem Dreifachsprung herunterkommen.

Das Publikum schwieg einen Augenblick, nahm dieses Bild in sich auf, und applaudierte dann sehr lange.

KAPITEL 28

Henri hat mittlerweile jegliches Zeitgefühl verloren. Wie lange ist er schon unterwegs? Er merkt, dass diese Reise in eine neue Phase eingetreten ist, als seine Trage im Flur des Hotel Lapershoek stehen bleibt. Er spürt eine kühle Brise.

Durch das große, offene Fenster begrüßt Dennie den Feuerwehrmann, der in der Gondel steht und die Bedienung der Gondel und des Auslegers übernommen hat. Henri, der mit dem Kopf zum Fenster liegt, kann ihn nicht sehen, darum erklärt Dennie ihm, wie es jetzt weitergehen wird.

„Wir werden die Trage auf dem Fensterrahmen ablegen. Auf der Hebebühne ist jemand, der die Vorrichtung steuert, und er wird helfen, die Trage sicher in die Gondel zu schieben. Sie werden jetzt mit dem Kopf zuerst aus dem Fenster gehoben."

Mit dem Kopf zuerst. Henri fragt sich, ob er vielleicht alles mit dem Kopf zuerst gemacht hat. Sein Vater mochte intelligente Menschen und hat Henri Mut gemacht, eine akademische Laufbahn einzuschlagen. Doch in diesem Augenblick ist sein Denken von seinem Körper abgespalten – ob es ihm gefällt oder nicht, sein Körper wird durch ein Fenster nach draußen geschoben. Er ist gut eingepackt in ein Laken und eine Decke und an der Trage festgeschnallt. Dennies Stimme und seine Anwesenheit trösten ihn. Er ist nicht allein.

Vorsichtig schieben die Feuerwehrmänner seine Trage über das Fenstersims zu dem Korb des Hebekrans. Sein Kopf befindet sich plötzlich im Freien. Mit einem metallischen Kratzen gleitet die Trage auf die Schiene am Boden des Korbs. Dennie steht zu seinen Füßen, immer noch im Innern des Hotels. Henri öffnet die Augen und entdeckt den Feuerwehrmann, der die Hebebühne steuert. Er nickt Henri zu, dann hockt er sich hin, um mit Dennie zusammen die Trage in ihre endgültige Position zu schieben und zu befestigen. Henri spürt, wie sie einhakt.

„Sie sind jetzt gesichert", erklärt Dennie, während er aus dem Fenster und zu Henri in den Korb klettert. „Sie brauchen nichts zu tun." Die Trage scheint stabil zu sein, aber die ganze Situation beunruhigt ihn. Dennie scheint zu erraten, was in Henri vorgeht. „Ich bin hier bei Ihnen", versichert er ihm.

Der Tag ist wolkenverhangen, und ein frischer Wind kühlt Henris Gesicht. Er ist jetzt wirklich in der Luft. Kurzsichtig blinzelt Henri zu den grauen Wolken über ihm. Er versucht sich zu erinnern, was er in seinem Brief an Bart Gavigan über das Vertrauen geschrieben hat:

Was mich an dem Akt tief berührt, ist der lange Sprung. In diesem Akt fliegt der Flieger über die ganze Manege, mit ausgestreckten Armen und Händen, um von dem Fänger an der schwingenden Fangstange gefangen zu werden. Rodleigh sagte etwas, das mich tief getroffen hat: „Wenn ich weit genug geflogen bin, muss ich meine Hände ausstrecken und darauf vertrauen, dass der Fänger für mich da sein wird. Der größte Fehler, den ich machen kann, ist zu versuchen, den Fänger zu fangen." Über diese Worte habe ich nachgedacht. Sie drücken aus, wie herausfordernd es für den Menschen ist, seinem Nachbarn zu vertrauen, seinem Gott, der Liebe und darauf zu vertrauen, dass wir endlich in Sicherheit sind.

Er schließt die Augen und lässt seine Gedanken wieder wandern.

✳ ✳ ✳

IM SOMMER 1994 KAM HENRI die Idee, dass eine filmische Dokumentation über die Flying Rodleighs möglicherweise ein Publikum finden könnte. Ihre Darbietung hatte ihn begeistert, weil er sie ganz hautnah miterlebt hatte. Das wäre durch eine Beschreibung mit Worten nicht möglich gewesen. Vielleicht könnte er den Menschen durch eine filmische Dokumentation viel eher vermitteln, was ihn bewegte. *Die Flying Rodleighs sind eine Trapeztruppe, die mit dem Körper kommuniziert. Ihr Akt ist ohne Worte, aber in der wortlosen Kommunikation schaffen sie Gemeinschaft. Kinder, junge und alte Menschen aus verschiedenen Schichten und Nationalitäten können beim Anschauen ihres Fliegens und Fangens Gemeinschaft erleben.*

Über Monate hinweg diskutierten und wogen Henri und Bart die Möglichkeiten eines Films ab. Jan van den Bosch in Holland war bereit, den Film zu produzieren. Bart bot an, die Regie zu führen und auch ein Drehbuch in englischer Sprache zu schreiben und zu bearbeiten.

Natürlich sprach Henri auch mit Rodleigh und der Truppe über seine neue Idee. Die Flying Rodleighs fühlten sich geschmeichelt, waren aber auch ein wenig verblüfft darüber, dass für einen religiösen Sender ein Film über sie gedreht werden sollte.

Am 23. Dezember 1994 begannen die Dreharbeiten im Rotterdam Ahoy, einem Veranstaltungszentrum. In eisiger Kälte stellten Jan und Bart Rodleigh draußen die ersten Fragen. Die Kälte war so unangenehm, dass Rodleigh zu zittern begann und bereits nach wenigen Minuten nicht mehr in der Lage war, seine Worte deutlich zu artikulieren. Henri traf am Nachmittag ein. Er zog Rodleigh in eine feste Umarmung, und seine Freude war so groß, dass er keine Worte fand. Er stand einfach dabei und strahlte seine Freunde an.

Henris Freund Jan interviewte ihn vor laufender Kamera. „Wenn du eine Situation beschreibst, ob es nun um den Glauben geht oder um *The Prodigal Son (Nimm sein Bild in dein Herz)* oder *In the Name of Jesus (Seelsorge, die aus dem Herzen kommt)*, all deine Bestseller, dann tust du das auf sehr eindringliche Weise. Was wird mit dieser Geschichte passieren?"

„Das kann ich nicht sagen", räumte Henri ein. „*Wie du weißt, habe ich mich immer bemüht, über tiefe menschliche Erfahrungen zu schreiben.*"

Jan blieb beharrlich. „Ist dieses Thema zu schwierig?"

Vielleicht. Ich wollte über Lateinamerika schreiben. Ich wollte über das Leben bei den Trappistenmönchen schreiben. Ich wollte über sehr persönliche Dinge wie den Tod meiner Mutter schreiben. Die Rodleighs kenne ich jetzt seit vier Jahren, und ich weiß immer noch nicht genau, wie und was ich schreiben soll. Es ist, als würde diese Freundschaft etwas berühren, das so tief in mir verborgen liegt, dass ich noch nicht einmal in der Lage bin, Worte dafür zu finden. Es ist sogar anders als bei meinem Buch über Rembrandt. Ich meine, das ist ein vollkommen neues Gebiet für mich. Nicht nur das Trapez ist neu. Das, wofür die Rodleighs stehen, ist neu. Meine Erfahrung mit dem Trapez – das ist neu –, und ich weiß noch gar nicht, ob ich je in der Lage sein werde, Worte dafür zu finden oder ein Buch darüber zu schreiben.

Henri kam in Fahrt. Wie könnte er seine Begeisterung an die Zuschauer weitergeben?

Wissen Sie, als ich die Rodleighs näher kennenlernte, erkannte ich auch, dass sie keine ideale Familie sind. Keine Familie ist vollkommen. Bei ihnen gibt es Konflikte und Auseinandersetzungen. Sie erleben Schwierigkeiten, körperliche, geistige und geistliche. Sie sind auch nur Menschen wie wir. Aber sie sagten zu mir, wenn du aufs Trapez steigst, vergiss alles andere. Sei einfach da und sei ganz da.

Und hier sind wir nun, Menschen mit vielen Konflikten, Schwierigkeiten, Sorgen, Ängsten, Schuldgefühlen, Hoffnungen, all das, aber irgendwie gibt die Fähigkeit, vollkommen anwesend zu sein in der Gegenwart eine Art Einblick in die Ewigkeit, verschafft einen Blick auf das wahre Leben. Für eine Sekunde weißt du ganz sicher, was reale Schönheit ist, oder reale Harmonie oder reale Einheit – etwas, nach dem sich dein Herz am meisten sehnt.

✳ ✳ ✳

IN DEM KORB DER HEBEBÜHNE hoch oben in der Luft fragt sich Henri kurz, wie bedenklich seine gegenwärtige Situation tatsächlich ist. Und unwillkürlich erinnert er sich an das, was er in dem Interview für den Film über das Risiko gesagt hat: Wir alle wollen dreifache und doppelte Saltos und Schrauben und doppelte doppelte Schrauben machen und alle diese Dinge. Wir lieben es, Risiken einzugehen. Wir lieben es, frei in der Luft zu sein, im Leben. Aber Sie müssen wissen, es gibt einen Fänger. Wir müssen wissen, dass wir aufgefangen werden, wenn wir herunterkommen, dass wir sicher sind.

„Henri, vertrau dem Fänger!", ermahnt er sich jetzt.

✳ ✳ ✳

DIE DREHARBEITEN WURDEN FERTIG GESTELLT, und am Neujahrstag 1995 kam Henri mit fast seiner gesamten holländischen Familie, um sich die Vorstellung anzuschauen und sich von seinen Freunden zu verabschieden. Er war in guter Stimmung. Jeden der Flying Rodleighs umarmte er sehr herzlich, bevor er mit seiner Nichte Laura über die Kanäle schipperte. Die letzten Tage der Truppe in Holland ohne Henri verliefen ungewöhnlich ruhig, und nach jeder Vorstellung setzten sie sich zusammen und sprachen über die Dreharbeiten und seine Familie und fragten sich, wann sie ihn wohl wiedersehen würden. Henri hatte angekündigt, dass er im Verlauf des Jahres 1995 eine Auszeit nehmen und versuchen würde, sein Buch über sie fertigzustellen.

Anfang Juli 1995 bekamen die Rodleighs ein Video von Barts Film in englischer Sprache zugeschickt. Es trug den Titel *Angels Over the Net* (dt. Engel über dem Netz). Die Wirkung verblüffte sie. Sie hörten Henris Erklärung:

Jetzt lebe und arbeite ich mit Menschen mit geistigen Behinderungen. Einige von ihnen haben auch gravierende körperliche Behinderungen. Eines der Dinge, die mich in meinem Leben verblüfft haben, ist, dass die Menschen mit einer körperlichen und geistigen Behinderung sehr häufig durchaus in der Lage sind, Gemeinschaft zu schaffen.

Ich lebe in einer Gemeinschaft mit Menschen aus einundzwanzig verschiedenen Nationen. Einige sind verheiratet, einige alleinstehend, einige alt, andere jung, bei uns sind Japaner und Brasilianer – und normalerweise würden diese Menschen niemals eine Gemeinschaft bilden, aber in ihrer Mitte sind Menschen mit einem schwachen Körper, die häufig nicht einmal sprechen, die sich nicht in Ideen oder großen Diskussionen ausdrücken können. Trotzdem sind diese Menschen in der Lage, Gemeinschaft unter Menschen zu schaffen, die sonst niemals gut zusammenleben würden.

Für mich ist dies eine ganz neue Entdeckung. Wissen Sie, zuerst habe ich Wissen vermittelt. Ich liebte es, an der Universität zu unterrichten. Dann hatte ich das Gefühl, dass irgendetwas fehlte, etwas mit ein wenig mehr Herz. So entdeckte ich das Leben behinderter Menschen. Das war wirklich eine Entdeckung, und die behinderten Menschen wurden auch meine Lehrer, die Lehrer des Herzens. Auch wenn sie nicht sprechen können, wenn sie nicht erklären können, erzählen sie mir etwas. Sie sagen mir, dass Sein wichtiger ist als Tun. Sie sagen mir, dass das Herz wichtiger ist als der Geist. Sie sagen mir, dass Gemeinschaft wichtiger ist, als allein zu wirken. Alle diese großartigen und wertvollen Wahrheiten haben diese behinderten Menschen mir ganz ohne Worte beigebracht.

In den Rodleighs habe ich irgendwie dasselbe gesehen. Ich sah Menschen, die nicht reden, wenn sie auf dem Trapez sind, die etwas mit ihren Körpern tun und die Gemeinschaft schaffen in erster Linie unter sich als kleiner Gruppe und unter all den Menschen, die kommen, um sie zu sehen – junge Menschen, alte Menschen, Kinder, Menschen aus den unterschiedlichsten Ländern. Sie verstehen alle, sie schaffen Familie, wo immer sie hingehen. Sie bringen Menschen zusammen.

Beim Anschauen des Videos, das er auch anderen vorführte, begann Rodleigh ihre Darbietung und seine eigene Verantwortung in einem ganz neuen Licht zu sehen. Bisher hatte er ihre Arbeit nie als eine Form der Gemeinschaft oder Kommunikation mit dem Publikum gesehen, aber jetzt bewegte ihn die Reaktion der Leute, die das Video anschauten. Er wischte sich eine Träne von der Wange. Er war nicht allein; er wusste, dass viele andere genauso reagierten. Henri hatte ihm anvertraut, dass auch er Tränen vergoss, wann immer er sich den Film anschaute.

KAPITEL 29

Im Sommer 1995 bekam Henri die Einladung, noch einmal auf der Konferenz von *National Catholic HIV/AIDS Ministry* teilzunehmen und einen Vortrag zu halten. Seine eigene Beklommenheit überraschte ihn. Trotz seiner Bedenken, ob er überhaupt noch etwas zu bieten hätte, sagte er zu. Seine Freundinnen Sue Mosteller und Kathy Brunner begleiteten ihn.

Diese Konferenz würde noch größer sein, und im vergangenen Jahr waren Tausende Menschen an AIDS gestorben. Erst einen Monat zuvor hatte die amerikanische Lebensmittel- und Arzneimittelbehörde die erste antiretrovirale Therapie für HIV zugelassen, aber ein Heilmittel für AIDS war noch nicht in Sicht, und die Krankheit breitete sich mit unglaublicher Geschwindigkeit aus. Millionen Menschen weltweit waren bereits daran gestorben.

Den Auftakt der Konferenz bildete ein Ausdruckstanz. Die Zuhörer standen auf einer einzigen großen Fläche zusammen. Viele Menschen drängelten sich auf dieser Fläche, drängten sich zusammen, um die Tänzer zu sehen, die sich an den Händen hielten und wieder losließen, eine Hommage an alle diejenigen, die an AIDS gestorben waren. Henri und alle, die um ihn herumstanden, schämten sich ihrer Tränen nicht.

Der Tanz zog die Menschen in eine Gemeinschaft hinein wie die Artistik des Zirkus, überlegte Henri, während er seine Tränen trocknete. Wie die Flying Rodleighs waren hier Darsteller, die auch ohne Worte eine enorme Macht hatten, Menschen zusammenzubringen. Lebendige Kunst, in Bewegung und Zeit, die Gemeinschaft schaffte.

Als Henri etwa in der Mitte der Konferenz seinen Vortrag hielt, war er wieder sehr nervös und tief bewegt. Er betete, er möge die richtigen Worte finden. Dieses Mal gab Henri seinem Vortrag die Überschrift: „Sich mit dem Tod anfreunden".

Er erzählte von seinem Freund Peter, der an AIDS erkrankt war und im Sterben lag. Peters Partner wollte das nicht wahr haben und erklärte immer wieder: *„Er wird nicht sterben – wir werden dagegen ankämpfen!"*, während Peter sagte:

„Warum ich? Ich habe mein Leben lang Gott gedient – ich bin verwirrt und zornig und frustriert."

Henri erklärte, ihm sei Folgendes aufgefallen: Der Partner wollte als Kämpfer gegen die Krankheit ankämpfen, während Peters Stimme die Stimme eines Protestierenden sei, die Stimme des Widerstands. Nachdem er einige Zeit mit ihnen verbracht hätte, hätte sich Henri gefragt: *Welches ist hier der Weg? Gibt es einen Weg, dass mein Freund und sein Partner einen Schritt weitergehen und ihre Realität annehmen können? Können sie sich mit dem Tod, der in ihrem Zimmer steht, anfreunden und sagen: ‚Ja, du bist mein Feind, aber für mich gilt das Gebot, meinen Feind zu lieben, und ich möchte dich lieben. Ich möchte ohne Angst mit dir zusammen sein'?"*

„Warum fiel es ihnen so schwer, ihren Feind, den Tod, zu lieben?", fragte Henri.

Er berichtete seinem Publikum, wie ihm beim Nachdenken über diese Frage klargeworden wäre, dass seine Freunde Angst hätten, Peter könnte, sobald sie den Tod annähmen, früher sterben. Mit anderen Worten, wenn sie anfingen, über den Tod nachzudenken, wäre das, als würden sie aufgeben und keinen Widerstand mehr leisten.

Henri fragte sein Publikum: *„Ist es möglich, gleichzeitig zu lieben und Widerstand zu leisten? Wenn wir unsere Feinde lieben sollen, dann müssen wir in der Lage sein, zu lieben, und gleichzeitig Widerstand zu leisten."*

Die verkörperte Macht der Liebe kann Menschen die Kraft zum Widerstand geben, erklärte Henri. *„Man muss zu seiner geistlichen Wahrheit stehen, während alles um uns herum dagegen ankämpft. Es muss tief aus deinem Innern kommen, tief aus deiner Mitte, direkt aus deinem Herzen."*

Im Verlauf seines Vortrags beschrieb er seine eigene Erfahrung aus dem Jahr 1989, als er von dem Lastwagen angefahren worden und beinahe gestorben war. *„Als ich dem Tode nahe war"*, erinnerte sich Henri, *„erlebte ich eines: Ich wollte nicht allein sterben."* Aber, fügte Henri hinzu, kein Mensch *„kann uns am Ende die geistliche Macht für diesen Übergang geben. Meine tiefste Überzeugung ist, dass die Gemeinschaft der Heiligen uns die Kraft gibt für diesen Übergang. Diese unglaubliche geistliche Familie, die dich umgibt und deinen Auszug möglich macht"*, erklärte er seinen Zuhörern, *„diese Familie, die sich weit über die Grenzen von Geburt und Tod erstreckt."*

Du gehörst zu allen Menschen, die vor dir waren. Du musst sie als Heilige umarmen. Ja, diejenigen, die vor langer Zeit geboren wurden und gestor-

*ben sind, haben wie ich zu kämpfen gehabt, und sie waren bekümmert
wie ich. Sie hatten ihre sexuellen Kämpfe wie ich, und sie waren einsam
und niedergeschlagen und verwirrt.*

*Sie haben die Pest erlebt. Sie sind Teil meiner menschlichen Familie.
Ich sehe diese Wolke von Zeugen, zu der ich gehöre.*

* * *

DORT, HOCH OBEN IN DER Luft vor dem Hotel, kommt Henri zum ersten
Mal der Gedanke, dass er sterben könnte. Diesen Gedanken hat er vorher nie zugelassen. Er hat den Unfall mit dem Lastwagen überlebt und ist davon ausgegangen,
noch ein langes Leben vor sich zu haben. Sein Vater ist schon über neunzig. Dass
er vor ihm sterben könnte, über diese Möglichkeit hat Henri nie nachgedacht.

Aber manchmal, denkt Henri, muss man einfach loslassen, selbst in diesem
Augenblick, in dem du nicht sicher bist, wer dein Fänger ist. Vielleicht dauert es
ein ganzes Leben, bis man gelernt hat, wie man fliegt und wie man fällt. Er öffnet
seine Augen, sieht Baumwipfel und die Dächer von Hilversum, aber ohne seine
Brille kommt es ihm so vor, als seien Dennie und die ganze Situation außerhalb
seines Blickfelds. Er schließt die Augen wieder.

Die Schmerzen haben nachgelassen, aber die Gedanken, die durch seinen Kopf
wirbeln, scheinen dringlich und sehr persönlich zu sein. Wie könnte er gut sterben?, fragt sich Henri. In der Vergangenheit hat er viel darüber geschrieben und
gesprochen, aber die Frage ist jetzt mit schockierender Dringlichkeit in seinem
Körper hinterlegt.

*Du warst der Geliebte, bevor du geboren wurdest, und du wirst auch nach
deinem Tod der Geliebte sein. Das ist die Wahrheit deiner Identität. Das
bist du, ob du dich schlecht oder gut fühlst, oder was immer die Welt dich
denken oder erfahren lässt. Du gehörst zu Gott von Ewigkeit zu Ewigkeit.
Das Leben ist nur eine Unterbrechung der Ewigkeit, nur eine kleine Gelegenheit, ein paar Jahre lang zu sagen: „Ich liebe dich auch."*

Sterben wäre ein sehr verständlicher Grund, sein Trapezbuch unvollendet zu
lassen, eine dauerhafte Unterbrechung, denkt er. Vielleicht hat er von dem Trapez
bereits alles gelernt, was er braucht.

Als ich die Rodleighs kennenlernte und ihre Arbeit sah und einen Ein-blick bekam in die Welt des Trapez, geschah erneut etwas wirklich Neues. Es war ganz unvermittelt so, als würde ich die unglaubliche Botschaft entdecken, die der Körper übermitteln kann. Sie wissen schon, es war, als wäre die Universität der Geist, die Arche-Gemeinschaft das Herz, aber beim Trapez ging es um den Körper. Und der Körper erzählt eine geistliche Geschichte.

TEIL V

Fliegen

KAPITEL 30

Dennie lässt Henri nicht aus den Augen, versucht einzuschätzen, ob die Anspannung in seinem Körper vom Schmerz herrührt, ob es Angst oder etwas ganz anderes ist. Er braucht nur mit den körperlichen Reaktionen Henris zu arbeiten. Sein Körper erzählt ganz bestimmt eine Geschichte, denkt Dennie, aber er fragt sich, wie viel er von dem, was Henri erlebt, nicht mitbekommt. Ihm fällt auf, dass Henri sehr nach innen gerichtet zu sein scheint. Henri ist Priester, vermutlich erlebt er tiefe geistliche Reflektionen. Vielleicht betet er. Aber er muss in seinem Körper bleiben, bis sie das Krankenhaus erreichen. Beruhigend legt Dennie seine warme Hand auf Henris Schulter.

* * *

HENRI LEGTE DIE GEBUNDENE BROSCHÜRE vor sich auf den Schreibtisch. Nachdem er Claude Monets bunte *Sonnenblumen* auf dem Einband bewundert hatte, schlug er sie auf und las die erste Zeile: *Oakville, Ontario, Samstag, 2. September 1995. Dies ist der erste Tag meines Sabbatjahres. Ich bin aufgeregt und gespannt, hoffnungsvoll und ängstlich, müde und von dem Wunsch erfüllt, tausend Dinge zu tun.*

Ein Jahr der Freiheit, *vollkommen offen, etwas radikal Neues geschehen zu lassen,* freute sich Henri. *Ich fühle mich irgendwie seltsam! Sehr glücklich, und gleichzeitig quälen mich Ängste… Frei, Freundschaften zu vertiefen und neue Wege des Liebens zu erforschen. Frei, um vor allem mit dem Engel Gottes zu ringen und ihn um einen neuen Segen zu bitten.*

Am Freitag, den 8. September, schrieb er weiter: *In den vergangenen fast fünfundzwanzig Jahren habe ich viele Aufsätze, Reflexionen und Meditationen geschrie-*

ben. *Aber nur selten eine gute Geschichte. Warum nicht? Vielleicht trieb mich mein moralistisches Wesen dazu, mich mehr auf die erhebende Botschaft zu konzentrieren, die zu verkünden ich mich getrieben fühlte, als auf die häufig zwiespältigen Realitäten des täglichen Lebens, aus dem die erhebende Botschaft spontan entstehen muss. Vielleicht habe ich Angst gehabt, die feuchte Erde zu berühren, aus der neues Leben sprießt, und war zu verunsichert für eine Geschichte mit offenem Ende.*

DREI MONATE SPÄTER, ANFANG DEZEMBER begleitete Henri seine Freunde in Massachusetts, bei denen er zu Besuch war, ins Theater. Gespielt wurde im American Repertory Theater eine Inszenierung von *Der Sturm.*

Am Ende des Stückes war ich ganz in den Bann seiner magischen Kraft gezogen, schrieb Henri. Prospero, der Herzog von Mailand, *der auf Rache sann, geht am Ende auf seine Feinde zu.*

Nicht nur das, notierte Henri, sondern Prospero spricht in einem Epilog auch direkt zum Publikum. Das rührte Henri so sehr, dass er sich die Stelle im Text heraussuchte und sie in seiner eleganten Handschrift sorgfältig in sein Tagebuch übertrug.

Verzweiflung ist mein Lebensend',
Wenn nicht Gebet mir Hülfe bringt,
Welches so zum Himmel dringt,
Dass es Gewalt der Gnade tut
Und macht jedweden Fehltritt gut.

Henri hielt inne und überlegte, warum ihn diese Zeilen so ansprachen. Vielleicht, weil die Frage, wie man aus Feinden Freunde machen kann, ihn schon sein ganzes Leben lang beschäftigte. Schließlich war er zur Zeit des Zweiten Weltkriegs in Europa aufgewachsen. Während er über Prosperos Verwandlung nachdachte, erinnerte er sich an jene Jahre des politischen Konflikts und dachte darüber nach, dass er sich sein Leben lang bemüht hatte, sein stürmisches, von Leidenschaft getriebenes Innenleben als Freund zu sehen, nicht als Feind.

Nur wenige Monate zuvor hatte Henri den Teilnehmenden der AIDS-Konferenz noch erklärt, die Herausforderung für jeden Menschen sei, sich mit dem Tod anzufreunden. *Der Sturm* war Shakespeares letztes Theaterstück, so fiel ihm auf, und er schrieb weiter: *Danach zog er sich nach Stratford zurück und starb vier Jahre später am 23. April 1616. Schon deshalb kommt den letzten Worten von*

Prospero eine besondere Bedeutung zu: Shakespeare bittet sein Publikum, ihn durch seine Vergebung zu befreien.

Hier sind drei alte Männer, dachte Henri: Prospero, Shakespeare und er selbst, alle auf der Suche nach Vergebung und der Gelegenheit, durch massives Bemühen noch mehr Freiheit zu erringen.

Diese Gedanken beschäftigten ihn eine Weile. Schließlich beendete er seinen Tagebucheintrag mit den Worten: *Für mich. Ich will die berühmten Worte in Erinnerung behalten:*

> *Was gibt's für herrliche Geschöpfe hier!*
> *Wie schön der Mensch ist! Wackre neue Welt,*
> *die solche Bürger trägt.*

Weniger als zwei Wochen später lachte Henri in sich hinein und erinnerte sich an seinen Flug in noch eine andere schöne neue Welt.

KAPITEL 31

E in Schneesturm ballte sich auf dem Bostoner internationalen Flughafen zusammen, während Joan Krocs Gulfstream, die *Impromptu IV*, auf die Starterlaubnis wartete. Henri war bereits an Bord und schaute sich aufgeregt im elegant ausgestatteten Privatjet seiner Freundin Joan um, besichtigte das Cockpit und machte sich mit der Mannschaft bekannt. Sue Mostellers Flug aus Toronto hatte Verspätung, aber sie traf so zeitig ein, dass noch eine schnelle Enteisung am Jet vorgenommen werden konnte. Anschließend hob das Flugzeug ab, um Fred und Joanne Rogers in Pittsburgh abzuholen, danach noch einen Freund von Joan in Minneapolis.

Am folgenden Morgen hielten Henri und Sue vor einhundert Menschen in einem Hospiz mit vierundzwanzig Betten in San Diego einen Vortrag über „die Spiritualität der Pflege".

Ein großes Porträt von Joan in der Eingangshalle feiert sie als die Begründerin und Sponsorin dieser bemerkenswerten Einrichtung. Das Personal ist sehr sanft und freundlich, und die Atmosphäre ist heimelig und recht intim. Sue und ich sprachen darüber, dass wir uns und andere darauf vorbereiten, „gut zu sterben". Wir sangen einige Taizé-Lieder und hatten einen sehr lebhaften Austausch mit den Zuhörern. Diese Veranstaltung hat uns allen sehr gut getan.

Henri und Joan hatten sich im Jahr zuvor kennengelernt und waren sofort Freunde geworden. Sie hatten viele Gemeinsamkeiten. Joan war eine talentierte Musikerin und hatte als Pianistin gearbeitet. Intuitiv verstand sie, wie Henri die Kunstfertigkeit des Trapezaktes erlebte.

Joans soziale Situation berührte Henri. Sie war die Erbin des Vermögens ihres verstorbenen Mannes Ray Kroc, dem Gründer der McDonald's Corporation. In der Zeit, die er an den Universitäten Yale und Harvard gelehrt hatte und dann schließlich bei Daybreak hatte Henri einen Blick entwickelt für die geistlichen Kämpfe von sehr wohlhabenden Menschen. Im Jahr 1992 schrieb er: *Meine Erfahrung ist, dass reiche Menschen gleichzeitig auch arm sind, aber in anderer Hinsicht. Viele wohlhabende Menschen sind sehr einsam. Viele erleben das Gefühl, ausgenutzt zu werden. Andere leiden an dem Gefühl der Zurückweisung oder an Depressionen.*

Henri gefiel es, dass Joan in ihrer Kreativität immer bemüht war, Wege zu finden, bestimmten Menschengruppen das Leben leichter zu machen: Menschen, die keine angemessene Behausung hatten, Menschen, die im Sterben lagen. Ihm gefiel, dass sie die Kinder als die Zukunft sah. Jedes Kind, egal in welchem Umfeld es lebte, sollte die Möglichkeit bekommen, sein Potenzial auszuschöpfen.

Von ganzem Herzen unterstützte Henri Joans Einsatz für eine friedlichere Welt. Ihre Überzeugung war, dass der Weltfriede erreicht werden könnte durch Bildung und die Förderung von Frauen weltweit, um sie in die Lage zu versetzen, auf allen gesellschaftlichen Ebenen Führungspositionen einzunehmen.

Kurz vor 18 Uhr schaute Henri in den Spiegel, strich seine widerspenstigen grauen Haare glatt und verließ sein Zimmer, um sich den etwa neunzig Gästen anzuschließen, die aus dem ganzen Land zu dem Fest gekommen waren.

Ein großes Zelt mit Tausenden Lichtern war aufgestellt worden. Um den Pool herum standen runde, mit prächtigen Arrangements aus weißen Blumen dekorierte Tische. Ein Baum aus Lichtern trieb im Pool. Er bewunderte die großen Sterne, die in den Bäumen hingen. Rote und weiße Lichter schmückten die Einfahrt und Hecken. Besonders beeindruckend waren die von sorgfältig platzierten Flutlichtern angestrahlten Skulpturen im Garten.

Die Umgebung war spektakulär, das Essen köstlich, die Gespräche freundlich, die Musik angenehm und alles sehr, sehr elegant. Joan trug ein langes goldenes Kleid. Sie erzählte mir, das Kleid hätte sie schon vor langer Zeit gekauft, bisher aber nie die Gelegenheit gehabt, es zu tragen. „Diese Party habe ich nur geplant, um mein Kleid vorführen zu können", scherzte sie.

Am folgenden Tag besichtigten Joans Hausgäste nach *einem sehr angeregten Gespräch über die Bedeutung von Advent* ein Obdachlosenheim, das sie finanziell unterstützte. Henri war beeindruckt von der Größe des Projekts, das ihm viel Stoff zum Nachdenken gab. *Wo und wie verschenken die obdachlosen Menschen ihre Geschenke? Wo gibt es eine Gegenseitigkeit zwischen dem Geber und Empfänger?*

Nachdem wir zu Joans Anwesen zurückgekehrt waren, feierten wir im Garten vor der mexikanischen Weihnachtskrippe, deren Figuren noch größer waren als lebensgroß, Eucharistie miteinander. Wir saßen an einem der kleinen Tische, lasen die Lesungen, teilten unsere Gedanken, beteten und empfingen die heiligen Geschenke des Leibes und Blutes Christi.

Am Ende der Feier gingen wir hinüber zu der neuen Statue, die Joan erst kürzlich erworben hatte. Joan bat mich, sie zu segnen. Es ist eine große Bronzeskulptur des italienischen Künstlers Giacomo Manzù von einem sitzenden Kardinal.

Henri und Joan liebten die Kunst. Ihre neue Skulptur mit dem glatt rasierten, alterslosen Gesicht zog ihn in ihren Bann. Der Gesichtsausdruck war ernst, das linke Ohr unter der hohen Kardinalsmitra versteckt, das rechte Ohr dagegen stand heraus. Nur ein kleines Detail, ein Augenblick des Zuhörens, ein Hinweis auf die Menschlichkeit des Kardinals.

Am nächsten Morgen packte Henri in aller Eile seine Sachen zusammen. Gemeinsam fuhren sie zum Flughafen und gingen an Bord von Joans Flugzeug. Henris Freund Robert Jonas holte ihn am Bostoner Flughafen ab.

„Wie war es?", fragte er. „Ich weiß gar nicht, wie ich das beschreiben soll", erwiderte ich. „Es ist, als würde man die Atmosphäre verlassen und in einen Raum eintreten, in dem die Gesetze der Schwerkraft außer Kraft gesetzt sind."

Vielleicht, überlegte er, war Joans Welt irgendwie dem fliegenden Trapez ähnlich, bei dem die Begrenzungen der Schwerkraft auch manchmal ausgeschaltet zu sein schienen. Sie und ihre Freunde reisten in eine Welt des Wohlstands und der Macht, doch ihre Situation erforderte eine eigene Art der Kunstfertigkeit.

Henri setzte sich an seinen Schreibtisch, um einen Dankesbrief an Joan zu schreiben. Aber er wollte ihr nicht nur danke sagen. Im Gedanken an Joans Großzügigkeit und soziale Vision schrieb Henri: *Bedingungslose Liebe ist Liebe ohne Bedingungen, ohne Voraussetzungen, ohne Konsequenzen, ohne Anforderungen. Sie wird geschenkt, ohne etwas im Gegenzug zu erwarten.*

Er hielt inne und überlegte. Liebe, verschenkt um der Liebe willen. Vielleicht gab es auch hier eine Parallele zum Trapez, eine Darbietung um ihrer selbst willen.

Ihm fiel etwas ein, das er nach seiner Begegnung mit den Flying Rodleighs in sein Diktiergerät gesprochen hatte. *Aber wenn du diese Trapezartisten siehst, dann wird das zu einem Symbol. Was tun diese Leute? Sie fliegen durch die Luft und wollen einen hochqualifizierten, sicheren und unterhaltsamen Akt präsentieren. Sie wollen ihre Sache gut machen, und obwohl sie sich sehr freuen, wenn das Publikum sie bewundert, ist da auch eine Art „l'art pour l'art"* (dt. Kunst um der Kunst willen, Anmerkung der Übersetzerin).

Henri schrieb weiter:

Zu dieser bedingungslosen Liebe ruft Jesus uns auf: „Ihr aber sollt eure Feinde lieben und den Menschen Gutes tun. Ihr sollt ihnen helfen, ohne einen Dank oder eine Gegenleistung zu erwarten. Dann werdet ihr reich belohnt werden: Ihr werdet Kinder des höchsten Gottes sein. Denn auch er ist gütig zu Undankbaren und Bösen" (Lukas 6,32–35, Hoffnung für alle). Ist das menschlich möglich? Es hört sich völlig unrealistisch an. Wenn wir geben, ohne selbst zu empfangen, beschwören wir dann nicht ein Ausbrennen herauf?

Die Antwort ist einfach: Nein, es ist nicht unmöglich, bedingungslos zu lieben, denn wir sind bedingungslos geliebt! Gott liebte uns schon vor unserer Geburt, und er wird uns auch nach unserem Tode lieben.

Erneut hielt Henri im Schreiben inne. Er dachte daran, wie Prospero in dem jahrhundertealten Theaterstück auf einmal umschwenkte und nicht mehr Rache an seinen Feinden plante, sondern voller Erbarmen auf sie zuging. Und dann spricht Prospero das Publikum direkt an, schwenkt seinen magischen Umhang und gibt seine Verletzlichkeit preis. Henri dachte an seine musikalische Freundin Joan in ihrem atemberaubenden goldenen Kleid und musste bei dem Vergleich lächeln. Wie könnte er einer sehr bekannten und wunderbaren Person wie Joan helfen, so sehr zu vertrauen, dass sie bedingungslose Liebe geben und empfangen könnte?

Die Flying Rodleighs hatten für ihn den Bogen gespannt zwischen Risiko und Vertrauen, der die Form für das Leben eines jeden Menschen ist, überlegte Henri. Am Ende gehört jeder Mensch zu Gott und wird zu Gott zurückkehren. Aber Fliegen kann nur gemeinsam gelingen, als eine Gemeinschaft von Menschen. Er kaute an seinem Stift und schaute durch das Fenster hoch zum wolkenverhangenen Winterhimmel. Menschen sind manchmal undankbar oder sogar böse, wie er gerade an Joan geschrieben hatte. Manchmal sind Menschen leichtsinnig oder unfähig oder ängstlich. Jeder macht Fehler. Er dachte an die Analyse nach jeder Vorstellung, auf die Rodleigh so großen Wert legte. Jedes Mitglied der Gruppe sollte ehrlich jeden Auftritt bewerten, sie sollten sich gegenseitig kritisieren, benennen, was falsch gelaufen war, und loben, was gut funktioniert hatte. Dann legten sie sich ihre glitzernden Umhänge um und blickten voller Zuversicht und Vertrauen auf den nächsten Auftritt, ohne Angst oder Verärgerung. *Ich war fasziniert von ihrer Hingabe, ihrer Disziplin, ihrer Zusammenarbeit und der Freundlichkeit, mit der sie sich begegnen, von der Art, wie sie sich geben*, schrieb er damals.

Er schrieb weiter und versuchte, Joan dieses Verständnis der bedingungslosen Liebe zu übermitteln:

Es ist keine sentimentale Liebe, die alles billigt und immer zustimmt. Es kann auch eine Liebe sein, die konfrontiert. Aber sie ist nicht an Bedingungen geknüpft! Bedingungslos zu lieben, bedeutet nicht, dass wir alles billigen, was der Mensch, den wir lieben, tut.

Es ist nicht immer leicht, zu glauben, dass wir bedingungslos geliebt werden, wenn diejenigen, die wir lieben, eine gegenteilige Meinung als wir vertreten oder uns ablehnend gegenüberstehen. Aber das ist die Liebe, mit der uns Gott liebt und mit der wir einander lieben sollen.

KAPITEL 32

Während der ersten paar Monate seines Sabbatjahres besuchte Henri zwei unterschiedliche Zirkusse. Der erste war die „Greatest Show on Earth" in den Vereinigten Staaten.

Ich wurde so bombardiert mit den Attraktionen, die mir geboten wurden, dass ich es kaum aushalten konnte. Glitzer, Glanz und Aufregung! Aber was sollte ich mit all dem anfangen?

An diesem Nachmittag war ich beeindruckt, überwältigt, von Ehrfurcht ergriffen etc., aber niemals wirklich angerührt. Es gab einen Augenblick, wo es mich „packte". Das war, als Vasili Zinoviev auf dem Kopf seines Partners Pavel Karime, der auf einer Plattform etwa zehn Meter über dem Manegenboden auf zwei Stelzen die Balance zu halten versuchte, einen Handstand auf einem Arm machte.

Ich konnte sie gut sehen, da wir ganz vorn an der Manege gesessen hatten. Vasilis strahlendes Lächeln und sein wunderschöner muskulöser Körper strahlten so viel Vitalität, fröhliche Energie und Freude aus, dass ich, für einen flüchtigen Augenblick eine persönliche Verbindung zu ihm empfand und ihn und seinen Partner gern kennengelernt hätte. Aber sie verschwanden sofort wieder in der großen Anonymität der Show.

Das war ein wichtiger Augenblick für mich, so kurz er auch war. Ich erkannte in mir dieselben Emotionen, die mich „gepackt" hatten, als ich die Flying Rodleighs zum ersten Mal sah. Es war dasselbe Gefühl, das mich veranlasst hatte, ein Risiko einzugehen und ihre Bekanntschaft zu suchen, die dann zu einer langen und erfüllenden Freundschaft führte. Vasili und Pavel waren wie ein Lichtstrahl in der Dunkelheit, ein Wiedererkennen, eine Erinnerung und eine innere Verbindung voller Melancholie.

Ende Dezember waren Henri und sein Vater wieder in Freiburg zu Besuch. Fünf Jahre zuvor hatten sie gemeinsam den Zirkus Barum besucht, und Henris Vater fragte: „Es ist wieder ein Zirkus in der Stadt. Möchtest du hingehen?" Es war das Weihnachtszirkusfestival mit Gastartisten aus Moskau und Paris.

So spektakulär es auch war, in mir geschah nichts, das mit dem vergleichbar gewesen wäre, was ich vor fünf Jahren erlebt hatte. Damals hatten mich die Rodleighs „in ihren Bann gezogen", und ich fühlte mich wirklich getrieben, sie zu sehen, immer und immer wieder, und tief in ihre Welt einzutauchen. Jetzt sah ich eine gute Show und ging nach Hause ohne viele Nachgedanken oder Nachgefühle. Damals erlebte ich etwas, das in mir einen neuen inneren Ort öffnete. Jetzt genoss ich einfach nur einige ungewöhnliche Anblicke. Damals erlebte ich eine persönliche Verwandlung. Jetzt erlebte ich einige unterhaltsame Stunden.

EIN PAAR TAGE SPÄTER ERHIELT Henri einen unerwarteten Anruf von Rodleigh, über den er sich sehr freute.

„Wo seid ihr gerade?", fragte ich.

„Wir sind in Zwolle", erwiderte er, „und wir versuchen dich zu erreichen, seit wir nach Holland gekommen sind. Kannst du uns besuchen kommen?"

Ich freute mich sehr, von meinen Freunden zu hören. Zum letzten Mal gesehen hatte ich sie vor einem Jahr, als wir die Dokumentation für das holländische Fernsehen gedreht hatten.

Am Sonntag, dem 7. Januar, saß ich mit Rodleigh und seiner Frau Jennie in ihrem Wohnwagen. Es dauerte nicht lange, bis auch Jon, Kail, Karlene und Slava dazukamen. Es tat so gut, sie alle wiederzusehen. Mir wurde klar, wie sehr es mir fehlte, mit ihnen zusammen zu sein.

Rodleigh hatte mir von ihren Schwierigkeiten der letzten Zeit erzählt, schwer wiegende Probleme mit ihren Wohnwagen, ernste gesundheitliche Probleme und vor allem dem Tod von Raedawn, Rodleighs und Karlenes Schwester in Italien. Beim Zuhören wunderte ich mich, dass die Flying Rodleighs nicht alle Auftritte abgesagt hatten und auch weiterhin an ihren Kunststücken arbeiten konnten.

Jennie war aus der Truppe ausgeschieden. Kerri, ein sechzehnjähriges Mädchen aus Südafrika, hatte ihren Platz eingenommen.

Der Auftritt der Rodleighs war nicht besonders gut. Wegen der niedrigen Decke der Halle konnten einige Sequenzen nicht gezeigt werden, und die beiden spektakulärsten Tricks misslangen. Sowohl Slava als auch Rodleigh verfehlten ihre Fänger und landeten im Netz.

Zwischen dem Auftritt der Flying Rodleighs und dem „Finale" tranken wir Tee mit Karlene und Jon. Seit meinem letzten Besuch hatten sie sich ineinander verliebt und waren ein Paar geworden. Karlenes Tochter war überglücklich, dass sie jetzt eine richtige Familie waren. Es war ein sehr gutes und lebhaftes Gespräch.

Das Wiedersehen war eine Freude. Nach einem Jahr der Trennung hatte sich Henri für den kurzen Besuch so eingerichtet, als würde er ein ganzes Jahr lang bei ihnen wohnen. In Rodleighs Notizen kommt seine Sorge um Henris Gesundheit zum Ausdruck. Auf ihn wirkte er sehr erschöpft, und Henri selbst räumte ein, dass dieses einjährige Sabbatjahr anstrengender sei als seine übliche Arbeit.

Auf der Rückfahrt vom Bahnhof, wo Rodleigh ihren Besucher abgesetzt hatte, dachte er über ihre fünfjährige Freundschaft nach. Das Jahr seit ihrer letzten Begegnung war für sie sehr schwierig gewesen. Nach dem Tod von Rodleighs und Karlenes Schwester in jenem Jahr hätte Rodleigh Henri ganz besonders gebraucht, und er wünschte sich, Henri würde mehr in der Nähe leben und hätte ihm in seiner Trauer beistehen können.

Es ist seltsam, dachte Rodleigh, er wunderte sich immer noch darüber, dass Henri über sie schreiben wollte. Das Video war ein guter Schritt, aber ihre persönliche Beziehung konnte das Video nicht einfangen. Rodleigh versuchte, jedes Element einzeln zu benennen, genau wie er jede Bewegung eines komplizierten Kunststücks akribisch genau nachvollzog.

Auf dem Zirkusgelände wieder angekommen, sprang Rodleigh aus dem Auto. Er fragte sich, ob Henri sich in seiner Truppe so wohl fühlte, weil sie ihn akzeptierten, wie er war, und nicht versuchten, ihn zu ändern. Nicht dass der Versuch, ihn zu ändern, etwas gebracht hätte, lachte Rodleigh in sich hinein, und dachte an Henris schlammige Schuhe. Aber in der grellen und marginalisierten Welt des Zirkus fühlte er sich irgendwie zuhause, genau wie Rodleigh. Jeden Tag hatte es die Truppe mit Krisen und Versagen zu tun, um dann doch wieder aufzutreten. Vielleicht war Henris geistliches Leben mit den täglichen Herausforderungen zu vergleichen, mit denen wir es in unserem Zirkusleben zu tun haben, dachte Rodleigh.

Jennie hatte bereits Tee gekocht.

„Manchmal habe ich den Eindruck, dass Henri unbedingt akzeptiert werden möchte, vor allem von Gott. Ich bin sicher, er ist nicht nur wegen seines Kindheitstraums, als Flieger aufzutreten, von unserem Akt so fasziniert", bemerkte Rodleigh. „Vielleicht waren wir der Anlass, den er brauchte, um bestimmte Gefühle für sich zu klären. Ich denke, wir sind für ihn ein sichtbares Abbild seiner geistlichen Gefühle, von etwas, das er tief in seinem Inneren fühlt."

Jennie schenkte zwei Tassen Tee ein und reichte Rodleigh eine. „Was denkst du, was er sieht?"

Rodleigh trank einen Schluck Tee. „Wir wollen immer einen perfekten Auftritt hinlegen, doch das gelingt uns nicht immer. Vielleicht haben wir Henri gezeigt, wie die Angst vor dem Versagen überwunden werden kann? Beinahe ist es so, als könnte er sich vorstellen, mit uns die Strickleiter hochzuklettern, um es noch einmal zu versuchen, auch vor Publikum. Ich glaube, er hat gelernt, sich mit uns zu identifizieren, indem er Risiken eingeht und seine Grenzen austestet."

„Es ist auch so, dass wir alle alles um uns herum vergessen und uns für eine kurze Zeit nur auf eines konzentrieren müssen. So hat er versucht, seine Vorstellung von Gebet zu beschreiben", erinnerte sich Jennie.

Rodleigh grinste. „Wir können also sagen, dass wir Henri Mut geschenkt haben, als er gefährlich durch die Luft tanzte!"

Sie tranken ihren Tee aus, zogen ihre Trainingssachen an und eilten über das Zirkusgelände, um sich auf die zweite Vorstellung vorzubereiten. Aber die Frage, warum Henri einfach keinen Anfang für sein Buch fand, ließ sie nicht los.

In Utrecht vervollständigte Henri später am Abend seinen Tagebucheintrag:

Beim Nachdenken über diesen kurzen Besuch erkenne ich, wie gut er mir getan hat. Ich freue mich sehr auf unser nächstes Zusammensein im Juni oder Juli – und darauf, meinen langen Traum, ein Buch über sie zu schreiben, zu verwirklichen. Ich habe jetzt neue Energie, über die Flying Rodleighs so zu schreiben, dass es ihnen gefällt.

KAPITEL 33

Seinen vierundsechzigsten Geburtstag feierte Henri am Mittwoch, den 24. Januar, nur mit seinem Vater zusammen. Gemeinsam schauten sie sich das Video *Angels Over the Net* an, und sein Vater war begeistert davon. Da die Heizung nicht funktionierte, saßen sie vor dem offenen Kamin, *zwei alte Männer, die dicht am Kamin sitzen und ihre Hände wärmen.*

Henri setzt seinen Tagebucheintrag fort:

Heute fühle ich mich glücklich. Dankbarkeit Gott, meiner Familie und Freunden gegenüber, für alle Wohltaten, die ich während dieser 64 Jahre erlebt habe. Ich freue mich auf die kommenden Jahre als Jahre, in denen ich mein Leben mit Gott und meine Freundschaften mit Menschen vertiefen kann.

Besonders hoffe ich, dass ich mehr Raum und Zeit haben werde, zu schreiben. Tief in meinem Inneren habe ich das Gefühl, dass etwas Neues geboren werden möchte: ein Buch mit Geschichten, ein Roman, ein geistliches Tagebuch – etwas ganz anderes als das, was ich in der Vergangenheit geschrieben habe.

IN DER ZWISCHENZEIT WAREN HENRI und sein Verleger Bill Barry von Doubleday in New York übereingekommen, dass sein „geheimes Tagebuch" aus der Zeit seines Zusammenbruchs aus den Jahren 1987/88 im September 1996 auf den Markt gebracht werden sollte. Henri empfand Neugier, aber auch eine gewisse Zurückhaltung bei der Aussicht, sich erneut in die Aufzeichnung der schlimmsten Zeit in seinem Leben zu vertiefen. Welche Fortschritte hatte er durch diese schrecklichen Monate gemacht? Obwohl er in den dazwischenliegenden Jahren mehr Perspektive bekommen hatte, empfand er immer noch *eine gewisse Angst, an dem Manuskript zu arbeiten. Vielleicht habe ich Angst, mich wieder in dieses extrem schmerzliche Erlebnis zu vertiefen.*

Beim Lesen seiner frühen Tagebucheinträge aus der Zeit der Therapie stieß er auf Bestätigungen, die ihm von seinen Therapeuten zugesprochen wurden: *Vertraue, vertraue darauf, dass Gott dir diese alles erfüllende Liebe schenken und sie dir auf menschliche Weise zukommen lassen wird. Bevor du stirbst, wird Gott dir die tiefste Zufriedenheit schenken, die du dir wünschst. Hör einfach auf, davonzurennen, und fang an, zu vertrauen und zu empfangen. Du brauchst menschliche Hände, um dich dort zu halten.* Das erinnerte ihn daran, wie er die Flying Rodleighs entdeckt hatte und zunehmend mehr verstand, welches Vertrauen zwischen den menschlichen Händen der Flieger und Fänger vonnöten war.

Das Trapez könnte eine Geschichte der Erlösung, der Auferstehung werden, überlegte Henri, doch dann hielt er inne. Er wollte das nicht so schnell vergeistlichen, dass die Erfahrung vom Körper getrennt würde.

Die Flying Rodleighs lehren mich, wie es ist, im Körper zu sein, im Körper innezuwohnen, im Fleisch zu sein. Weißt du, das wirkliche spirituelle Leben ist ein Leben im Fleisch. Die Rodleighs lehren mich durch das, was sie sind, etwas mehr darüber, worum es bei meiner tiefsten Suche eigentlich geht.

Er kannte seinen Wunsch: Er wollte eine wahre Geschichte über den Körper erzählen und diese Geschichte geistlich untermauern, weil der Geist immer im Körper ist. Aber schon wieder hing er fest. Was für eine Geschichte über den Körper wollte er denn erzählen? Welches war die Geschichte seines Körpers?

SOLANGE ER DENKEN KONNTE, SEHNTE sich Henri danach, körperlich ein Teil von einer einladenden Gemeinschaft zu sein. In seinen Ausführungen über den Marsch von Selma hatte er geschrieben, dass sein trampender Freund Charles *ihn in einen schwarzen Mann verwandelte,* so schockiert war Henri, als er das Ausgeschlossensein und den Hass, die Charles täglich begegneten, ein kleines Stück miterlebte. Der Marsch selbst war nervenaufreibend und gleichzeitig fröhlich.

Ich sagte zu mir: „Ja, ja, ich gehöre dazu; das sind meine Leute. Ihre Hautfarbe ist vielleicht anders als meine, sie haben eine andere Religion, einen anderen Lebensstil, aber sie sind meine Brüder und Schwestern. Sie lieben mich, und ich liebe sie. Ihr Lächeln und ihre Tränen sind mein Lächeln und meine Tränen, ihre Gebete und Prophezeiungen sind meine Gebete und Prophezeiungen; ihr Kummer und ihre Hoffnung sind mein Kummer und meine Hoffnung. Ich bin einer von ihnen."

Doch zu den beängstigendsten Erfahrungen in den vergangenen Jahrzehnten gehörte, dass Henri mehrmals buchstäblich jegliches Gefühl für die Grenzen seines Körpers verlor. Nachdem er erfolgreich Vorträge vor Tausenden Menschen gehalten hatte, fühlte er sich selbst körperlich zutiefst erschöpft, nicht mehr bei sich und als ob er neben sich stehen würde. Freunde erinnerten sich an seine verzweifelten Anrufe in der Nacht oder an seine Besuche, bei denen er sie anflehte, ihn einfach nur zu halten, bis er sich wieder in seinem eigenen Körper sicher fühlte.

Von den ersten Tagen in der Arche-Gemeinschaft im Jahr 1986 an, als Henri in der Trosly-Gemeinschaft lebte, hatte er mit den sehr körperlichen Grundlagen der Beziehungen in dieser Gemeinschaft zu kämpfen. Damals war ihm zwar noch nicht die körperliche Pflege eines Mitglieds anvertraut worden, aber allein der Gedanke daran hatte ihm zu schaffen gemacht.

Donnerstag, 20. März 1986

Bisher hat sich mein ganzes Leben um das Wort gedreht: Lernen, lehren, lesen, schreiben, reden. Ohne das Wort ist mein Leben undenkbar.

In der Arche-Gemeinschaft stehen jedoch nicht Worte im Mittelpunkt, sondern der Körper. Füttern, säubern, berühren, halten – das ist, was Gemeinschaft baut. Worte sind nebensächlich. Die meisten behinderten Menschen sprechen nur wenige Worte, viele gar nicht. Es ist die Sprache des Körpers, die zählt.

„Das Wort wurde Fleisch." Das ist das Zentrum der christlichen Botschaft. Jesus konfrontiert uns mit dem Wort, das gesehen, gehört und berührt werden kann. Auf diese Weise wird der Körper das Medium, durch das wir das Wort kennenlernen und in Beziehung mit dem Wort treten können.

Ich empfinde einen tiefen Widerstand gegen diesen Weg.

Als Henri in Daybreak eintraf, stellte Henris Freundin Sue amüsiert fest, dass
er Umarmungen unangenehm fand. Es war, als würde man ein Brett umarmen,
neckte sie ihn.

Empfand Henri etwa Neid auf Adam? Adam vertraute seinen Körper Henris
Pflege an, ganz ohne Angst oder Verlegenheit. Diesen Eindruck hatte Henri
zumindest.

> *Meine Nähe zu ihm und seinem Körper brachte mich mir selbst und
> meinem eigenen Körper näher. Es war, als würde Adam mich immer
> wieder auf die Erde zurückholen, zum Grund des Seins, zu der Quelle
> des Lebens. Meine vielen Worte, gesprochen oder geschrieben, führten
> mich immer in Versuchung, mich in abgehobenen Ideen und Perspek-
> tiven zu verirren, ohne in Kontakt mit der Alltäglichkeit und Schönheit
> des gewöhnlichen Lebens zu bleiben. Das ließ Adam nicht zu. Es war, als
> würde er zu mir sagen: „Du hast nicht nur einen Körper wie ich, Henri,
> sondern du bist dein Körper. Pass auf, dass deine Worte nicht von deinem
> Fleisch getrennt werden. Deine Worte müssen Fleisch werden und blei-
> ben.“*

In den Jahren nach Henris emotionalem Zusammenbruch und seiner Rückkehr
zu Daybreak lernte er zu umarmen. Sue bemerkte, wie sich sein angespannter
Körper entspannte, zuerst in Vertrauen hinein, dann sich öffnend und weitend in
Willkommen und Segen.

Bei der *National Catholic HIV/AIDS Ministry Conference* im Sommer 1994
erklärte Henri: *„Als Nächstes möchte ich über den Körper sprechen, wobei mir ein
wenig unbehaglich zu Mute ist. Aber der Körper ist ja durchaus Teil dieser Konferenz.“*

Sein Publikum lachte über diese Untertreibung. Henri fuhr fort:

> *Ich habe gelernt, dass der Körper tatsächlich nicht nur eine Metapher ist,
> und dass ich den Körper sehr stark als Metapher gelebt habe. Ich habe
> zunehmend Angst, in meinem Körper als Realität zu leben, als einem
> realen Ort des Seins.*
>
> *Ich habe nicht einmal Worte, um zu beschreiben, was das alles bedeu-
> tet, sondern ganz tief in meinem Innern weiß ich, dass ich wirklich ent-*

decken muss, was es bedeutet, ein Körper zu sein, in dem Körper zu sein, im Fleisch zu sein, der Tempel des Geistes zu sein, in mir zuhause zu sein und dadurch eine tiefe Nähe zu Gott zu erleben, zuhause in meinem Heim, wo Gott wohnt.

Auf der Konferenz habe ich gelernt, dass es nicht nur einen Weg gibt, nicht tausend Wege, sondern mehr und mehr Wege, mit dem Körper zu sein und zu leben.

Als die Flying Rodleighs in Henris Leben platzten, fand Henri auf einmal einen künstlerischen, wortlosen Ausdruck von Spiritualität, bei dem der Körper im Mittelpunkt steht. Danach hatte er immer gesucht. Und sein ganzer Körper sehnte sich nach Teilhabe: „Als ich die Rodleighs zum ersten Mal sah, sagte ich, ich hätte meine Berufung verpasst – ich hätte Flieger werden sollen. Auf der anderen Seite, mein Körper ist äußerst unpraktisch veranlagt und ungelenk – aber innerlich, geistlich, erkenne ich, dass es mir immer gefallen hätte, ein Flieger zu sein."

Er bewunderte, dass die Flying Rodleighs sich in ihren körperlichen Interaktionen so wohl fühlten.

Und dann war da noch die Sache mit der Intimität. Ich muss sagen, gefangen zu werden – der Fänger ist ein wundervolles Bild –, einen anderen Menschen aufzufangen, der auf dich zugeflogen kommt – ihn zu fangen, damit er nicht ins Netz stürzt. Das ist eine sehr intime Angelegenheit – man bewahrt sich gegenseitig vor dem Absturz.

Rodleigh vollführte unglaubliche Saltos in der Luft, dann fängt Jon ihn in der letzten Sekunde, bevor er nach unten stürzt, auf. Und plötzlich ist da dieses Gefühl: „Wow, er ist in Sicherheit." Jemand ist genau in dem Augenblick da, in dem du ihn brauchst.

Und auch Jon, der mit den Beinen am Trapez hängt und schwingt und sich darauf vorbereitet, jemanden aufzufangen, der auf ihn zufliegt – er ist da, um ihn zu fangen, und sie packen sich gegenseitig an den Handgelenken; sie fangen sich nicht mit den Händen – sie gleiten gewissermaßen in die Arme des jeweils anderen, aber da ist eine Art Wärme, eine Art Sicherheit, eine Art Gut-gehalten-Werden. Und tatsächlich nennen Jon und Karlene ihre Darbietungen hoch oben in der Zirkuskuppel eine Wiege.

Diese Gegenseitigkeit, dieses auf diese Weise in Berührung miteinander Sein spricht mich an. Und das ist ein sehr tiefes Gefühl.

In einem Brief an Bart versucht Henri zu beschreiben, inwiefern er etwas Geistliches in den Körpern seiner Trapezfreunde sah:

Die Flying Rodleighs bringen einige der tiefsten Gefühle des Menschen zum Ausdruck. Den Wunsch, frei zu fliegen, und den Wunsch, sicher aufgefangen zu werden. Der Akt ist in gewisser Weise ein Ausdruck des menschlichen Geistes, wie er in den athletischen Körpern der Trapezartisten Fleisch geworden ist.

Dieses Gefühl, in seinem Körper zuhause zu sein, wurde stärker in Henri, und er diskutierte mit mehreren Verlegern über die Möglichkeit, ein Buch zu schreiben, das sich direkt mit Fragen der Sexualität auseinandersetzte. Im folgenden Sommer äußerte er einem Journalisten gegenüber: *„Jeder Mensch führt ein sexuelles Leben, ob man nun zölibatär lebt, verheiratet ist oder was auch immer. Sexuelles Leben ist Leben. Dieses sexuelle Leben muss ausgelebt werden als ein Leben, das die Gemeinschaft mit Gott und mit unseren Mitmenschen vertieft. Und wenn das nicht so ist, dann kann es sehr schädlich sein. Ich habe die richtige Antwort darauf noch nicht gefunden, aber ich hoffe, ich finde sie eines Tages."*

Und nach und nach begann Henri auch, sich ein wenig freier zu fühlen, sogar ein wenig ausgelassen. Zu Beginn des Jahres 1996 amüsierte er einige seiner New Yorker Verleger bei einem eleganten Mittagessen, als er fröhlich herausplatzte: *„Glaubt nicht, dass ich nicht gern mit allen hier in diesem Restaurant Sex hätte! Ich habe Fantasien wie alle anderen auch!"* Verwundert starrten seine Verleger ihn an und schauten sich vorsichtig im Restaurant um. Dann brachen alle am Tisch in Gelächter aus, auch Henri.

KAPITEL 34

H enris Sekretärin rief ihn am 12. Februar 1996 in New Jersey an. „Du musst noch heute zurückkommen zu Daybreak, Henri. Adam liegt im Sterben." Innerhalb weniger Stunden ging Henri an Bord eines Flugzeugs nach Toronto, um sich von Adam zu verabschieden. In sein Tagebuch schrieb er:

Das Zusammenleben mit Adam in der Arche-Gemeinschaft Daybreak hat tiefen Einfluss auf mein Gebet, mein Selbstgefühl, meine Spiritualität und meinen Dienst. Adam, der Mann, der an einer sehr ausgeprägten Epilepsie leidet und dessen Leben durch seine Behinderungen sehr eingeschränkt ist, hat das Leben von Hunderten Arche-Helfern, -Besuchern und -Freunden verändert.

Bei der kanadischen Einwanderungskontrolle wurde Henri länger aufgehalten, aber schließlich stieß er in Adams Krankenzimmer zu Adams Eltern und anderen Freunden von Daybreak. *Ich küsste ihn auf die Stirn und streichelte seine Haare aus dem Wunsch heraus, mit Adams Körper in Kontakt zu treten. Alle, die um sein Bett standen, beteten mit Adam, anschließend saßen wir einfach bei ihm und lauschten seinen Atemzügen.*

Noch in dieser Nacht schlief Adam friedlich ein. Am 14. Februar 1996 suchte Henri das Bestattungsinstitut auf. *Der Anblick von Adams Leichnam im Sarg erschütterte mich zutiefst. Er sah so friedlich aus, wie ein junger Mann, der gerade eingeschlafen war. Tränen stiegen mir in die Augen. Ich konnte den Blick nicht von ihm abwenden.*

In seinen Überlegungen bei Adams Beerdigung wurde Henri klar, wie Adams sanfte körperliche Gegenwart sich auf alle, die ihn kannten, ausgewirkt hat. Es war eine wahre Geschichte über den Körper. Henri fasste es später zusammen:

Adam schenkte mir ein Gefühl der Zugehörigkeit. Er verwurzelte mich in der Wahrheit meiner körperlichen Existenz, verankerte mich in meiner Gemeinschaft und schenkte mir eine tiefe Erfahrung der Gegenwart Gottes in unserem gemeinsamen Leben. Ich wüsste nicht, wo ich heute wäre, wenn ich Adam nicht berührt hätte. Diese ersten vierzehn Monate bei Daybreak, in denen ich Adam gewaschen, gefüttert und einfach nur bei ihm gesessen hatte, schenkten mir das Heim, nach dem ich mich immer gesehnt hatte; nicht nur ein Heim mit guten Menschen zusammen, sondern auch ein Heim in meinem eigenen Körper, in dem Körper meiner Gemeinschaft, der Kirche, ja, und auch im Leib Gottes. Das Leben Jesu kenne ich nur durch das, was ich darüber gelesen habe, aber ich habe ihn selbst nie berührt oder gesehen. Adam dagegen konnte ich berühren. Ich habe ihn gesehen und sein Leben geteilt. Wir alle, die wir Adam berührt haben, haben an irgendeiner Stelle Heilung erlebt, das ist unsere gemeinsame Erfahrung.

EINIGE WOCHEN NACH ADAMS TOD reisten Henri und sein Freund Frank Hamilton nach New Mexico. *„Wenn ihr nach Santa Fe fahrt, müsst ihr unbedingt meinen Freund Jim besuchen"*, drängte Fred sie. Jim Smith, Schriftsteller und Verleger, schlug ein Mittagessen im El Dorado Hotel, seinem Lieblingsrestaurant, vor. Es war eine äußerst angenehme Begegnung, *wir haben über unsere persönlichen Geschichten, unsere Spiritualität, über Bücher und natürlich über Santa Fe gesprochen.* Da sie sehr angetan waren von ihrer neuen Bekanntschaft, luden Henri und Frank ihn ein paar Tage später zum Abendessen ein.

Das war ein bemerkenswerter Abend. Nach dem Abendessen zeigte ich ihm das Video „Angels over the Net" über die Flying Rodleighs, und erklärte ihm, dass ich immer ein Buch über sie schreiben wollte, bisher aber noch nicht die richtige Form gefunden hätte.

Jims Antwort war sehr bestimmt. „Du musst das Buch schreiben, weil du schon so viel Energie und Aufmerksamkeit darauf verwendet hast. Du musst deiner Intuition vertrauen, dass deine Freundschaft mit diesen Trapezartisten es dir ermöglicht, etwas Wichtiges über die Bedeutung des Lebens zu sagen."

„Ja", erwiderte ich, „diese Intuition ist tief und stark, aber ich habe Angst. Als ich die Rodleighs zum ersten Mal sah, wurde etwas sehr Tiefes

und Inniges in mir angerührt. Sie haben die Sehnsucht nach Gemeinschaft, Gemeinsamkeit und Nähe, die ich als Siebzehnjähriger hatte, wieder zum Leben erweckt.

Ein großer Teil dieser Sehnsüchte wurde während meiner Zeit am Seminar und der Universität und während der vielen Jahre des Lehrens an der Universität verschüttet. Sie zeigten sich nur in meinen gelegentlichen mentalen Abschweifungen, in meiner Neugier und den Gefühlen der Angst und Beklommenheit. Als ich mich der Arche-Gemeinschaft anschloss, ließ ich zu, dass alle diese Gefühle und Emotionen und Leidenschaften wieder an die Oberfläche kamen.

Aber der Auftritt der Rodleighs katapultierte mich auf eine neue Bewusstseinsebene. Dort in der Luft sah ich die artistische Verwirklichung meiner tiefsten Sehnsüchte. Es war so intensiv, dass ich bis heute nicht wage, darüber zu schreiben, weil es einen radikal neuen Schritt erfordert, nicht nur in meiner schriftstellerischen Tätigkeit, sondern auch in meinem Leben."

„Das habe ich gespürt", erwiderte Jim. „Das Video hat es mir ganz deutlich gezeigt. Die Rodleighs bringen in dir etwas zum Abschluss, das viele Jahre lang unvollendet geblieben ist. Es hat mit deiner Sexualität, deine Suche nach Gemeinschaft und deiner tiefen Sehnsucht nach Ganzheitlichkeit zu tun. Wenn du das Buch nicht schreibst, nimmst du dir eine wichtige Gelegenheit zur Weiterentwicklung."

Jims Direktheit und seine Herausforderung verblüfften Henri. „Aber worum geht es denn letztendlich in dem Buch?", fragte er.

„Um Gemeinschaft im universellen Sinn", erwiderte Jim. „Es geht um die Sehnsucht aller Menschen, die du durch die Geschichte der Rodleighs zum Ausdruck bringen kannst. Es geht nicht nur ums Fliegen und Fangen, sondern um die unsichtbare Gemeinschaft, die alles, was du in den Rodleighs siehst, stützt. Du siehst Freundschaft, Familie, Kooperation, artistischen Ausdruck, Liebe und Hingabe und sehr viel mehr. Das ist dein letztes Thema."

KAPITEL 35

Im Mai 1996 war Henri noch einmal für eine Woche in Santa Fe zu Besuch. Er wollte dort unter Jims Anleitung arbeiten.

Meine größte Hoffnung ist, dass ich lerne, eine gute Geschichte zu schreiben, die den Leser bis zum Ende fesselt. Ich erkenne, dass Jesus Geschichten erzählt hat und auch die spirituellen Meister. Ich schreibe gerade ein Buch über Adam und habe vor, über die Flying Rodleighs zu schreiben. Ich weiß, was ich sagen will, ich weiß nur nicht, wie ich es sagen will.

Am 19. Mai 1996 traf Henri in Santa Fe ein, rechtzeitig für ein gemeinsames Mittagessen.

Zwar war ich nach Santa Fe gekommen, um Jim zu bitten, mich beim Schreiben zu unterstützen, doch unser erstes Gespräch drehte sich um die Frage, wie das Leben zwischen 60 und 80 verlaufen soll!

Für mich wird diese Frage zunehmend wichtig, und sie macht mir Angst. Im Laufe der Jahre habe ich mir einen gewissen Ruf erworben. Die Menschen denken an mich als katholischen Priester, Verfasser geistlicher Bücher, Mitglied einer Gemeinschaft mit geistig behinderten Menschen, als jemand, der Gott liebt und die Menschen. Es ist wundervoll, einen solchen Ruf zu haben.

Aber in letzter Zeit erlebe ich ihn zunehmend als einschränkend, weil ich in mir einen gewissen Druck spüre, diesem Ruf gerecht zu werden und Dinge zu tun, zu sagen und zu schreiben, die den Erwartungen derer, die mich kennen, entsprechen. Die katholische Kirche, die Arche-Gemein-

schaft, meine Familie, meine Freunde, meine Leser etc., sie alle haben eine Agenda, und sie erwarten von mir, dass ich ihr folge.

Aber da ich jetzt die Sechzig überschritten habe, sind neue Gedanken, Gefühle, Emotionen und Leidenschaften in mir an die Oberfläche gekommen, die ganz und gar nicht mit meinen vorherigen Gedanken, Gefühlen, Emotionen und Leidenschaften übereinstimmen.

Welches ist meine Verantwortung gegenüber der Welt um mich herum, und was ist meine Verantwortung mir selbst gegenüber? Was bedeutet es, meiner Berufung treu zu bleiben? Muss ich dafür meiner früheren Lebensweise und meinem früheren Denken treu bleiben, oder brauche ich den Mut, mich in neue Richtungen zu bewegen, auch wenn viele enttäuscht darüber sein werden?

Mir wird zunehmend bewusst, dass Jesus mit Anfang dreißig gestorben ist. Ich lebe schon mehr als dreißig Jahre länger als Jesus. Wie hätte Jesus gelebt und gedacht, wenn er so lange gelebt hätte? Ich weiß es nicht.

Aber in meinem gegenwärtigen Alter kommen neue Fragen und Sorgen in mir hoch, die in der Vergangenheit nicht da waren. Sie beziehen sich auf alle Ebenen des Lebens: Intimität, Gemeinschaft, Gebet, Freundschaft, Arbeit, Kirche, Gott, Leben und Tod.

Wie kann ich die Freiheit gewinnen, vor diesen Fragen keine Angst zu haben und sie zuzulassen, wie auch immer die Konsequenzen sein mögen? Das ist ziemlich beunruhigend.

MITTE DER WOCHE HOLTE JOAN Krocs Flugzeug Henri ab zu einem Mittagessen in San Diego. Beide hatten Biografien von Künstlern gelesen: Joan beschäftigte sich mit dem Dichter Gerard Manley Hopkins, und Henri hatte gerade einen Bericht über das Leben der Malerin Georgia O'Keeffe gelesen. Joan freute sich sehr über die Kunstkarten von O'Keeffe, die Henri ihr mitgebracht hatte.

Je mehr ich über O'Keeffe lese und mir ihre Gemälde anschaue, desto stärker wird die Verbundenheit mit ihr, die ich empfinde. Ihre Beziehungsschwierigkeiten und ihr Kampf, ihre neue Kunstform zu entwickeln – ihr Pendeln zwischen New York und New Mexico –, zeigen eine Frau, die ein großes Bedürfnis hat nach Liebe, Zuneigung und persönlicher Unterstützung, die aber auch nach Unabhängigkeit, Freiheit, Einsamkeit und

Raum für Kreativität strebt. Ihre intensive Suche nach Intimität und Einsamkeit sind Teil der Kunst, die sie geschaffen hat.

Nach dem Mittagessen verwöhnte Joan sie noch mit einem Eis. *Während des Fahrens balancierte Joan ihren Becher mit dem Eis auf dem Lenkrad, mit dem Ergebnis, dass wir auf der Straße Zickzack fuhren. Immer wieder rief ich: „Vorsicht – du hättest beinahe den Bordstein gestreift – pass auf – oh, du bist dem Auto aber sehr nahe gekommen –" Und sie erwiderte: „Oh, wie lustig, du hast Angst."* Aber sie räumte ein, dass sie vielleicht doch besser von der Straße abfahren sollten, um ihr Eis zu essen.

Henri kehrte nach New Mexico zurück, um weiterzuschreiben. Seine Gespräche mit Jim über seine Ängste, Fragen und Sehnsüchte in Bezug auf sein weiteres Leben gingen ihm durch den Kopf. Am Ende der Woche sammelte er seine Notizen und sein Manuskript zusammen und steckte sie in seine schon so abgegriffene Aktentasche aus Leder. Die stimulierende Zeit mit Kunstliebhabern hatte ihn inspiriert. Er hatte sogar den größten Teil eines Buches skizziert. Aber es war ein Buch über seinen Freund Adam. Noch immer hatte er nichts über die Flying Rodleighs geschrieben.

KAPITEL 36

M it einem leisen Surren und Quietschen setzt sich die Hebebühne in Bewegung. Für Henri ist dieses Geräusch seltsam beruhigend. Er ist froh, dass Dennie bei ihm ist, denn er zieht es vor, nicht allein zu reisen.

* * *

ANFANG JULI STIEG HENRI IN Oberursel aus dem Zug und hielt Ausschau nach Rodleigh. Sie begrüßten sich mit einer herzlichen Umarmung und machten sich sofort auf den Weg zurück zum Zirkus.

9. Juli 1996

Ich hatte nicht damit gerechnet, dass das Wiedersehen mit den Rodleighs mich so tief berühren würde. Aber bei ihrem Auftritt unter der Zirkuskuppel konnte ich die Tränen nicht zurückhalten.

Während ich sie in der Luft beobachtete, empfand ich dieselben tiefen Emotionen, die ich gefühlt hatte, als ich sie 1991 zusammen mit meinem Vater zum ersten Mal sah. Dieses Gefühl ist schwer zu beschreiben, aber es ist das Gefühl, das dem Erleben einer verfleischlichten Spiritualität entspringt. Körper und Geist sind ganz und gar eins. Der Körper in seiner Schönheit und Eleganz drückt den Geist der Liebe, Freundschaft, Familie und Gemeinschaft aus, und der Geist verlässt niemals das Hier und jetzt des Körpers.

Rodleigh beobachtete Henri. „Ich wünschte, ich könnte Henri in meinen Körper stecken, damit er den Überschwang des Fluges zum Fänger und unsere Feier, wenn wir sicher zurückkehren, erleben könnte", bemerkte er Jennie gegenüber. Er hätte es Henri so gegönnt, einmal selbst erleben zu können, wie es war, wenn man Schwung holte, vom Holm absprang und dann flog, seine Schrauben und Saltos machte und schließlich von dem Fänger, der unter einem hin und her schwang, aufgefangen wurde. Natürlich war Henris Körper zu so etwas gar nicht in der Lage, aber selbst eine begrenzte Erfahrung wäre besser als gar nichts, dachte Rodleigh. Am nächsten Tag fragte er Jon, was er davon hielte, wenn sie Henri zumindest eine kleine Ahnung von dem verschaffen würden, was sie erlebten. Und so versuchte sich Henri noch einmal am Trapez, dieses Mal mit einem Fänger.

Am Ende der Probe fragte mich Rodleigh, ob ich gern noch einmal schwingen würde. Zuerst half er mir auf das Netz und zeigte mir, wie ich die Strickleiter zum Podest am besten hochstieg. Zum zweiten Mal, seit ich die Rodleighs kennengelernt hatte, stand ich auf dem Podest. Es war ein beängstigendes Erlebnis. Die Entfernung zum Netz erschien mir enorm groß und ehrfurchtgebietend. Kerri und Slava legten mir den Sicherheitsgurt um, hielten mich fest und reichten mir den Holm. Als ich den Holm ergriff, fragte ich mich, ob ich in der Lage sein würde, mich daran festzuhalten, doch als sie mich vom Podest hoben, fühlte ich mich beim Schwingen wohl. Ich versuchte, noch ein wenig höher zu kommen, aber ich hatte einfach nicht genug Atem, und so rief Rodleigh „Hop", und ich ließ mich ins Netz fallen. Das Ganze wiederholte ich noch einmal mit etwas größerer Anmut.

Dann wollte Rodleigh, dass ich ein Gefühl für den Griff des Fängers bekam, und so stieg ich die Leiter an der Seite des Fängers hoch, wo Jon mit dem Kopf nach unten am Fangstuhl hing, mich an den Handgelenken packte und mich dort eine Weile hängen ließ. Ich schaute hinauf in sein Gesicht und konnte mir vorstellen, wie es wohl wäre, von ihm gehalten zu schwingen. Insgesamt war ich glücklich über diese Erfahrung. Ich bekam einen kleinen Einblick, wie es war, Trapezartist zu sein!

Nach der Nachmittagsvorstellung lud Rodleigh mich in den Lastwagen ein. Er wollte den Trapezholm neu umwickeln. Ich wusste nicht, wie viel Sorgfalt das erfordert. Praktisch jede Woche muss neue Gaze fest um den Holm gewickelt werden, damit sie nicht verrutscht, wenn der Flieger sie packt, und damit er keine Blasen bekommt.

Jennie hat ein Video von der Probe und der Nachmittagsvorstellung gedreht. Als ich mich dort am Trapez hängen sah, fand ich das höchst amüsant. Es war ein erbärmlicher Anblick.

Aber den Auftritt am Nachmittag in Zeitlupe anschauen zu können, war ein besonderer Höhepunkt. Mehr als alles andere verschafft eine Zeitlupenaufnahme von den schwierigen Figuren in der Luft einem einen Einblick in die große Kunstfertigkeit der Rodleighs.

Bei der Abendvorstellung merkte ich, wie angespannt ich die Rodleighs bei ihrem Auftritt verfolge. Je mehr ich über ihren Trapezakt weiß, desto schwerer fällt es mir, ihn anzuschauen. Da ich die Truppe mittlerweile so gut kenne und weiß, wie viel schiefgehen kann, schaue ich ihnen zu wie eine Mutter, die mit ansieht, wie ihre Kinder etwas Gefährliches tun. Ich empfand große Erleichterung, als sie zu einem guten Ende kamen. Das große Publikum gab begeisterten Applaus und stampfte mit den Füßen.

Am Ende von Henris Besuch fuhren Rodleigh und Jennie ihn zum Frankfurter Bahnhof. *Es war ein herzlicher und von Herzen kommender Abschied. Ich merke, wie sehr unsere Freundschaft im Lauf der Jahre gewachsen ist, und wie sehr wir die Zeit unseres Beisammenseins genießen. Die beiden Tage in Oberursel waren sehr belebend für mich, und ich merke, dass ich, wenn ich mit den Rodleighs zusammen sein kann, am besten wirklich „abschalten" kann und Entspannung und Erneuerung erlebe.*

KAPITEL 37

Seufzend blickt Dennie nach unten zum Parkplatz. Dass sich eine kleine Menschenmenge zusammengefunden hat, die neugierig die hervorragend ausgestatteten Feuerwehrwagen bestaunt und fasziniert verfolgt, wie jemand aus dem Fenster herausgehoben wird, wundert ihn nicht. Der Tag ist wolkenverhangen, recht kühl. An den Hotelfenstern stehen vermutlich noch mehr Menschen. Er kann ihnen das nicht übel nehmen. Es ist ein ungewöhnlicher Anblick. Die Privatsphäre eines Patienten zu schützen, ist schwer: Eine Rettung aus großer Höhe kann nicht wirklich im Verborgenen geschehen. Henris Augen sind geschlossen. Dennie hofft, dass er sich nicht zu sehr ausgeliefert fühlt, wenn er die Zuschauer wahrnimmt.

„Ich sehe den Fahrer unseres Rettungswagens und die anderen Feuerwehrleute. Sie warten unten auf uns", sagt Dennie zu Henri. Und ein wenig entschuldigend fügt er noch hinzu: „Ein so ungewöhnlicher Vorgang lockt die Menschen an. Ich fürchte, es ist ein wenig wie im Zirkus."

Henri scheint leicht zu lächeln, doch er antwortet nicht.

* * *

EINIGE TAGE NACH DEM BESUCH bei den Flying Rodleighs holte er die letzten Tagebücher hervor, die er für sein Sabbatjahr erworben hat. Auf ihrem Einband ist Kunst aus dem Metropolitan Museum of Art in New York zu sehen. Diese letzten beiden Tagebücher waren identisch, mit glänzend goldenen Einbänden, auf denen Details des viertausend Jahre alten ägyptischen Sarkophags von Khnumnakht zu sehen sind. Henri betrachtete den Einband, auf dem eine bemalte Tür dargestellt ist, die das Land der Lebenden vom Land der Toten trennt. Große, nachdenkliche Augen über der Tür, die aus dem Land der Ewigkeit ins Land der Lebenden schauen, begrüßten ihn jeden Tag, wenn er den Bericht über sein Sabbatjahr fortführte. Sie erinnerten ihn an etwas, das er im Jahr 1992 geschrieben hatte: *Mir ist bewusst, dass ich aus der Ewigkeit in die Zeit sprechen soll, aus der unvergänglichen Glückseligkeit in die flüchtigen Wirklichkeiten unseres kurzlebigen Erdendaseins. Man könnte es den „prophetischen Blick" nennen: die Menschen und die diesseitige Welt mit den Augen Gottes zu betrachten.*

DIE ENTSPANNTEN TAGE MIT RODLEIGH und der Truppe waren eine willkommene Erholungspause. Frühjahr und Sommer 1996 waren sehr anstrengend für Henri.

Immer wieder dachte er nach über die Fragen, die in seinem Gespräch mit Jim Smith in Santa Fe angerissen worden waren, wie er die nächsten Jahrzehnte seines Lebens gestalten wollte. Schon seit Jahren drängten ihn einige Freunde, sich zu seiner Homosexualität zu bekennen und selbst Vorbildfunktion einzunehmen. Da er wusste, dass seine sexuelle Orientierung jederzeit auch ohne seine Zustimmung bekannt werden könnte, fühlte sich Henri häufig nicht wohl in seiner Haut. Im Juli schrieb er über seinen *nicht lösbaren Kampf* an einen Freund: *Meine Sexualität wird bis zu meinem Tod eine große Quelle des Leidens sein. Ich glaube nicht, dass es irgendeine „Lösung" dafür gibt. Der Schmerz ist wahrhaftig der meine und ich muss ihn mir zu Eigen machen. Jede „Beziehungslösung" wäre ein Desaster. Ich fühle mich zutiefst von Gott dazu berufen, meinem Gelöbnis entsprechend zu leben, auch wenn viel Schmerz damit verbunden ist. Doch ich vertraue darauf, dass dieser Schmerz Frucht bringen wird.*

Am 31.Juli 1996 schlug Henri erneut sein Tagebuch auf. Er hatte sich seinem Freund Nathan Ball anvertraut. *Endlich war ich bereit, mit Nathan über den Kummer zu sprechen, der mich seit einigen Monaten quält. Es war mir irgendwie peinlich, und ich schämte mich, meine innere Last meinem besten Freund aufzuerlegen, aber ich bin sehr froh, dass ich es getan habe. Für Nathan war es schwer, nicht nur meinen Schmerz mit anzusehen, sondern sich gleichzeitig bewusst zu machen, dass ich ihn so lange allein mit mir herumgetragen hatte, ohne ihn mit ihm zu teilen.*

Als er las, was er geschrieben hatte, begann er automatisch an den Fingernägeln zu kauen. Verblüfft nahm er zur Kenntnis, dass sie bereits bis auf das Fleisch abgekaut waren. *Ich frage mich oft, wie ich ohne diese treue Freundschaft emotional überleben würde,* fügte er noch hinzu.

DIE FOLGENDEN WOCHEN VON HENRIS Sabbatjahr gestalteten sich sehr hektisch, aber das Trapezbuch war immer in seinen Gedanken. *Das Trapez war meine Geheimtür,* hatte er im Frühjahr an Jim Smith geschrieben. *Aber ich hatte das Gefühl, nicht allein hindurchgehen zu können. Das Trapez ist der Ort, den wir gemeinsam durchwandern müssen.* Jim las das mehrmals, bevor er zurückschrieb. Das Trapez mit einer Tür zu vergleichen, durch die man gemeinsam gehen muss, hätte eine verwirrende Metapher sein können, doch ihm gefiel sie. Es war eine Einladung.

KAPITEL 38

m August lud Joan Kroc Henri ein, sie am Wochenende in Kalifornien zu besuchen. Sie wollten ihr Gespräch über das geistliche Leben weiterführen. Ihr Jet würde ihn wieder abholen.

Sie begrüßte mich sehr herzlich, und wir begaben uns sofort in ein Restaurant. Dort warteten bereits vier von Joans Freunden aus New York auf uns. Da sie um Henris Interesse an Kunst wusste, hatte Joan den Kunstexperten eingeladen, der sie beim Aufbau ihrer Kunstsammlung unterstützt hatte. *Ein sehr freundlicher und sanfter Mann. Aber jetzt leidet er an Alzheimer und braucht ständige Betreuung. Ein junger Mann, der ihn in den vergangenen acht Monaten betreut hatte, saß bei ihm am Tisch. Während des Mittagessens war er bemerkenswert wach, und wir hatten ein anregendes Gespräch.*

Henri liebte es, sich beim Mittagessen über Kunst, Religion und Spiritualität auszutauschen. Nach dem Mittagessen machten er und Joan einen Spaziergang am Ufer des Lake Hodges entlang und nahmen in einem kleinen mexikanischen Restaurant ein Getränk zu sich. Bei Joan zuhause legte sich Henri zu einem kurzen Mittagsschlaf hin, bevor sie zusammen zum Abendessen ins Restaurant Mille Fleur gingen.

Beim Abendessen unterhielten wir uns sehr ernsthaft über Abtreibung und das Recht auf Selbstbestimmung. Ich habe ihr viel von Adam erzählt. Ohne Adam wäre mein Leben und das Leben von so vielen anderen nicht so reich gesegnet gewesen.

Am folgenden Morgen machten sich Joan und Henri in ihrem Jaguar Cabriolet auf den Weg, um für das Frühstück einzukaufen: Croissants mit Schinken von Burger King. *„Das ist ein besonderer Leckerbissen. Ich weiß, dass ich ein böses Mädchen bin“*, vertraute die Erbin des McDonald's-Vermögens Henri an.

Auf Joans Terrasse erklärte ich Joan, dass Gott uns gern sehr nahe kommen möchte. Gott ist der Gott-für-uns, der uns beschützt, der Gott-mit-uns, der unsere menschlichen Kämpfe teilt, und der Gott-in-uns, der in unserem Herzen wohnt. Drei Arten, in denen Gott in Treue mit uns in Beziehung tritt.

Gott möchte nicht, dass man Angst vor ihm hat. Gott möchte geliebt werden. Gott möchte uns so nahe sein, wie wir uns selbst nahe sind, noch näher sogar. Joan hörte sehr aufmerksam zu, und wir führten ein sehr gutes Gespräch, sehr persönlich, sehr ehrlich, sehr aufrichtig.

Gegen Mittag fand Joan, Henri müsse nun endlich auch mal spielen.

„Lass uns zu den Rennen in Del Mar fahren", schlug Joan vor. *„Ich habe dort eine eigene Loge. Wir könnten nett zu Mittag essen und auch ein wenig wetten. Nach deiner Lektion in Spiritualität gebe ich dir eine Lektion in Dekadenz!"*

Das war ein besonderes Erlebnis! Wir saßen in einer Loge, eine hübsche Lounge mit Wettmaschinen und einem großen Balkon zur Rennstrecke hin sowie einem großen Bildschirm, auf dem man das Rennen in Nahaufnahme verfolgen konnte. Joan schenkte mir einen Gutschein über fünfzig Dollar für meine Wetteinsätze. Es dauerte nicht lange, bis es mich gepackt hatte. Ich wollte gewinnen! Und schon erlebte ich die Macht des Wettspiels am eigenen Leib. „Vielleicht werde ich das nächste Mal ein Vermögen gewinnen, vielleicht nächstes Mal, vielleicht das nächste Mal."

Schließlich hatte Joan genug. *Als wir gingen, hatte ich mehr verloren als gewonnen.* „Du könntest deinen Gutschein doch in Bargeld eintauschen", meinte Joan, „dann hast du das Gefühl, etwas gewonnen zu haben." Ich tauschte den Gutschein ein und bekam zweiunddreißig Dollar.

Zuhause bei ihr feierten wir die Liturgie im Wohnzimmer. „Wir könnten doch Angela, unsere Köchin, bitten, sich uns anzuschließen", schlug Joan vor. Es war Samstagachmittag, aber da er den größten Teil des Sonntags auf dem Rückflug nach New Jersey verbringen würde, nahm Henri die Bibellesungen für die Sonntagsmesse. „Die Völker freuen sich und jauchzen, dass du die Menschen recht richtest und regierst die Völker auf Erden" (Luther 2017), lasen sie gemeinsam.

Joan beobachtete Henri, wie er, wie schon so oft, seine großen Hände hob in der priesterlichen Geste, die er so sehr liebte, mit dem Leib Christi im heiligen Brot.

Später, beim Abendessen, sprach Joan aus, was sie bewegte. „Henri", sagte sie und hielt inne. Normalerweise war es Henri, der neue Erkenntnisse in Bezug auf Gott weitergab. „Weißt du noch, was du über Gott für uns, mit uns und in uns gesagt hast? Als du die Messe gelesen, das Brot gehoben und gesagt hast: ‚der Leib Christi', kam mir der Trapezakt in den Sinn, über den du so gern redest. Es ist, als würde Jesus auf dich zufliegen und du wärst der Fänger."

Henri starrte erst Joan an, dann verblüfft auf seine Hände. Dieser Gedanke war ihm bisher nie gekommen. Er hatte häufig über seine alternden Hände geschrieben, darüber, wie er sie ausstreckte, um Menschen zu segnen. Aber jetzt stellte er sich vor, dass seine Hände sich nach Gott ausstrecken, der bereits in Bewegung ist, und den Leib Jesu auffängt und festhält in jenem Augenblick der Weihe. Ihn in die Arme nimmt. Fast vierzig Jahre lang hatte er Gott aufgefangen.

Joan musste über seinen erstaunten Blick lachen. „Du sagst mir doch immer, ich solle vertrauen, vertrauen, vertrauen. Vielleicht muss auch Gott vertrauen. Dir vertrauen. Uns allen vertrauen."

Sie goss Henri noch ein Glas von dem 1973er Rothschild ein, den sie sich gerade schmecken ließen. Henri trank einen Schluck und schwelgte in dem samtweichen Aroma des Weins und in dieser neuen Erkenntnis.

Joan sprach weiter. „Weißt du noch, dieser Brief, den du mir im vergangenen Jahr geschrieben hast? Ich erinnere mich fast noch an jedes Wort. Du hast geschrieben: ‚*So seltsam das auch klingen mag, wir können für andere wie Gott werden. Es wird möglich, zu lieben, ohne Gegenliebe zu fordern. Es ist eine starke, dynamische, lebendige und sehr aktive Liebe.*' Die Liebe, die du beschrieben hast, ist diszipliniert, sogar athletisch, wie ein Trapezartist."

Sie und Henri hatten sich häufig darüber ausgetauscht, wie schwer es ihnen fiel, an Gottes bedingungslose Liebe zu glauben und sich gegenseitig zu vertrauen. „Diese Liebe sendet uns aus, um fröhlich zu dienen, wie du immer sagst", fügte Joan hinzu. „Wenn Gott uns vertraut, können auch wir uns vertrauen."

KAPITEL 39

Während Henri auf der Trage liegt, konzentriert er sich darauf, langsam zu atmen, so, wie Dennie es ihm geraten hat. Ein – zwei, drei und aus – zwei, drei. Ein – zwei, drei und aus – zwei, drei. Ein – zwei, drei und aus – zwei, drei.

> *Das Leben ist leicht aus dem Gleichgewicht zu bringen. Wenn ich das Gleichgewicht verloren habe, dann hilft mir das Schreiben, es wiederzufinden. Ich möchte einfach nur das niederschreiben, was mich in Gedanken beschäftigt, damit ich am Ende mehr über meinen eigenen Kampf weiß.*

Aus dem Gleichgewicht gebracht. Im Frühjahr dieses Jahres hatte er seinem Tagebuch anvertraut: *Ich fühle mich innerlich ziemlich angespannt, ziemlich machtlos angesichts dieser frei schwebenden Emotionen der Liebe, des Hasses, der Zurückweisung, des Reizes, der Dankbarkeit und des Bedauerns. Ich erkenne, dass ich mit einigen tiefen, verschütteten Emotionen herumlaufe, und dass nicht viel nötig ist, um sie an die Oberfläche zu holen und mich aus dem Gleichgewicht zu bringen.*
Henri atmet noch einmal durch, dann lässt er mit einem Seufzen den Atem entweichen. Aus dem Gleichgewicht, das stimmt. Vielleicht offenbaren diese verstörenden, verschütteten Emotionen, dass sein Leben eine Aneinanderreihung von aus dem Gleichgewicht gebrachtem Versagen ist. Er versucht, den Finger auf seine ihm vertrauten Unsicherheiten zu legen, als würde er an einem Zahn wackeln, um zu sehen, ob er immer noch weh tut.
Was ist mit dem Buch, das er den Rodleighs schon so lange verspricht? Sie sind begabte, hervorragende Artisten. Sie werden enttäuscht sein, egal, was er schreibt.
Er probiert es mit einer anderen Frage und testet aus, wie empfindlich sich das anfühlt: Hat er sich sein ganzes Leben lang von einem Ort zum anderen treiben

lassen wie ein hungriger Geist? Wirkt das so armselig wie seine Bemühungen am Trapez? Er könnte sich sein Leben so vorstellen. Das ist, als würde er sich selbst in dem Video sehen, wie er schlaff am Trapez hängt, bevor er sich ins Netz fallen lässt.

Aber während er nun angeschnallt auf dieser Trage liegt, bekommen seine Ängste, die ihn schon so lange quälen, keine Bodenhaftung. Tatsächlich erscheinen sie beinahe komisch. Henri erinnert sich, wie seine eigene Verlegenheit über den Anblick, den er bot, als er so unglücklich am Trapez hing, in Anwesenheit seiner fröhlichen Freunde ganz schnell in Erheiterung umschlug. Beim Anschauen des Videos hatten sie gelacht, und ihr Lachen wurde noch fröhlicher, als sich Henri beschwerte, im Video bekäme man den Eindruck, er hätte zwei linke Füße und an seinen Händen nur Daumen.

In ihrer Erheiterung lag bedingungslose Annahme. Ihr Lachen war ansteckend, und Henri musste mitlachen, stimmte mit ein in die Fröhlichkeit, obwohl sie auf seine Kosten ging. Rodleigh und Jennie und die anderen lachten nicht über seine Bemühungen. Es gefiel ihnen, dass sie ihm die Erfahrung mit dem Trapez bieten konnten, und sie waren stolz auf ihn, dass er die Gelegenheit so bereitwillig ergriffen hatte.

Und, denkt er, dieser erbärmliche Anblick seines mageren Körpers am Trapez war die Sicht von außen. Seine innere Erfahrung war dynamisch! Er hatte es gewagt. Er war die schwingende Strickleiter hochgeklettert. Mit der Hilfe von einigen aus der Truppe hatte er den Trapezholm ergriffen und war vom Podest gesprungen. Sogar Rodleigh war beeindruckt von seiner begeisterten Furchtlosigkeit. Dort eine Weile an den Händen des Fängers zu hängen und in Jons Gesicht zu blicken, war sehr aufregend gewesen. Sogar loszulassen und ins Netz zu stürzen, war eine fröhliche Erfahrung, weil er sie mit Freunden teilen konnte.

Nein, erbärmlich wäre gewesen, diesem überwältigend körperlichen Wunsch, nach Selma zu fahren, zu widerstehen. Dann hätte er Charles keine Mitfahrgelegenheit anbieten und nicht in dieser außergewöhnlichen Gemeinschaft singen, essen und schlafen können, dann hätte er nicht diese Gefühle der Furcht und Freude erlebt. Dann wäre er in seiner Enklave aus überwiegend weißen Menschen geblieben und nicht mit Martin Luther Kings Leuten zu seiner Beerdigung gezogen. Erbärmlich wäre es gewesen, in Harvard zu bleiben und von Tag zu Tag einsamer und unglücklicher zu werden. Erbärmlich wäre gewesen, die Einladung, sich der Daybreak-Gemeinschaft anzuschließen, auszuschlagen oder vor der überraschenden Freundschaft mit Bill, Adam und so vielen anderen zurückzuschrecken. Oder seiner Angst vor Zurückweisung nachzugeben und nach seinem emotionalen Zusammenbruch nicht zu Daybreak zurückzukehren. Oder seiner Angst vor der Teilnahme an den Konferenzen des *National Catholic HIV/AIDS Ministry* nachzugeben.

Und wirklich erbärmlich wäre es gewesen, im Zirkus auf der Tribüne sitzen zu bleiben mit dem brennenden Wunsch, die Artisten kennenzulernen, sich aber lähmen zu lassen von der eigenen Verlegenheit.

Stattdessen war er seinem Herzen gefolgt, seiner inneren Berufung, selbst wenn es bedeutete, die eigene Sicherheit aufzugeben und die Hand auszustrecken nach etwas, das noch nicht in greifbarer Nähe lag.

Natürlich fühlte er sich häufig aus dem Gleichgewicht gebracht, erkennt er. Ein Flieger muss sein Gleichgewicht vollkommen aufgeben, sich von dem Podest nach dem Trapez ausstrecken und seinen Körper der Vorwärtsbewegung überlassen, bevor das Trapez wieder vollkommen in Reichweite ist. Das ist nur möglich, wenn man das Gleichgewicht vollkommen verliert.

Es ist ein Leben des Vertrauens. Und es ist noch nicht vorbei. Er kann es nicht erwarten, Rodleigh zu erzählen, dass er durch ein Fenster geflogen ist.

Obwohl er an so viele Geräte angeschlossen ist, fühlt er sich furchtlos wie schon lange nicht mehr, voller Mitgefühl für sein ängstliches und verletzliches Ich, das sich von Mut erfüllt entscheidet, ein großzügiges Leben zu führen. Oft in seinem Leben ist er gestürzt, häufig nicht besonders anmutig.

Erst wenige Monate ist es her, dass er Joan Kroc Mut gemacht hat: *Wenn wir Gottes bedingungslose Liebe zu uns radikal in Anspruch nehmen, können wir denen vergeben, die uns verletzt haben, und sie durch unsere Vergebung frei machen.* Von seiner luftigen Position auf seiner Trage aus denkt Henri an das offene Gespräch nach jedem Auftritt über das, was gelungen und das, was misslungen war. Er schickt ein schnelles Gebet der Reue und des guten Willens nach oben, vergibt allen, vergibt sich selbst.

Leben bedeutet, dass es Abstürze geben wird. Das ist das Leben, das ganze Leben. Wie oft hat er das zu anderen Menschen gesagt?

Manchmal habe ich gedacht, wie wäre es, wenn ich nicht mehr den Wunsch hätte, jeden zu beurteilen? Ich würde als sehr leichtfüßiger Mensch über die Erde wandeln.

Henri erkennt, was es bedeuten würde, auch aufzuhören, sich selbst zu beurteilen, auch sein eigenes Leben *mit den Augen Gottes* zu sehen. Trapezartisten können nicht allein arbeiten. *Ein Kunststück ist nicht vollständig, wenn es nicht vom Podest aus vorgeführt, wenn der Artist nicht vom Fänger aufgefangen wird und dann erfolgreich zum Podest zurückkehrt.* Flieger müssen ihrem Fänger vertrauen, dass er sie nicht nur sicher auffängt, erinnert er sich, sondern sie auch wieder für einen weiteren Flug in Bewegung setzt.

Die Rodleighs sagen indirekt zu mir: Hab keine Angst, ein wenig zu fliegen; hab keine Angst, ein paar doppelte oder dreifache Schrauben oder Saltos zu machen. Wenn du den Fänger tatsächlich verfehlst, stürzt du ins Netz, also, was soll's? Geh das Risiko ein und vertraue, vertraue, vertraue. So passt das auf mein Leben. Du weißt, das Leben steckt voller neuer Möglichkeiten, voller neuer Abenteuer, und ich möchte einfach auch weiterhin ausprobieren, worum es im Leben geht.

Er fühlt sich sehr leicht.

MIT EINEM RUCK KOMMT DIE Hebebühne auf dem Boden zum Stehen.

Dennies Stimme: „Wir sind da. Sie brauchen nichts zu tun. Hier sind acht Feuerwehrleute, die Sie in den Rettungswagen schieben!"

Henri öffnet die Augen, ein wenig verwirrt, um überrascht festzustellen, dass er unten angekommen ist.

Er hat das Gefühl, aufzusteigen.

EPILOG

Während die drei Flieger vom Podest weg schwangen, machten sie Schrauben und Saltos frei in der Luft, um dann von ihren beiden Fängern sicher wieder aufgefangen zu werden. Irgendwie tat ich einen Blick in das Geheimnis, der Geliebte zu sein: das Geheimnis, in dem vollständige Freiheit und vollständige Bindung eins sind, und in dem alles Loslassen und Mit-allem-verbunden-Sein sich nicht mehr ausschließen.

Henri starb nicht. Zumindest nicht zu jenem Zeitpunkt. Innerhalb weniger Minuten erreichte der Rettungswagen das Krankenhaus.

Henris Vater eilte mit seinen Brüdern und seiner Schwester an sein Krankenbett. Sie wollten ihn in dieser Situation nicht allein lassen. Henris Daybreak-Gemeinschaft auf der anderen Seite des Ozeans kam zusammen, um für ihn zu beten. Sein Freund Nathan buchte sofort einen Nachtflug nach Holland. Er traf am Dienstagmorgen dort ein.

„Ich glaube nicht, dass ich sterben werde", sagte Henri zu Nathan, „aber falls doch, dann richte bitte allen aus, dass ich dankbar bin. Ich bin sehr dankbar."

Am Donnerstagmorgen war Henri über den Berg und plante seine Heimkehr. Seine Herzschädigung war nicht besorgniserregend. In der Daybreak-Gemeinschaft ließ die Anspannung ein wenig nach, und wir konnten schon wieder Witze machen: „Wenn Gott eine Tür schließt, öffnet er ein Fenster."

Am Freitag betete Henri das Abendgebet mit seinen Freunden Jan und Nathan, anschließend begleitete er sie zum Eingang des Krankenhauses und winkte ihnen noch nach.

Am Samstag, den 21. September, erlitt Henri in den frühen Morgenstunden einen zweiten, massiven Herzinfarkt, den er nicht überlebte.

Henris Familie eilte ins Krankenhaus. Nachdem sie an Henris Totenbett gebetet hatte, erklärte sein Vater, Henri solle bei der Arche-Gemeinschaft beerdigt werden, bei der er in den letzten Jahren gelebt hatte. Seine Familie würde nach einer Trauerfeier in Utrecht seinen Leichnam geschlossen nach Kanada begleiten.

Die Nachricht von Henris Tod erreichte die Flying Rodleighs nach ihrem letzten Auftritt noch am selben Abend. Nach Henris Russlandreise war ein Treffen geplant gewesen. Lange Zeit saßen sie still zusammen und erinnerten sich an ihren Freund, und am nächsten Morgen war ihre Trauer auch bei ihrer Probe zu spüren. Doch bei der Nachmittagsvorstellung, nachdem sie, ihre silbernen Umhänge schwingend, in die Manege gelaufen waren, hielt Rodleigh eine kurze Rede und widmete diesen Auftritt dem Andenken an ihren Freund Henri, und ihm zu Ehren verlief ihr Auftritt fehlerlos. Bei ihrer letzten Verbeugung wanderte Rodleighs Blick zu dem Platz, von wo aus Henri ihnen zuletzt zugeschaut hatte, und wünschte, die Person, die dort saß, wäre Henri.

Bei der Trauerfeier in den Niederlanden vier Tage später erlebten Rodleigh und Jennie erneut, dass sie von Menschen, denen sie noch nie begegnet waren, wie alte Freunde begrüßt wurden. Henris Familie kannten sie bereits, und Rodleigh war tief gerührt, als Henris Bruder Laurent darauf bestand, dass Rodleigh seinen Platz als Sargträger einnahm. „Und wieder trug ich Henris Körper mit meinen Händen, aber dieses Mal nicht am Seil des Sicherheitsgürtels", dachte Rodleigh. Während des Trauergottesdienstes vergossen er und Jennie bittere Tränen, und Rodleigh unterdrückte seinen Drang, aufzuspringen und der Trauergemeinde zu sagen, dass sie einen ganz anderen Henri erlebt hätten: entspannt, neugierig, ein wenig extravagant, aufmerksam, heiter und lustig.

Und so gab es zwei Trauerfeiern: die eine in Utrecht, an der Rodleigh und Jennie Stevens teilnahmen, und eine andere in Kanada, bei der mehr als eintausend Menschen zusammenkamen.

Henris Leichnam flog in einem sehr hübschen klassischen Sarg aus honigfarbener Eiche über den Ozean. Als Henris Leichnam in Kanada eintraf, gab es auch dort zwei Särge. Jahre zuvor hatte Henri die Beschäftigten in der Schreinerei bei Daybreak gebeten, ihm, wenn er sterben sollte, einen Sarg zu zimmern. Während der langen Woche, in der wir auf Henris Rückkehr in Begleitung seiner Familie warteten, lud ich die Mitglieder der Gemeinschaft ein, ihre Gefühle zu zeichnen und zu malen. Die Kunstwerke flatterten herein, voller Leben und Farbe, und ich stellte damit einen ganz bunten, handbemalten Deckel her. In einem leuchtenden Regenbogen sah unser gemeinsames Kunstwerk aus wie eine Tür. In dem Bestattungsinstitut in der Nähe von Daybreak legten wir Henris Leichnam in unseren von Hand gefertigten Kiefernsarg. Sein Bruder Laurent und ich nahmen ihm die Krawatte ab, um deutlich zu machen, dass seine Reise zu Ende gekommen war, und brachten ihn heim nach Daybreak.

Aber seine Reise war doch noch nicht ganz zu Ende. Denn Henris Leichnam wurde auch zweimal beerdigt. Sein Wille war es, mit anderen Mitgliedern seiner Daybreak-Gemeinschaft begraben zu werden, doch vierzehn Jahre nach Henris Beisetzung auf einem kleinen katholischen Friedhof wurde deutlich, dass nicht genügend Platz neben ihm sein würde für andere Mitglieder der Daybreak-Gemeinschaft.

Sein Freund Bill Van Buren starb 2009 und wurde auf dem anglikanischen Friedhof St. John beigesetzt, ein Stück nördlich der Arche-Gemeinschaft Daybreak. Gegründet Mitte des neunzehnten Jahrhunderts, gab es auf diesem einfachen historischen Friedhof genügend Raum für viele Daybreak-Mitglieder.

Und so traten Henris sterbliche Überreste 2010 auf Bitte seines Bruders Laurent noch einmal eine Reise an. Ein speziell dafür entwickelter Bagger hob alles, was von Henris Leichnam noch übrig war, aus dem Grab und legte es in einen neuen Sarg.

Henris Leichnam liegt neben Bill begraben. Nach und nach sind fast ein Dutzend andere Mitglieder der Arche-Gemeinschaft Daybreak dazugekommen. Sogar im Tod erzählen ihre sterblichen Überreste eine geistliche Geschichte von dem Geheimnis des Loslassens und des Mit-allem-verbunden-Seins.

Mir wurde auf einmal klar, dass es das ist, worum es im Leben geht. Wir sind eingeladen, viele Dreifachschrauben und Sprünge zu machen, aber die große Sache ist, dem Fänger zu vertrauen und zu wissen, dass wir aufgefangen werden, wenn wir unsere besonderen Kunststücke gemacht haben. Wage ich es, loszulassen und zu sagen, dass das so geschehen wird, auch wenn ich manchmal ein wenig Angst habe? Ich bin dankbar, dass wir zusammen sein konnten – lasst uns füreinander beten, dass das, was wir in den kommenden Jahren tun werden, voller Mut, voller Zuversicht und voller Vertrauen geschieht.

DANK

Henri war fasziniert von der Beziehung der Flying Rodleighs untereinander. Die Trapezkunst ist keine Kunst für Individualisten. Die Künstler müssen das Beste voneinander erwarten, sie müssen immer bereit sein, zu vergeben, auf sich selbst zu vertrauen und sich gegenseitig volle Unterstützung zu geben und es immer noch einmal neu zu versuchen. Jeder Auftritt ist anders. Das war es, was Henri an der Künstlergemeinschaft so faszinierte. So geht es auch uns Schriftstellern! Weder Henri noch ich haben je ein Buch allein geschrieben. Die schriftstellerische Tätigkeit mag sehr einsam sein, aber ein Buch zu erschaffen, ist ein Gemeinschaftsprojekt.

Zuerst danke ich natürlich Henri Nouwen selbst, der mir und meiner Familie sowie meinen Kolleginnen und Kollegen bei der Arche-Gemeinschaft Daybreak ein lieber Freund gewesen ist. Seit seinem plötzlichen Tod sind fünfundzwanzig Jahre vergangen, aber seine Energie und Kraft leben weiter.

Ganz besonders danken möchte ich meinem geliebten Mann Geoff Whitney-Brown, ohne den dieses Buch weniger nuanciert wäre und der Prozess des Schreibens sehr viel weniger Spaß gemacht hätte. Gemeinsam haben wir Wochen in den Spezialsammlungen der Nouwen-Archive an der Universität des St. Michael's College in Toronto zugebracht, wo Simon Rogers und Liesl Joson geduldig unsere vielen Fragen beantwortet, unsere Bitten erfüllt und uns sehr weitergeholfen haben.

Mein besonderer Dank gilt Rodleigh Stevens, dass er mir gestattet hat, die vielen lebhaften Erinnerungen an Henri aus den fünf Jahren ihrer Freundschaft zu verwenden. Ich freue mich sehr auf Rodleighs Erinnerungen an sein bemerkenswertes Leben.

In der Anfangsphase vertraute ich meiner Freundin Ruth Rakoff an, Henris Leben sei ungewöhnlicher gewesen als Fiktion. Ruth erklärte mir, der Schlüssel zur Geschichte sei Henris Beziehung zu seinem Körper und dass er sich zu vielen verschiedenen Gemeinschaften hingezogen gefühlt hätte, die häufig übersehen oder ins Abseits gedrängt werden. Baue die Geschichte auf als Rückschau Henris während seines letzten und dramatischen Fluges aus dem Fenster des Hotels in Hilversum, schlug sie mir vor. Vielen Dank, Ruth, dass du diesem Buch eine Form gegeben hast.

Wie kann ein Patient während eines Herzinfarkts aus einem Fenster gehoben werden? Vielen Dank an Dennie Wulterkens, Rettungssanitäter in den Niederlanden. Dennies detaillierte Schilderung der Rettung Henris in Hilversum ist so genau wie möglich wiedergegeben. Grundlage dafür sind die Protokolle aus dem Jahr 1996.

Ganz herzlich danke ich Laurent Nouwen und seiner Familie für ihre Gastfreundschaft, ihre andauernde Ermutigung und die vielen Jahre der Freundschaft. Vielen Dank auch Franz und Reny Johna und Robert Jonas.

Henris engen Freunden, die immer sehr großzügig waren mit ihrer Ermutigung, ihren klugen Ratschlägen und ihren fröhlichen Einsichten gilt meine ganz besondere Wertschätzung und mein Respekt, besonders Patricia Beall Gavigan und Bart Gavigan, Frank Hamilton, Michael Harank, Peter und Anke Naus, Kathy Bruner, Carl McMillan und Ron P. van den Bosch. Besonders danke ich auch Robert Morgan für die Erlaubnis, aus seiner Rede zu Henris sechzigstem Geburtstag zu zitieren.

Ich bin sehr froh, dass meine Freunde und Familie bereit waren, die unterschiedlichen Entwürfe zu lesen: David Walsh, Celia McLean, Margaret Ford, Monica Whitney-Brown, Zachary Brabazon, Jordan Lambeth, Barbara Whitney, Jim Loney, Flavia Silano, Janine Langan, Joanne Hincks, Mary Lou Halferty, Stephanie und Joe Mancini, Jean Crowder, Michael Hryniuk, Janet Burlacu, David Whitney-Brown, Diane Marshall, Jamie Bennett, Spencer Dunn und Maggie Enwright.

Ganz besonders danke ich allen, die freundlich auf meine unerwarteten Anrufe reagiert haben, wenn ich Hilfe oder Rat brauchte, auch Kathryn Dean, Diana Cafazzo, Kerry Wilkins, Vicentiu Burlacu, Rachel Anderson, Dave und Maureen Carter-Whitney, Joe und Donna Abbey-Colborne, Jonathan Heyman, Mike Blair, Victoria MacKay, Jean Chong, Robert Ellsberg, Michael Higgins, Ian Gwynne-Robson, Joe Mihevc, Rosalee Bender und alle wunderbaren Mitarbeitenden bei Munro's Books in Victoria, BC.

In den Jahren, in denen dieses Buch entstand, habe ich sehr von meinen Kolleginnen und Kollegen am Centre for Studies in Religion and Society an der Universität von Victoria in British Columbia und an der St. Jerome's Universität in Waterloo in Ontario profitiert und sie schätzen gelernt.

Wie beim Trapezakt fliegt ein Buch hinaus in die Welt, weil eine große unsichtbare Gemeinschaft dahinter steht. Ich danke Sue Mosteller und allen vom Henri Nouwen Legacy Trust, dass sie dieses Projekt angestoßen und mir mit Henris Trapezmaterial freie Hand gelassen haben, im Vertrauen darauf, dass ich es „einfangen" würde. Mein herzlicher Dank gilt besonders Karen Pascal, Gabrielle Earnshaw, Judith Leckie, Sally Keefe Cohen, Stephen Lazarus und Sean Mulrooney. Ich danke auch der Canadian Writers Union und Warren Sheffer, dem freundlichsten und klarsichtigsten Rechtsanwalt, den sich eine Schriftstellerin nur wünschen kann.

Katy Hamilton von HarperOne war von dem Augenblick an, als sie das Manuskript das erste Mal gelesen hat, mit Begeisterung bei der Sache und hat mir viele hilfreiche Tipps gegeben. Chantal Tom und Mickey Maudlin brachten das Projekt mit freundlicher Kompetenz und Hingabe voran. Ich danke auch der Verlegerin Judith Curr und den Produktions-, Werbe- und Marketingexperten – mit anderen Worten allen in dem großartigen Team bei HarperOne, die mitgeholfen haben, dieses Buch auf den Weg zu bringen.

Und schließlich möchte ich Ihnen, unseren Leserinnen und Lesern, danken. In vieler Hinsicht geht es in Henris Geschichte darum, im Zusammenspiel mit anderen im Fliegen, Fallen und Fangen Freiheit zu finden. Ob in der Arche-Gemeinschaft, in Selma oder bei Martin Luther Kings Beerdigung oder bei den Menschen, die in der Krankheit AIDS dieselbe Erfahrung teilen oder in seiner Freundschaft mit herumreisenden Trapezartisten, Henris Geschichte macht deutlich, warum es belebend und geistlich erneuernd ist, die eigenen Lasten nicht allein, sondern zusammen mit anderen zu tragen.

Wann immer Henri über die Flying Rodleighs sprach, leuchteten seine Augen, und sein Gesicht verzog sich zu einem strahlenden Lächeln. Allein die Erinnerung an dieses Erleben erfüllte seinen ganzen Körper mit Freude. Er war immer bereit, diese Erfahrung mitzuteilen in der Hoffnung, seine Leser an einen Ort der *vollkommenen Versunkenheit, der vollkommenen Freude zu führen.* Wir leben in einer Zeit, in der wir uns leicht entmutigt oder allein fühlen, in Zeiten, wo es wichtiger denn je ist, auf andere zuzugehen und mit ihnen in Verbindung zu treten. Möge Henris ungewöhnliche Geschichte Ihnen helfen, Freude, Freiheit und Schönheit in Ihren eigenen einmaligen und unvollkommenen Gemeinschaften zu finden.

ÜBER DIE AUTOREN

Henri J. M. Nouwen, geboren am 24. Januar 1932 im niederländischen Nijkerk, wurde 1957 zum katholischen Priester geweiht. Nach seiner Promotion an der Universität Nijmegen wurde er Professor für Psychologie und Pastoraltheologie u. a. an den Universitäten Notre Dame, Yale und Harvard in den USA.

Er lebte mit Trappistenmönchen im Kloster, unter Armen in Peru und rang leidenschaftlich mit Fragen sozialer Gerechtigkeit. Nach einer lebenslangen Suche fand Henri Nouwen schließlich nach Hause, als er 1986 der Einladung von Jean Vanier folgte und sich der Arche-Bewegung anschloss; einer Lebensgemeinschaft von Menschen mit und ohne geistige Behinderung. Bis zu seinem Tod war er geistlicher Leiter der Arche-Gemeinschaft Daybreak in Toronto/Kanada.

Henri Nouwen verfasste mehr als vierzig Bücher über Spiritualität, die sich weltweit über acht Millionen Mal verkauften und in mehr als dreißig Sprachen übersetzt wurden.

Er starb am 21. September 1996.

www.HenriNouwen.org

Carolyn Whitney-Brown ist Autorin und promovierte Literaturwissenschaftlerin. Sie studierte am Victoria College der University of Toronto, sowie an der Brown University in Rhode Island, Kanada. Von 1990 bis 1997 lebte sie mit ihrer Familie in der Arche-Gemeinschaft Daybreak – bis zu seinem Tod gemeinsam mit Henri Nouwen.

Anschließend betreute die Autorin und promovierte Literaturwissenschaftlerin Projekte für die L'Arche Canada sowie L'Arche International. Sie war für den

Canadian Council of Churches, die Evangelical Fellowship of Canada sowie die United Church of Canada tätig. Carolyn Whitney-Brown ist Fellow am Centre for Studies in Religion and Society der University of Victoria und lehrt Religionswissenschaft an der St. Jerome's University an der University of Waterloo.

Neben Pubilkationen u. a. über Henri Nouwen sowie den Gründer der Arche-Gemeinschaften Jean Vanier veröffentlichte sie weitere Bücher sowie Essays.

Carolyn Whitney-Brown lebt gemeinsam mit ihrem Mann Geoff auf Vancouver Island, Kanada.

www.writersunion.ca/member/carolyn-whitney-brown

ANMERKUNGEN

EPIGRAPH

7   **„Als ich die Flying Rodleighs zum allerersten Mal erleben durfte":** Henri Nouwen, Interview auf Englisch im nicht verwendeten Material für den Film *Angels Over the Net*, produziert von Jan van den Bosch (The Company Media Produkties, Hilversum 1995). Eine DVD dieses nicht veröffentlichten Filmmaterials wird in den *Nouwen Archives* aufbewahrt.

7   **„Die zehn Minuten, die sich anschlossen":** Henri J. M. Nouwen, „Chapter I", S. 9–10. Dieses unveröffentlichte, getippte Manuskript wird in den *Nouwen Archives* aufbewahrt.

PROLOG

9   **Als sie telefonisch von Henris Tod erfuhren:** Rodleigh Stevens' Berichte darüber, wie sie von Henris Tod erfuhren, sie ihren Auftritt Henri widmeten und Henris Beerdigung besuchten, sind in seinen unveröffentlichten Memoiren „What a Friend We Had in Henri" zu finden. Diese Memoiren werden in den *Nouwen Archives* aufbewahrt.

9   **... als einer der Redner Henri als „gepeinigt" und „verletzt" schilderte:** In vielen Biografien wird diese Seite von Henri zum Thema gemacht, in Titeln wie: Michael Ford, *Wounded Prophet: A Portrait of Henri J. M. Nouwen* (New York 1999); Michael W. Higgins und Kevin Burns, *Genius Born of Anguish: The Life and Legacy of Henri Nouwen* (Mahwah 2012), und Michael Ford, *Lonely Mystic: A New Portrait of Henri J. M. Nouwen* (New York 2018).

10 **Henri glaubte, sein wichtigstes Buch:** Henris Freunde Bart und Patricia Gavigan erinnern sich an ein Gespräch mit Henri: „Mit der Zirkusgeschichte wollte er eine Brücke schlagen zu einer säkulareren Leserschaft, wie er es nie zuvor versucht hatte. Er hatte das Gefühl, dass dies das Wichtigste sei, was er je schreiben würde." Bart und Patricia Gavigan, „Collision and Paradox", in: *Befriending Life: Encounters with Henri Nouwen*, Hrsg. Beth Porter, New York 2001, S. 55–56. Das Gespräch mit den Gavigans findet sich in Kapitel 14 dieses Buches.

10   **… lebte ich … in der Arche-Gemeinschaft Daybreak … zu der auch Henri gehörte:**
        Siehe www.larche.org: „Die Arche-Gemeinschaft ist ein weltweiter Zusammenschluss
        von Menschen mit und ohne geistige Behinderungen, die gemeinsam tätig sind für eine
        Welt, in der alle zusammengehören. In der Arche-Gemeinschaft gibt es Teilhabe für
        jeden, jeder hilft und empfängt Hilfe. Die Arche-Gemeinschaft gründet auf gegenseitigen
        Beziehungen." Henri lebte von 1985 bis 1986 in einer Arche-Gemeinschaft in Frankreich,
        1986 zog er in die Arche-Gemeinschaft Daybreak in Richmond Hill, Ontario, in Kanada.

10   **… hatte ich die Einführung zu einer Neuauflage … geschrieben:** Siehe „Introduction",
        Memorial Edition of Henri Nouwens *The Road to Daybreak* (London 1997; dt. *Nachts
        bricht der Tag an – Tagebuch eines geistlichen Lebens*, Freiburg 1989), abgedruckt in der
        Ausgabe von 2013, „Introduction", *A Spirituality of Homecoming*, Henri J. M. Nouwen
        (Nashville 2012); „How Not to Comfort a New Orleans Hurricane Survivor" in: *Tur-
        ning the Wheel: Henri Nouwen and Our Search for God*, Jonathan Begtson und Gabrielle
        Earnshaw (Hrsg., Ottawa 2007), S. 135–144; „Henri at Daybreak: Celebration and Hard
        Work", in: *Remembering Henri: The Life and Legacy of Henri Nouwen*, Gerald S. Twomey
        und Claude Pomerleau (Hrsg., Maryknoll 2006), S. 119–137; „Safe in God's Heart",
        Sojourners Magazine 25, Nr. 6 (November–Dezember 1996); „Lives Lived – Henri J. M.
        Nouwen", *Globe and Mail*, 2. Oktober 1996.

12   **Mein wichtigstes künstlerisches Zugeständnis:** Es gibt eine Rechtfertigung für diesen
        fiktiven Rahmen. In seinem 1990 erschienenen Buch *Beyond the Mirror: Reflections on
        Death and Life* (New York 1990. Dt. *Der Spiegel des Jenseits*, Freiburg 1990) gab Henri
        an, er sei in der Lage, auch während eines medizinischen Notfalls zu reflektieren und zu
        denken. Siehe *Beyond the Mirror*, S. 23–24, 39.

        1993 schrieb er in seinem „Circus Diary – Part I: Finding the Trapeze Artist in the Priest"
        (*New Oxford Review 60*, no. 5, Juni 1993), dass in einer Krise das Leben wie in Zeitlupe
        mit geschärftem Bewusstsein vorbeilaufen kann und: *„Einige Leute sagen sogar, sie haben
        erlebt, wie ihr ganzes Leben in einer Sekunde an ihnen vorbeigezogen ist"* – siehe seinen
        Eintrag vom 10. Mai, zitiert in Kapitel 17. Außerdem hätten die Medikamente Droperidol
        und Fentanyl, die die Rettunssanitäter Henri im Hotel Lapershoek vermutlich verab-
        reicht hatten, seinen Schmerz und seine Angst reduziert und ihn möglicherweise auch
        redselig gemacht. Aber eine Sauerstoffmaske bedeckte seinen Mund, und deshalb wäre
        er nicht in der Lage gewesen, seine Gedanken auszusprechen. Darum führt Henri hier
        fiktive Selbstgespräche.

12   **„Ich hatte nicht vor, am Beispiel der Rodleighs eindrucksvolle geistliche Wahrheiten
        zu erklären …":** Sonntag, 17. Mai 1992, Eintrag in: „Circus Diary – Part II: Finding a New
        Way to Get a Glimpse of God" (*New Oxford Review 60*, no. 6, July–August 1993), S. 10.

KAPITEL 1

15   **Zwei Rettungssanitäter in weißer Kluft:** Einzelheiten zum Vorgehen der Rettungssani-
        täter basieren auf ausführlichen Gesprächen mit holländischen Rettungssanitätern und
        dem Rettungsspezialisten Dennie Wulterkens.

15   Henris Ankunft in Hilversum und der Notruf sind beschrieben in Michael Ford,
        Wounded Prophet, S. 201; Michael Ford, *Lonely Mystic*, S. 143–146. Siehe auch Michael

O'Laughlin, *Henri Nouwen: His Life and Vision* (Maryknoll 2005), S. 162, und Jurjen Beumer, *Henri Nouwen: Sein Leben – sein Glaube* (Freiburg 1998), S. 209.

16   **Anfangs hatte er versucht, seine Gedanken auf ein Tonband zu sprechen:** Henri diktierte seine ersten Eindrücke in ein Diktiergerät, das anschließend von seiner Sekretärin Connie Ellis in Kanada abgetippt wurde. Er hatte ihnen den Titel gegeben: „The Flying Rodleighs – The Circus". Dieses unveröffentlichte, abgetippte Transkript wird in den *Nouwen Archives* aufbewahrt.

16   **„Was mich wirklich packte":** Nouwen, „The Flying Rodleighs – The Circus", S. 1–3, 4.

KAPITEL 2

19   **„Entwickeln Sie die Geschichte nacheinander, eine Szene nach der anderen":** Theodore A. Rees Cheney, *Writing Creative Non-Fiction: How to Use Fiction Techniques to Make Your Nonfiction More Interesting, Dramatic, and Vivid* (Berkeley 1991), S. 33. Henris Exemplare der Bücher über das schriftstellerische Arbeiten mitsamt seinen Markierungen und Randbemerkungen befinden sich noch in der Bibliothek des Hauses der Arche-Gemeinschaft Daybreak, wo er lebte.

20   **„Der Besuch in der süddeutschen Stadt Freiburg ist immer ein großes Vergnügen für mich":** Nouwen, „Chapter I", S. 1–3. So beginnt ein zweiter Versuch Henris, über seine ersten Begegnungen mit den Flying Rodleighs zu schreiben, die Titel lauteten einfach: „Chapter I" und „Chapter II". „Chapter I" (wie bereits erwähnt) und „Chapter II" sind unveröffentlichte Manuskripte in Schreibmaschinenschrift, die in den *Nouwen Archives* aufbewahrt werden. Alle weiteren Zitate Nouwens in diesem Kapitel sind, soweit nicht anders gekennzeichnet, in seinem unveröffentlichten Manuskript „Chapter I" zu finden.

20   **„… mir selbst und anderen zu helfen, die tiefsitzende Gefahr der Selbstzurückweisung zu überwinden":** Dies war Thema in vielen von Henris Büchern. Er war sich der einzigartigen Gefahren der Selbstzurückweisung für schwule und lesbische Personen bewusst und schrieb ein Kapitel mit der Überschrift: „The Self-Availability or the Homosexual", in: W. Dwight Oberholtzer (Hrsg.), *Is Gay Good? Ethics, Theology, and Homosexuality* (Philadelphia 1971). Siehe auch Michael Fords Erklärung dieses Aufsatzes in *Lonely Mystic*.

20   **„Verfasser von Sachbüchern begrenzen sich darauf":** Cheney, *Writing Creative Nonfiction*, S. 127.

20   **„Die Zeit in Freiburg sollte jedoch einzigartig werden":** Nouwen, „Chapter I", S. 4, 6–9.

22   **„Eine Szene bildet die Bewegung des Lebens ab; Leben ist Bewegung":** Henri unterstrich diesen Satz in Cheney, *Writing Creative Nonfiction*, S. 49.

24   **„Die Flying Rodleighs waren atemberaubend":** In seinem diktierten Text nennt Henri die Kostüme der Frauen „Badeanzüge". „The Flying Rodleighs – The Circus", S. 5.

24   **Henri hatte sich schon immer zu Männern hingezogen gefühlt:** Siehe Ford, *Wounded Prophet*, S. 73, und Ford, *Lonely Mystic*, S. 56. Henri wählte sehr genau aus, mit wem er über seine sexuelle Orientierung sprach. Zwar spürten viele Leser intuitiv, dass er schwul war, doch er hatte sich nie dazu bekannt. In keinem der für die Veröffentlichung bestimmten Texte schrieb er über seine Sexualität. Aber er diskutierte mit seinen Verle-

gern die Möglichkeit, sie in künftigen Werken anzusprechen. Siehe Ford, *Wounded Prophet*, S. 66–67, 141–144, 191–194; Gabrielle Earnshaw (Hg.), *Love, Henri: Unveröffentlichte Briefe über Freundschaft, den Glauben und ein spirituelles Leben* (Asslar 2017), S. 20 f.; Ford, *Loney Mystic*, S. 56–72.

KAPITEL 3

28   **Erst neun Monate zuvor hatte er in Prag in sein Tagebuch geschrieben:** Samstag, 20. Januar 1996, Eintrag in Henri J. M. Nouwens original handschriftlichen Tagebüchern während seines Sabbatjahres 1995/96, die in den *Nouwen Archives* aufbewahrt werden. Siehe auch Henri J. M. Nouwen, *Sabbatical Journey: The Diary of His Final Year* (New York 1998; dt. *Das letzte Tagebuch*, Freiburg 2000), S. 91.

28   **Schon während seiner Universitätszeit sahen Henris Freunde in ihm einen sozialen Aufsteiger:** Siehe Carolyn Whitney-Brown, „Lives Lived: Henri J. M. Nouwen", in: *Globe and Mail* (2. Oktober 1996). Siehe auch Peter Naus, „A Man of Creative Contradictions", in: *Befriending Life*, S. 80–81.

29   **Henri war auch bewusst, dass er sich in seinem Körper nie wohl gefühlt hatte:** Eine einfühlsame literarische Diskussion über die Komplexität des „Erwachsenwerdens" als queeres Kind und Heranwachsender, siehe Kathryn Bond Stockton, *The Queer Child, or Growing Sideways in the Twentieth Century* (Durham 2009). Stockton war in den 1980er-Jahren eine von Henris Studentinnen an der Yale Divinity School. Interessanterweise nennt sie die Erfahrung, zum ersten Mal eine Frau zu küssen, einen „Selbst-Fenster-sturz". *Making Out, Avidly Reads Series* (New York 2019), S. 15–17.

29   **Seine Mutter führte dieses ständige Hungergefühl auf diese Anweisung zurück:** Siehe Ford, *Wounded Prophet*, S. 72–73. Henri schrieb auch über den Hungerwinter 1944/45 in Holland, wo so viele Menschen hungern mussten, und beschrieb seine tiefe Trauer, die er als Kind empfand, als der Gärtner der Nouwens Henris geliebte Gans Walter gestohlen hatte, damit seine Familie etwas zu essen hatte. Henri J. M. Nouwen, *Here and Now: Living in the Spirit* (New York 1994; dt. *Was mir am Herzen liegt*, Freiburg 1997), S. 8–49.

29   **Henri würde Dennie gern mehr von sich erzählen:** Michael Ford schreibt über Nouwens „Tendenz, mit Fremden sehr private Gespräche anzustoßen" (*Wounded Prophet*, S. 144; siehe auch S. 213).

29   **In einem Interview im Jahr 1995 war Henri gefragt worden:** Nouwen-Interview in englischer Sprache in dem nicht verwendeten Filmmaterial für den Film *Angels Over the Net*.

KAPITEL 4

30   Alle Zitate Nouwens sind, sofern nicht anders gekennzeichnet, seinem unveröffentlichten Manuskript „Chapter I" entnommen.

30   **Niemand hatte Henri je gesagt, dass Trauer sich genauso anfühlte wie Furcht:** Dies ist der erste Satz aus C. S. Lewis' Buch *Über die Trauer* (Erstveröffentlichung 1961). Obwohl Henri vermutlich eine frühere Ausgabe von Lewis' Buch besaß, ist das Buch in seiner

Bibliothek bei Daybreak eine Ausgabe aus dem Jahr 1989, C. S. Lewis, *A Grief Observed* (San Francisco 1989), S. 3.

31 **Karlene wurde unsicher, als der Zirkusdirektor:** Dieser Bericht findet sich in Stevens, „What a Friend We Had in Henri", S. 2.

KAPITEL 5

34 **Alle Zitate Nouwens sind,** sofern nicht anders gekennzeichnet, seinem unveröffentlichten Manuskript „Chapter I" entnommen.

34 **Ativan nimmt er nun schon seit mehr als sieben Jahren:** Henris Einnahme von Ativan und sein Gespräch darüber mit seinem Arzt sowie die Zitate stammen aus dem nicht veröffentlichten Eintrag „Thursday March 21, '96" in: Nouwen, handschriftliche Sabbatjahr-Tagebücher 1995/96.

35 **Über Erfahrungen zu schreiben, die viele Menschen teilen:** Siehe Henri J. M. Nouwen, *Our Greatest Gift: A Meditation on Dying and Caring* (New York 1994, dt. *Die Gabe der Vollendung*, Freiburg 1995), S. 4–5.

36 **Seufzend begab sich Rodleigh nach hinten:** Alle Einzelheiten aus Rodleigh Stevens' Perspektive finden sich in Stevens, „What a Friend We Had in Henri", S. 2–3.

KAPITEL 6

43 **Im Jahr 1988, als Henri einen schlimmen Unfall hatte:** Nouwen, *Beyond the Mirror*.

43 **„Alles hat sich verändert":** Nouwen, *Beyond the Mirror*, S. 31.

43 **„… als ob eine starke Hand mich aufgehalten … hätte":** Nouwen, *Beyond the Mirror*, S. 31.

44 **„Trotz der starken Schmerzen empfand ich ein vollkommen unerwartetes Gefühl der Sicherheit":** Nouwen, *Beyond the Mirror*, S. 39.

44 **„Eine lange Zeit der Einsamkeit in einem Trappistenkloser als Unterbrechung des hektischen Lebens an den Hochschulen":** Nouwen, *Beyond the Mirror*, S. 15–16.

44 **Denn schließlich:** Holländer gelten als sehr ordnungsliebend und organisiert. Siehe Henris Beschreibung von sich in: Nouwen, *Beyond the Mirror*: „Da ich meine Ungeduld kenne und um mein Bedürfnis weiß, die Kontrolle zu behalten …" (S. 39).

44 **Marsch … in Selma, für den er sein Psychologiestudium unterbrach:** Siehe Kapitel 10, Anmerkungen; Nouwen, „We Shall Overcome: A Pilgrimage to Selma, 1965" in: John Dear (Hrsg.), *The Road to Peace: Writings on Peace and Justice* (Maryknoll 1998), S. 75–95.

44 **Das Gemälde ist riesengroß:** Eine Beschreibung des Gemäldes und eine Schilderung, wie Henri ein Sessel gebracht wurde, damit er es sich in aller Ruhe anschauen konnte, siehe Henri J. M. Nouwen,, *Nimm sein Bild in dein Herz: Geistliche Deutung eines Gemäldes von Rembrandt* (Freiburg ⁴1995), S. 21 ff.

45 **„Ich bin hier, um zu schreiben, nicht um den Zirkus zu besuchen!":** Nouwen, „Chapter I", S. 25.

45   „Am folgenden Morgen sah ich, als ich an meinem Schreibtisch saß, andauernd auf
      meine Uhr": Nouwen, „Chapter II", S. 1. Die folgenden Zitate Nouwens sowie Details in
      diesem Kapitel sind, wenn nicht anders gekennzeichnet, in Nouwens unveröffentlichtem
      Manuskript „Chapter II" zu finden.

46   Rodleigh konnte es an diesem Morgen kaum erwarten, an seinem neuen Kunststück zu
      arbeiten: Stevens, „What a Friend We Had in Henri", S. 4.

KAPITEL 7

50   „Ist dieser Trapezakt eines der Fenster im Haus des Lebens?: Nouwen, „Chapter II",
      S. 8–10. Alle Zitate in diesem Kapitel sind, wenn nicht anders gekennzeichnet, in Nou-
      wens unveröffentlichtem Manuskript „Chapter II" zu finden.

51   Die Probe ging zu Ende: Der Bericht im restlichen Kapitel ist, mit Ausnahme von Henris
      Worten, zu finden in Stevens, „What a Friend We Had in Henri", S. 4–6.

KAPITEL 8

54   „Am Ende ließen sie sich jedes Mal von ganz oben ins Netz fallen": Nouwen, „The
      Flying Rodleighs – The Circus", S. 29.

54   „Auf dem einen Kanal ... ein Rockkonzert mit Tina Turner": Unveröffentlicher Ein-
      trag vom 6. März 1986 in den Tagebüchern 1985/86. Diese unveröffentlichten, abge-
      tippten Transkripte werden in den Nouwen Archives aufbewahrt. Henri vereinfacht das
      Tina-Turner-Konzert, indem er nur David Bowie als Sänger nennt, der mit Tina Turner
      gesungen habe. Doch eine Videoaufnahme auf YouTube von Tina Turners Konzert im
      Jahr 1985 zeigt, dass Bryan Adams den Song „It's Only Love" mit Turner singt. Anschlie-
      ßend singen Turner und Bowie zusammen „Tonight".

KAPITEL 9

57   „In den nächsten Tagen ging ich so oft wie möglich in den Zirkus": Nouwen, „Chapter
      II", S. 14–16. Alle Zitate von Nouwen in diesem Kapitel sind, wenn nicht anders gekenn-
      zeichnet, aus Nouwens unveröffentlichtem Manuskript „Chapter II".

58   Henri wollte sich im Hintergrund halten: Stevens, „What a Friend We Had in Henri",
      S. 5–6.

KAPITEL 10

62   Sonntag war der letzte Tag des Zirkus Barum in Freiburg": Nouwen, „Chapter II",
      S. 21–27.

KAPITEL 11

65 **„Alles begann mit einem Gefühl der Ruhelosigkeit":** Dieser Bericht über Henris Reise nach Selma, seiner Teilnahme an dem Marsch und seiner Rückkehr nach Topeka bezieht sich auf Nouwen, „We Shall Overcome", S. 75–95. Alle Zitate Nouwens und Einzelheiten in diesem Kapitel sind, wenn nicht anders gekennzeichnet, aus „We Shall Overcome".

67 **„Widerstand, der sich für den Frieden einsetzt"** und **„Der einzelne Mensch, selbst der beste und stärkste":** Henri J. M. Nouwen, *Peacework: Prayer, Resistance, Community* (Maryknoll 2005), S. 97.

67 **... dass Martin Luther King Jr. ermordet worden war:** Dieser Bericht über Henris Teilnahme an Martin Luther Kings Beerdigung bezieht sich auf Henri J. M. Nouwen, „Were You There? The Death of Dr. Martin Luther King Jr, 1968", in: *The Road to Peace*, S. 96–105. Die folgenden Zitate Nouwens und Einzelheiten über Kings Beerdigung sind, wenn nicht anders gekennzeichnet, in „Were You There?" zu finden.

69 **„Wisst ihr, in dieser Welt, in der es so viel Trennung gibt":** Nouwen, Interview in englischer Sprache im nicht verwendeten Material für den Film *Angels Over the Net*.

KAPITEL 12

70 **Aber nur fünf Jahre zuvor:** Dieser Bericht über Henris Umzug in die Arche-Gemeinschaft Daybreak im Herbst 1986 findet sich in Sue Mosteller, „Funeral Eulogy for Henri Nouwen" in: Robert Durback (Hrsg.), *Seeds of Hope: A Henri Nouwen Reader* (New York 1997), S. 17–18 und Ford, *Wounded Prophet*, S. 157–58. Siehe auch Mary Bastedo, „Henri and Daybreak: A Story of Mutual Transformation" in: *Befriending Life*, S. 27–29.

71 **Sue Mosteller, die der Gemeinschaft schon lange angehörte:** Die Bedeutung von Sue Mosteller in Henri Nouwens Leben von diesem Punkt an kann gar nicht hoch genug eingeschätzt werden. Siehe Gabrielle Earnshaw, *Henri Nouwen and the Return of the Prodigal Son: The Making of a Spiritual Classic* (Orleans 2020), S. 67.

71 **Seine körperlichen Erfahrungen der Solidarität:** Henris Tagebuch aus seiner Zeit in Lateinamerika wurde veröffentlicht unter dem Titel *Gracias! A Latin American Journal* (Maryknoll 1983).

71 **„Mir wurde gesagt, der Auftrag der Arche sei es, mit den Kernmitgliedern ‚zu leben'":** Henri J. M. Nouwen, *Adam – Mein Freund ohne Worte* (Cuxhaven 2022), S. 44.

71 **„Ich lebe in einem Haus mit sechs behinderten Menschen und vier Helfern":** Henri J. M. Nouwen, „Adam's Story: The Peace That Is Not of This World", in: *Seeds of Hope*, S. 254 f., ursprünglich ein Vortrag in der Harvard St. Paul's Catholic Church (10. Februar 1987).

73 **„Während der vergangenen Monate habe ich":** Henri J. M. Nouwen, „L'Arche and the World", in: *The Road to Peace*, S. 166 f.

73 **„Adam ist das schwächste Mitglied unserer Familie":** Nouwen, „Adam's Story", S. 255.

74 **„Ich war entsetzt":** Nouwen, *Adam*, S. 45 f.

74 **„Es dauert ungefähr eineinhalb Stunden, Adam aufzuwecken":** Nouwen, „Adam's Story", S. 256.

75   **„Beim Laufen musste ich mich hinter ihn stellen und ihn mit meinem Körper … stüt-
     zen":** Nouwen, *Adam*, S. 46 f., 49 f.

KAPITEL 13

76   **„Wenn ich an den Zirkus Barum und Daybreak denke":** Mittwoch, 6. Mai, Tagebuch-
     eintrag in Nouwen, „Circus Diary – Part I", S. 9.

76   **Doch warum, fragt sich Henri:** Zu Henris Bericht über seinen Zusammenbruch siehe
     Nouwen, *Adam,* S. 85 ff., und Henri J. M. Nouwen, *The Inner Voice of Love: A Journey
     Through Anguish to Freedom* (New York 1996; dt. *Die innere Stimme der Liebe: Aus der
     Tiefe der Angst zu neuem Vertrauen,* Freiburg 2016), S. xxiii-xvii. Siehe auch Ford, *Woun-
     ded Prophet,* S. 168–71.

76   **… es hatte sich von einem „themenorientierten Leben" zu einem „personenorientier-
     ten Leben" verschoben:** Henri erklärte, dass diese Bewegung entstanden sei, weil er sich
     der Arche-Gemeinschaft angeschlossen hatte, siehe Nouwen, „L'Arche and the World",
     S. 168.

77   **„Ich begann zu erkennen, dass die sanfte Sicherheit des Neuen Hauses":** Die folgenden
     Zitate sind, wenn nicht anders gekennzeichnet, aus Nouwen, *Adam.*

79   **„Wenn du neugierig bist auf das Leben anderer Menschen":** Eintrag „22 Feb '88" in
     Henri J. M. Nouwens handschriftlichem Tagebuch von 1987/88. Das Tagebuch wird in
     den *Nouwen Archives* aufbewahrt. Auszüge aus diesem Tagebuch wurden später veröf-
     fentlicht in Nouwen, *Die innere Stimme der Liebe.*

79   **„Eine neue Spiritualität wird in dir geboren":** Eintrag „22 Feb '88" in Nouwen, Tage-
     buch 1987/88.

79   **Er lebte jetzt im Einkehrhaus der Gemeinschaft:** Carolyn Whitney-Browns Erinnerun-
     gen an Henris Heim bei der Arche-Gemeinschaft Daybreak.

KAPITEL 14

81   **Auf der Fahrt … von Freiburg … dachte Rodleigh:** Stevens, „What a Friend We Had in
     Henri", S. 6–7.

81   **„Nachdem der Zirkus Barum Freiburg verlassen hatte und ich nach Toronto zurückge-
     kehrt war":** Nouwen, „Circus Diary – Part I", S. 8. Alle weiteren Zitate von Nouwen sind,
     wenn nicht anders gekennzeichnet, aus „Circus Diary – Part I".

82   **„Das war wundervoll!", waren Henris erste Worte:** Stevens, „What a Friend We Had in
     Henri", S. 7–11.

83   **Wieder zurück in Kanada:** Dieser Bericht über Henris Gespräch mit den Gavigans ist zu
     finden in „Collision and Paradox", *Befriending Life,* S. 55–56, erweitert durch ihre weite-
     ren Erinnerungen im Dezember 2020. Bart Gavigan schrieb übrigens das Drehbuch für
     den „Luther"-Film mit Joseph Fiennes, Sir Peter Ustinov, Bruno Ganz u. a. (2003).

KAPITEL 15

87   **„Karlene machte diese Aufnahmen mit ihrer Kamera":** Nouwen, „The Flying Rodleighs – The Circus", S. 8–10, 14–15.

89   **In den Monaten, nachdem Henri … zurückgekehrt war:** Siehe Whitney-Brown, „Henri at Daybreak", S. 122–125.

89   **Im Januar richtete die Arche-Gemeinschaft …:** Ein Video der Gemeinschaft von der Feier von Henris sechzigstem Geburtstag wird in den *Nouwen Archives* aufbewahrt. Mein Bericht über das Fest basiert auf diesem Video sowie persönlichen Erinnerungen.

KAPITEL 16

92   **„Was ist das Risiko?", war eine der wichtigsten Fragen:** Diese Fragen sind in den unveröffentlichten handschriftlichen Notizen Henris während des Workshops der Gavigans zu finden und werden in den *Nouwen Archives* aufbewahrt.

KAPITEL 17

94   **„Als ich nach meiner Rückkehr nach Toronto … über meine Erfahrung … sprach":** Nouwen, „Circus Diary – Part I", S. 9. Alle Zitate Nouwens in diesem Kapitel sind, wenn nicht anders gekennzeichnet, in „Circus Diary – Part I" zu finden. Ich habe, dem Rat Rodleigh Stevens folgend, kleinere Anpassungen in Henris Beschreibung der technischen Details vorgenommen.

94   **Rodleigh und die Truppe freuten sich:** Dieser Bericht über Henris Reisen und seinen Besuch bei den Flying Rodleighs im Mai 1992 ist zu finden in Stevens, „What a Friend We Had in Henri", S. 12–14.

KAPITEL 18

101   Alle Nouwen-Zitate in diesem Kapitel sind, wenn nicht anders gekennzeichnet, in „Circus Diary – Part I" zu finden.

101   **Nach drei Tagen war es, als wäre Henri bereits seit Jahren mit ihnen zusammen:** Dieser Bericht über Henris Interaktionen mit der Truppe findet sich in Stevens, „What a Friend We Had in Henri", S. 14–16.

102   **„Was du sagst, ist unglaublich wichtig, nicht nur für das Trapez, sondern auch für das Leben":** Nouwen, Interview in englischer Sprache im nicht verwendeten Material für den Film *Angels Over the Net*. Dieses Zitat findet sich auch in der endgültigen englischen Fassung des Films.

KAPITEL 19

105   Alle Nouwen-Zitate in diesem Kapitel sind, wenn nicht anders gekennzeichnet, in „Circus Diary – Part I" zu finden.

105   **Rodleigh und die anderen wussten, dass sie für die Fahrt länger brauchen würden:** Stevens, „What a Friend We Had in Henri", S. 16.

110   **„Die Fahrt über die deutschen Straßen von Datteln nach Kamen gestern Abend":** Dieses und die folgenden Nouwen-Zitate sind in „Circus Diary – Part II" zu finden.

110   **Jennie blickte zu Rodleigh und verdrehte die Augen:** Nach Stevens, „What a Friend We Had in Henri", S. 16

KAPITEL 20

115   **„Je länger ich hier bin, desto mehr entdecke ich, über das ich schreiben kann":** Alle Nouwen-Zitate in diesem Kapitel sind, wenn nicht anders gekennzeichnet, in „Circus Diary – Part II" zu finden.

117   **„Konfrontiert mit der Suche nach Struktur, lehnen Sie sich zurück, sichten Sie, durchmischen und sortieren Sie":** Cheney, *Writing Creative Nonfiction*, S. 140. Henri markierte diesen Abschnitt.

119   **Rodleigh kümmerte sich um den Aufbau, und Jennie brachte Henri zum Bahnhof:** Stevens, „What a Friend We Had in Henri", S. 16–17.

KAPITEL 21

120   **„Ich spüre, dass Franz meine Begeisterung für den Zirkus noch immer nicht ganz teilt":** Alle Nouwen-Zitate in diesem Kapitel sind, wenn nicht anders gekennzeichnet, in „Circus Diary – Part II" zu finden.

121   **Die Wohnung im zweiten Stock:** Während seiner verschiedenen Besuche bei Franz und Reny Johna schrieb Henri mehrere Bücher, darunter auch *Our Greatest Gift*.

123   **„Hören Sie allen zu":** Diesen Satz unterstrich Henri in Cheney, *Writing Creative Nonfiction*, S. 127.

124   **Nach einem herzlichen Abschied am frühen Morgen:** Stevens, „What a Friend We Had in Henri", S. 18.

KAPITEL 22

126   **„… wie individualistisch und elitär meine eigene Spiritualität gewesen ist" … „eine Spiritualität für introspektive Menschen":** Zitate von Henri Nouwen aus „Foreword" in Gustavo Gutierrez, *We Drink fom Our Own Wells: The Spiritual Journey of a People*, (Maryknoll 1984), S. xvi.

126   **„Ich habe sehr deutlich gesehen, dass alle zusammen einen Leib bilden, als ein Ganzes":** Interview mit Jan van den Bosch im Film *Henri Nouwen: The Passion of a Wounded*

Healer (Christian Catalyst Collection, EO Television, erhältlich bei Amazon Prime. Stand Januar 2021).

126 **Weniger als zwei Wochen, nachdem Henri mit seinem Wohnmobil abgefahren war:** Dieser Bericht über Henris Brief an Rodleigh im Juni 1992 ist zu finden in Stevens, „What a Friend We Had in Henri", S. 10

127 **… schrieb er an John Dear:** Dear, *The Road to Peace*, S. xxiv.

127 **Ende November schrieb Henri erneut an Rodleigh:** Stevens, „What a Friend We Had in Henri", S. 19.

127 **Er konnte sich gut vorstellen … in drei Bewegungen zu erzählen:** Dieser Entwurf eines Abrisses ist in Henris unveröffentlichtem Notizbuch aus dem Jahr 1992 zu finden, das in den *Nouwen Archives* aufbewahrt wird. Alle Zitate in diesem Kapitel sind diesem Abriss in seinem Notizbuch entnommen.

128 **„Ich will nicht einfach nur ein weiteres Buch schreiben":** Nouwen, Interview in englischer Sprache im nicht verwendeten Material für den Film *Angels Over the Net*. Eine verdichtete Version dieses Zitats findet sich in der endgültigen englischen Filmfassung.

129 **„Warum sollte ich über einen Trapezakt schreiben?":** Nouwen, „Circus Diary – Part II", S. 8.

KAPITEL 23

130 **Das Gemälde zeigte ein Gleichnis, das Jesus erzählt hatte:** Jesu Gleichnis vom verlorenen Sohn findet sich in der Bibel, im Neuen Testament, in Lukas 15,11–32.

130 **Und so meditierte er über mehrere Jahre hinweg über diesem Gemälde von Rembrandt:** Nouwen, *Nimm sein Bild in dein Herz*, S. 15–31.

131 **In England gab sein Freund Bart Gavigan Henri den Rat, sich auch in dem älteren Sohn zu suchen:** Nouwen, *Nimm sein Bild in dein Herz*, S. 33 f.

131 **Als er nach und nach Frieden in seinem Körper fand:** Nouwen, *Nimm sein Bild in dein Herz*, S. 35 f.

132 **Nach Fertigstellung des Buches überlegte er sich einen Titel:** Diese von ihm verworfenen Buchtitel sind in Henris Handschrift auf der Titelseite von Entwurf 4 seines Manuskripts zu finden, das in den *Nouwen Archives* aufbewahrt wird. Gabrielle Earnshaw nennt in *Henri Nouwen and the Return of the Prodigal Son* sehr viel mehr Details über die Entstehung von Henris berühmtestem Werk.

132 **„Sie probierten etwas Neues aus":** Nouwen, „The Flying Rodleighs – The Circus", S. 8–9.

KAPITEL 24

134 **„Als ich die Flying Rodleighs zum ersten Mal sah":** Nouwen, „Letter to Bart Gavigan, December 2, 1994", aufbewahrt in den *Nouwen Archives*.

134 **„Für mich ist es außerordentlich faszinierend, dass diese Kunst":** Nouwen, Interview mit Jan van den Bosch im Film *Henri Nouwen: The Passion of a Wounded Healer*.

135 **Henris Freund Frank Hamilton las Henris Tagebuch von 1992:** Dieser Bericht von Frank Hamilton, der Henri anbietet, ihn bei seinem Besuch bei den Flying Rodleighs im Juni 1993 zu begleiten, ist zu finden in „Interview with Frank Hamilton", *Henri Nouwen Oral History Project*, Interview durch Sue Mosteller, 1. November 2005, S. 35 des transkribierten Manuskripts. Audio-Interview und Transkript werden in den *Nouwen Archives* aufbewahrt.

135 **… trank Ron seinen Kaffee und nahm sich Zeit für die Antwort:** Persönliche E-Mail von Ron P. van den Bosch, November 2020.

136 **„Ich lernte das Trapezleben von innen heraus kennen":** Nouwen, Interview im nicht verwendeten Material für den Film *Angels Over the Net*. Abgesehen vom ersten Satz findet sich das ganze Zitat in der endgültigen englischen Filmfassung.

136 **Henri und Frank stießen im Juni 1993 zu der Truppe:** Stevens, „What a Friend We Had in Henri", S. 19–22.

137 **„Und? Was sagt ihr?", fragte Henri seine Freunde:** Übernommen aus „Interview with Frank Hamilton" von Sue Mosteller, *Henri Nouwen Oral History Project*, 1. November 2005.

137 **Jennies Essen am nächsten Tag:** Stevens, „What a Friend We Had in Henri", S. 22.

137 **An einem Nachmittag drängte Henri Ron, ein Foto von ihm und Frank und der Truppe zu schießen:** Stevens, „What a Friend We Had in Henri", S. 22.

KAPITEL 25

139 **Den Höhepunkt des Besuchs im Jahr 1993 erlebte Henri am 6. Juni:** Nouwen, unveröffentlichte handschriftliche Notizen in seinem Tagebuch unter „June 6th '93", „Flying Rodleighs Technical Description of the Trapeze Act Circus Barum 1992", *Nouwen Archives*.

140 **Rodleigh gefiel es, Henri … auf dem Podest zu sehen:** Stevens, „What a Friend We Had in Henri", S. 22.

141 **„Ich mag sie sehr, Henri":** Übernommen aus „Interview mit Frank Hamilton" durch Sue Mosteller.

142 **„Der Akt ist wie eine russische Ikone":** Die direkten Zitate, kursiv gedruckt, in dieser Szene, in denen sich die Freunde Gedanken machen über Henris Buch, sind in Henris unveröffentlichten handschriftlichen Einträgen zu finden unter der Überschrift „Notes by Frank" in einem Notizbuch, das 1992 begonnen und 1993 weitergeführt wurde. Auf dem Deckel steht: „Circus Barum, Diary, Notes". Dieses Notizbuch wird in den *Nouwen Archives* aufbewahrt. In Henris Notizen werden manchmal Ron oder Frank als Sprecher genannt. Frank Hamilton bestätigte, dass meine Rekonstruktion ihres Gesprächs anhand von Henris Notizen sehr genau wiedergibt, woran er sich noch erinnert. In seiner Anfangsbemerkung nimmt Frank möglicherweise Bezug auf Henris Buch über Ikonen *Behold the Beauty of the Lord: Praying with Icons* (South Bend 1987; dt. *Bilder göttlichen Lebens – Ikonen schauen und beten*, Freiburg 1987).

225

....

KAPITEL 26

144 **Rodleigh sah Henri erst bei einem kurzen Besuch im November 1993 wieder:** Stevens, „What a Friend We Had in Henri", S. 24–25.

144 **Im folgenden Frühjahr schickte Henri Rodleigh ein Exemplar von *Our Greatest Gift*:** Stevens, „What a Friend We Had in Henri", S. 27.

144 **Es war nicht so, dass er keinen religiösen Hintergrund hätte:** Henris unveröffentlichtes Transkript „Interviews with Karlene Stevens and Rodleigh Stevens, November 1991" wird in den *Nouwen Archives* aufbewahrt.

145 **„Eines Tages saß ich mit Rodleigh, dem Leiter der Truppe, in seinem Wohnwagen zusammen und unterhielt mich mit ihm über das Fliegen":** Nouwen, *Our Greatest Gift*, S. 67.

KAPITEL 27

147 **„Ich liebe diese Trapezartisten sehr!":** Am 3. Mai 1994 beim *Dialogue '94*: Während einer *Call to Partnership Conference* in Milwaukee, Wisconsin, wurde Henri mit der COMISS-Medaille (*Coalition On Ministry In Specialized Setting*) für seinen außergewöhnlichen internationalen Beitrag im Bereich der pastoralen Fürsorge, Seelsorge und Bildung ausgezeichnet. Die Überreichung und seine sehr lebendige Rede sind auf YouTube zu sehen: https://youtu.be/9hHBoPh6eKc.

148 **1994 war AIDS in den Vereinigten Staaten die häufigste Todesursache:** Um ein Gefühl dafür zu bekommen, wie sehr die AIDS-Pandemie um sich griff, siehe https://www.hiv. gov/hiv-basics/overview/history/hiv-and-aids-timeline. Henri hatte seit Beginn der Pandemie den Verlust von Freunden betrauern müssen, Kontakt aufgenommen zu Menschen in den AIDS-Netzwerken und ihnen Unterstützung gegeben. Siehe Earnshaw (Hg.), *Love, Henri*, S. 138–140.

149 **„Ich bin sehr dankbar, dass ich die ganze Woche hier sein konnte!":** Alle Zitate Henris aus seinem Vortrag bei der Konferenz im Jahr 1994 haben die Audio-Aufzeichnung Henri Nouwen, „As I Have Done So You Are Called to Do" von der *Seventh National Catholic HIV/AIDS Ministry Conference* am 26. Juli 1994 in Chicago zur Grundlage. Diese Aufzeichnung wird in den *Nouwen Archives* aufbewahrt. Eine Kurzfassung in schriftlicher Form wurde veröffentlicht unter Nouwen, „Our Story, Our Wisdom", in: *The Road to Peace*, S. 175–183.

KAPITEL 28

153 **Sein Vater mochte:** Henri sprach häufig davon, dass sein Vater intelligente Menschen, Bücher und Analysen besonders mochte.

154 **„Was mich an dem Akt tief berührt":** Nouwen, Brief an Bart Gavigan, 2. Dezember 1994.

154 **Im Sommer 1994 kam Henri die Idee:** Dieser Bericht über die Vorbereitung und Entstehung des Films *Angels Over the Net* ist in Stevens, „What a Friend We Had in Henri", S. 28–33, zu finden.

154 „Die Flying Rodleighs sind eine Trapeztruppe“: Nouwen, Brief an Bart Gavigan, 2. Dezember 1994.

155 **Henris Freund Jan interviewte ihn vor laufender Kamera:** Alle Zitate von Jan van den Bosch und Henri sind dem Interview in englischer Sprache aus dem nicht verwendeten Material für den Film *Angels Over the Net* entnommen. Etwa ein Viertel der Zitate hier findet sich auch in der endgültigen Filmfassung.

156 **„Wir alle wollen dreifache und doppelte Saltos und Schrauben und doppelte doppelte Schrauben machen“:** Nouwen, Interview im nicht verwendeten Material für den Film *Angels Over the Net*. Dieses Zitat findet sich auch in der endgültigen Filmfassung.

157 **„Jetzt lebe und arbeite ich mit Menschen mit geistigen Behinderungen“:** Nouwen, Interview in englischer Sprache aus dem nicht verwendeten Material für den Film *Angels Over the Net*. Alle Zitate hier finden sich auch in der endgültigen Filmfassung. Zum besseren Verständnis habe ich das, was Henri über die Rodleighs sagt, hinter das gesetzt, was er über seine Arche-Gemeinschaft sagt.

KAPITEL 29

159 **Seine Freundinnen Sue Mosteller und Kathy Brunner begleiteten ihn:** Sue Mosteller vertraute mir an, wie beunruhigt Henri war in Bezug auf diese zweite Konferenz. Den Ausdruckstanz bei der AIDS-Konferenz 1995 und Henris Reaktion darauf hat mir Henris und meine Freundin Kathy Brunner geschildert.

159 **Dieses Mal gab er seinem Vortrag die Überschrift „Sich mit dem Tod anfreunden“:** Henri Nouwen, „Befriending Death“, *Eighth National Catholic HIV/AIDS Ministry Conference*, Juli 1995 in Chicago. Eine schriftliche Fassung seines Vortrags wurde vom *National Catholic AIDS Network* veröffentlicht. Eine Audio-Aufzeichnung und eine Kopie des veröffentlichten Textes werden in den *Nouwen Archives* aufbewahrt. Alle weiteren Zitate in diesem Kapitel stammen, wenn nicht anders gekennzeichnet, aus Nouwen, „Befriending Death“.

162 **„Als ich die Rodleighs kennenlernte und ihre Arbeit sah“:** Nouwen, nicht verwendetes Material für den Film *Angels Over the Net*. Dieses Zitat findet sich auch in der endgültigen Filmfassung.

KAPITEL 30

165 **Nachdem er Claude Monets bunte *Sonnenblumen* auf dem Einband bewundert hatte:** Zu Beginn seines Sabbatjahres freute sich Henri besonders über seine wunderschönen Tagebücher mit festem Einband. Ich erinnere mich, wie er den bunten Einband zu Beginn seines Sabbatjahres 1995/96 hochgehalten hat, damit wir ihn bewundern konnten.

165 **„Oakville, Ontario, Samstag, 2. September 1995“:** Eintrag in Nouwens handschriftlichen Tagebüchern über sein Sabbatjahr unter „Saturday September 2, 1995“. Dieser Abschnitt findet sich auch in Nouwen, *Sabbatical Journey*, S. 3.

165 **„… habe ich viele Aufsätze, Reflexionen und Meditationen geschrieben":** Eintrag in Nouwen, handschriftliche Sabbatjahr-Tagebücher 1995/96, unter „Saturday September 2, 1995". Dieser Abschnitt findet sich auch in Nouwen, *Sabbatical Journey*, S. 10–11.

166 **Anfang Dezember begleitete Henri seine Freunde in Massachusetts, bei denen er zu Besuch war, ins Theater:** Eintrag in Nouwen, handschriftliche Sabbatjahr-Tagebücher 1995/96, unter „Sunday December 3, 1995".

KAPITEL 31

168 **Ein Schneesturm ballte sich … zusammen:** Einträge in Nouwen, handschriftliche Sabbatjahr-Tagebücher 1995/96, unter „Dec 14–17, 1995" finden sich auch in Nouwen, *Sabbatical Journey*, S. 65–69.

168 **Joan war eine talentierte Musikerin:** Jemand, der viel Zeit mit Henri und Joan verbracht hatte, erzählte mir, dass sie, wenn sie zusammen waren, „wie zwei Erbsen in einer Schote" gewesen seien. Weitere Informationen über Joan Krocs breit gefächerte Interessen, auch über ihre Karriere als Pianistin, finden Sie in Lisa Napoli, *Ray & Joan: The Man Who Made the McDonald's Fortune and the Woman Who gave It All Away* (New York 2016). Joans Bemerkungen über Kinder und zu Kindern im Jahr 1998 sind hier zu finden: https://youtu.be/VgLbicSvJxY. Mitte der 1980er Jahre gründete Joan das Kroc Institute for International Peace Studies an der Universität von Notre Dame (siehe https://kroc.nd.edu/), und im Jahr 2000 nahm die Joan B. Kroc School of Peace Studies an der Universität von San Diego ihren Betrieb auf (siehe https://www.sandiego.edu/peace/). Einen Überblick über ihren Beitrage für die Gesellschaft und die Welt finden Sie in dem Video aus dem Jahr 2004, wo Joan B. Kroc in die San Diego Women's Hall of Fame einzog: https://youtu.be/qgA0AMimHBI.

169 **„Meine Erfahrung ist, dass reiche Menschen gleichzeitig auch arm sind, aber in anderer Hinsicht":** Henri J. M. Nouwen, *Spirituality of Fundraising* (Nashville 2011), S. 18.

170 **„Bedingungslose Liebe ist Liebe ohne Bedingungen":** „Eine Betrachtung über bedingungslose Liebe für Joan Kroc", in: Earnshaw (Hg.), *Love, Henri*, S. 360.

171 **„Aber wenn du diese Trapezartisten siehst, dann wird das zu einem Symbol":** Nouwen, „The Flying Rodleighs – The Circus", S. 26.

171 **„Zu dieser bedingungslosen Liebe ruft Jesus uns auf":** in: Earnshaw (Hg.), Love, Henri, S. 361.

172 **„Ich war fasziniert von ihrer Hingabe, ihrer Disziplin":** Nouwen, „The Flying Rodleighs – the Circus", S. 26.

172 **„Es ist keine sentimentale Liebe, die alles billigt und immer zustimmt":** Nouwen, *Love Henri*, S. 334.

KAPITEL 32

173 **„Ich wurde so bombardiert":** Eintrag in Nouwen, handschriftliche Sabbatjahr-Tagebücher 1995/96, unter „Friday October 20, 1995". Eine redigierte und verdichtete Fassung dieses Abschnitts findet sich auch in Nouwen, *Sabbatical Journey*, S. 40–41.

174   **„So spektakulär es auch war, in mir geschah nichts":** Eintrag in Nouwen, handschriftliche Sabbatjahr-Tagebücher 1995/96, unter „Thursday December 28, 1995". Eine umformulierte Fassung dieses Abschnitts auch in Nouwen, *Sabbatical Journey*, S. 74–75.

174   **Ein paar Tage später erhielt Henri einen unerwarteten Anruf von Rodleigh, über den er sich sehr freute:** Eintrag in Nouwen, handschriftliche Sabbatjahr-Tagebücher 1995/96, unter „Sunday January 7, 1996". Eine redigierte Fassung dieses Abschnitts auch in Nouwen, *Sabbatical Journey*, S. 82–83.

175   **Rodleighs Sorge um Henris Gesundheitszustand:** Rodleighs Nachdenken über ihre Freundschaft mit Henri findet sich in Stevens, „What a Friend We Had in Henri", S. 37, 41–42.

176   **„Beim Nachdenken über diesen kurzen Besuch":** Eintrag in Nouwen, handschriftliche Sabbatjahr-Tagebücher 1995/96, unter „Sunday January 7, 1996". Eine redigierte Fassung dieses Abschnitts auch in Nouwen, *Sabbatical Journey*, S. 83.

KAPITEL 33

177   **Da die Heizung nicht funktionierte, saßen sie vor dem offenen Kamin:** Eintrag in Nouwen, handschriftliche Sabbatjahr-Tagebücher 1995/96, unter „Wednesday January 24, 1996". Diese Fassung des Abschnitts auch in Nouwen, *Sabbatical Journey*, S. 94.

177   **... sein „geheimes Tagebuch":** Abschnitte aus seinen original handschriftlichen Tagebüchern aus den Jahren 1987/88 werden zitiert. Diese werden in den *Nouwen Archives* aufbewahrt. Viele Abschnitte aus diesen Tagebüchern wurden redigiert und in *Die innere Stimme der Liebe* mit aufgenommen.

177   **„... eine gewisse Angst, an dem Manuskript zu arbeiten":** Eintrag in Nouwen, handschriftliche Sabbatjahr-Tagebücher 1995/96, unter „Wednesday January 26, 1996". Diese Fassung des Abschnitts auch in Nouwen, *Sabbatical Journey*, S. 94.

178   **„Vertraue, vertraue darauf, dass Gott dir diese alles erfüllende Liebe schenken... wird":** Eintrag in Nouwen, handschriftliche Tagebücher 1987/88.

178   **„Die Flying Rodleighs lehren mich, wie es ist, im Körper zu sein":** Nouwen, Interview im nicht verwendeten Material für den Film *Angels Over the Net*.

178   **... sein trampender Freund Charles:** Nouwen, „We Shall Overcome", S. 77.

179   **„Ich sagte zu mir: ‚Ja, ja, ich gehöre dazu; das sind meine Leute'":** Nouwen, *Our Greatest Gift*, S. 25.

179   **Freunde erinnerten sich an seine verzweifelten Anrufe in der Nacht oder an seine Besuche:** Siehe die Berichte von Parker Palmer und Yushi Nomura, zitiert in Ford, *Wounded Prophet*, S. 37–38.

179   **„Bisher hat sich mein ganzes Leben um das Wort gedreht":** Dieser Tagebucheintrag „Thursday March 20, 1996" ist veröffentlicht in Henri J. M. Nouwen, „To Meet the Body Is to Meet the Word", *New Oxford Review 54*, Nr. 3 (April 1987), S. 3–4. Dieses Zitat findet sich nicht in Henris Tagebuchauswahl 1985/86, veröffentlicht als Nouwen, *The Road to Daybreak*.

180   **„Meine Nähe zu ihm und seinem Körper":** Nouwen, *Adam*, S. 53.

180 „Als Nächstes möchte ich über den Körper sprechen": Nouwen, „As I Have Done So You Are Called to Do".

181 „Als ich die Flying Rodleighs zum ersten Mal sah, sagte ich, ich hätte meine Berufung verpasst": Nouwen, Interview in englischer Sprache im nicht verwendeten Material für den Film *Angels Over the Net*. Dieses Zitat findet sich in der endgültigen Filmfassung.

181 „Und dann war da noch die Sache mit der Intimität": Nouwen, „The Flying Rodleighs – The Circus", S. 27–28.

182 „Die Flying Rodleighs bringen einige der tiefsten Gefühle des Menschen zum Ausdruck": Nouwen, Brief an Bart Gavigan, 2. Dezember 1994.

182 „Jeder Mensch führt ein sexuelles Leben": Ford, *Lonely Mystic*, S. 58.

182 **Zu Beginn des Jahres 1996 amüsierte er einige seiner New Yorker Verleger:** Bericht von einem der anwesenden Verleger.

KAPITEL 34

183 Henris Sekretärin rief ihn… in New Jersey an: Eintrag in Nouwen, handschriftliche Sabbatjahr-Tagebücher 1995/96, unter „Monday February 12, 1996".

183 „Das Zusammenleben mit Adam in der Arche-Gemeinschaft Daybreak": Eintrag in Nouwen, handschriftliche Sabbatjahr-Tagebücher 1995/96, unter „Wednesday February 14, 1996". Diese Abschnitte finden sich auch in Nouwen, *Sabbatical Journey*, S. 103.

183 „Der Anblick von Adams Leichnam im Sarg erschütterte mich zutiefst": Eintrag in Nouwen, handschriftliche Sabbatjahr-Tagebücher 1995/96, unter „Wednesday February 14, 1996". Eine Fassung dieses Abschnitts findet sich auch in Nouwen, *Sabbatical Journey*, S. 107.

184 „Adam schenkte mir ein Gefühl der Zugehörigkeit": Nouwen, *Adam*, S. 144 f.

184 „Das war ein bemerkenswerter Abend": Eintrag in Nouwen, handschriftliche Sabbatjahr-Tagebücher 1995/96, unter „March 6, 1996". Eine redigierte Fassung dieses Abschnitts auch in Nouwen, *Sabbatical Journey*, S. 121–122.

KAPITEL 35

186 Meine größte Hoffnung ist, dass ich lerne": Eintrag in Nouwen, handschriftliche Sabbatjahr-Tagebücher 1995/96, unter „Friday May 17, 1996". Dieser Abschnitt auch in Nouwen, *Sabbatical Journey*, S. 167.

186 „Zwar war ich nach Santa Fe gekommen": Eintrag in Nouwen, handschriftliche Sabbatjahr-Tagebücher 1995/96, unter „Sunday May 19, 1996". Eine redigierte Fassung dieses Abschnitts auch in Nouwen, *Sabbatical Journey*, S. 168.

187 Mitte der Woche holte Joan Krocs Flugzeug: Henris Mittagessen mit Joan ist vermerkt unter „Wednesday May 22, 1996", während seine Reflexionen zu O'Keeffe seinem Eintrag „Monday May 20, 1996" entnommen sind in Nouwen, handschriftliche Sabbajahr-Tagebücher 1995/96.

KAPITEL 36

189   **... denn er zieht es vor, nicht allein zu reisen:** Henri schreibt darüber in *Here and Now*, S. 85–86.

189   **„Ich hatte nicht damit gerechnet, dass das Wiedersehen ... mich so tief berühren würde":** Eintrag in Nouwen, handschriftliche Sabbatjahr-Tagebücher 1995/96, unter „Tuesday July 9, 1996". Dieser Abschnitt auch in Nouwen, *Sabbatical Journey*, S. 194–195.

189   **Rodleigh beobachtete Henri:** Stevens, „What a Friend We Had in Henri", S. 39. Der Fänger, der Henri an jenem Tag hielt, war John Vokes, der für Joe eingesprungen war. Um nicht noch einen neuen Namen in die Geschichte einbringen zu müssen, habe ich diesem Fänger den Namen des anderen Fängers, Henris Freund Jon Griggs, gegeben, der immer noch der Truppe angehörte.

190   **„Am Ende der Probe":** Eintrag in Nouwen, handschriftliche Sabbatjahr-Tagebücher 1995/96, unter „Wednesday July 10, 1996". Eine leicht abgeänderte Fassung dieses Abschnitts auch in Nouwen, *Sabbatical Journey*, S. 195–196.

191   **„Es war ein herzlicher und von Herzen kommender Abschied":** Eintrag in Nouwen, handschriftliche Sabbatjahr-Tagebücher 1995/96, unter „Thursday July 11, 1996".

KAPITEL 37

192   **... holte Henri die letzten Tagebücher hervor, die er für sein Sabbatjahr erworben hatte:** Henris Tagebücher aus seinem Sabbatjahr werden in den *Nouwen Archives* aufbewahrt; die Umschlagabbildung wird jeweils auf der hinteren Einbandseite benannt. Online beschreibt das Metropolitan Museum of Art die Bilder auf dem Einband von Henris letzten beiden Tagebüchern: „Auf der linken Seite des Sargkastens befindet sich eine architektonische Fassade mit einer kleinen Tür in der Mitte unten. Dies ist das Äquivalent der falschen Tür des Alten Reiches, die es dem Geist des Verstorbenen ermöglichte, sich zwischen dem Land der Toten und dem Land der Lebenden zu bewegen. In diesem Fall ist es so lackiert, dass es zwei hölzernen Türblättern ähnelt, die mit zwei Türriegeln befestigt sind. Über der Tür sind zwei Augen, die in das Land der Lebenden blicken. Siehe „Coffin of Khnumnakht", the Met, https://www.metmuseum.org/art/collection/search/544326.

193   **„Ich weiß, dass ich aus der Ewigkeit in die Zeit sprechen muss":** Nouwen, *Nimm sein Bild in dein Herz*, S. 31.

193   **... drängten ihn einige Freunde, sich zu seiner Homosexualität zu bekennen:** Siehe Robert A. Jonas (Hrsg.), *The Essential Henri Nouwen* (Boulder 2009), S. xxviii–xl, und Ford, *Wounded Prophet*, S. 193–194.

193   **Da er wusste, dass seine sexuelle Orientierung jederzeit auch ohne seine Zustimmung bekannt werden könnte, fühlte sich Henri häufig nicht wohl in seiner Haut:** Das haben mir Henris Freunde erzählt.

193   **„Ich glaube nicht, dass es irgendeine ‚Lösung' dafür gibt" und „Meine Sexualität wird ... sein":** Aus Briefen von Juli 1996, zitiert von seiner Archivarin Gabrielle Earnshaw in *Love, Henri*, S. 21.

193 „… über den Kummer zu sprechen, der mich … quält": Eintrag in Nouwen, handschriftliche Sabbatjahr-Tagebücher 1995/96, unter „Saturday May 4, 1996" – leicht abge-
ändert auch in Nouwen, *Sabbatical Journey*, S. 207.

193 … begann er automatisch an den Fingernägeln zu kauen: Die Gavigans schreiben: „Er
selbst fühlte sich auffällig unwohl in seinem Körper. Man brauchte nur zu sehen, wie er
lief oder auf seine abgekauten Fingernägel schaute, um den inneren Kampf zu erkennen", in „Collision and Paradox", *Befriending Life*, S. 55.

193 „Ich frage mich oft, wie ich ohne diese treue Freundschaft emotional überleben würde":
Eintrag in Nouwen, handschriftliche Sabbatjahr-Tagebücher 1995/96, unter „Wednesday
July 31, 1996".

193 „Das Trapez war meine Geheimtür": Diese beiden Sätze über das Trapez wurden von
Henri geschrieben und in Jim Smiths unveröffentlichtem Brief vom 25. März 1996 an
Henri Nouwen zitiert. Smiths Brief wird in den *Nouwen Archives* aufbewahrt und wurde
mit freundlicher Genehmigung von Jim Smith hier verwendet. Smiths Brief unterstreicht
und wiederholt diese beiden Sätze in seiner Antwort an Henri.

KAPITEL 38

195 „Sie begrüßte mich sehr herzlich, und wir begaben uns sofort in ein Restaurant": Eintrag in Nouwen, handschriftliche Sabbatjahr-Tagebücher 1995/96, unter „Fri August 16,
1996".

196 „Lass uns zu den Rennen in Del Mar fahren", schlug Joan vor: Eintrag in Nouwen,
handschriftliche Sabbatjahr-Tagebücher 1995/96, unter „Sat August 17, 1996". Eine
gekürzte Fassung auch in Nouwen, *Sabbatical Journey*, S. 214–215.

197 Fast vierzig Jahre lang hatte er Gott aufgefangen: Nouwen wurde am 21. Juli 1957 im
Erzbistum Utrecht zum katholischen Priester geweiht.

197 Sie goss Henri noch ein Glas von dem 1973er Rothschild ein: In seinem handschriftlichen Tagebuch beschreibt Henri ihre Mahlzeit: *Um 19 Uhr nahmen Joan und ich ein
sehr gutes mexikanisches Abendessen mit Enchiladas und Reis ein – und ließen uns eine
Flasche Rotwein schmecken, wie ich ihn noch nie getrunken habe. Rothschild 1973! Joan
sagte: „Der geht runter wie Samt, findest du nicht? Ray hat ihn vor zwanzig Jahren gekauft.
Es heißt, man müsse ihn vor dem Jahr 2000 trinken."* Eintrag in Nouwen, handschriftliche Sabbatjahr-Tagebücher 1995/96, unter „Sat August 17, 1996". Das Gespräch mit Joan
während des Essens, in dem Joan Henri sagt, er hätte Gott gefangen, habe ich erfunden.
Diesen Gedanken verdanke ich Geoffrey Whitney-Brown.

197 „So seltsam das auch klingen mag, wir können für andere wie Gott werden": Nouwen,
Love, Henri, S. 333. Nach dem Wochenende im August 1996 mit Joan schrieb Henri:
„Es fühlt sich so an, als würden Joan und ich immer entspannter miteinander, und als
würden wir tatsächlich Freunde werden. Eine Freundschaft, die es uns gestattet, offen
und direkt über die Dinge zu reden, die uns eigentlich bewegen. Der große Luxus, der
mich umgibt, erscheint weniger ablenkend. Ich hatte das Gefühl, dass unsere gemeinsame Zeit fruchtbar und geistlich wertvoll war." Eintrag in Nouwen, handschriftliche
Sabbatjahr-Tagebücher 1995/96, unter „18 August, 1996". Sieben Jahre später, als Joan
Kroc an Krebs verstarb, „konnte sie wenig anderes tun, als durch die in Leder gebundene

Bibel zu blättern, die ihr der verstorbene Pater Henri Nouwen geschenkt hatte": Napoli, *Ray & Joan*, S. 12.

197   **„Diese Liebe sendet uns aus, um fröhlich zu dienen":** In einem Brief zum einundzwanzigsten Geburtstag ihrer Enkelin Amanda schrieb Joan: „Ich wünsche mir, dass du glaubst, dass ein Leben des Dienstes ein glückliches Leben ist. Diene anderen fröhlich…" Eine Videoaufzeichnung, in der Amanda Joans Brief laut vorliest, ist zu finden unter: https://youtu.be/BQ8znSUilLc.

KAPITEL 39

198   **„Das Leben ist leicht aus dem Gleichgewicht zu bringen":** Aus einem Interview mit Jan von den Bosch in seinem Film *Henri Nouwen: The Passion of a Wounded Healer*.

198   **„Ich fühle mich innerlich ziemlich angespannt":** Eintrag in Nouwen, handschriftliche Sabbatjahr-Tagebücher 1995/96, unter „Saturday May 4, 1996". Eine überarbeitete Fassung dieses Abschnitts auch in Nouwen, *Sabbatical Journey*, S. 160.

198   **Hat er sich… treiben lassen wie ein hungriger Geist?:** Henri schrieb über seine Faszination von der tibetanischen buddhistischen Vorstellung des hungrigen Geistes in seinem Eintrag in Nouwen, handschriftliche Sabbatjahr-Tagebücher 1995/96, unter „6 Feb 1996", dann, in seinem Eintrag „7 Feb 1996", bemerkte er mit selbstkritischem Humor, dass er den ganzen Tag hungrig sei wie ein hungriger Geist. Siehe auch Nouwen, *Sabbatical Journey*, S. 99–100.

199   **Henri erinnert sich, wie seine eigene Verlegenheit:** Eintrag in Nouwen, handschriftliche Sabbatjahr-Tagebücher 1995/96, unter „Wednesday July 10, 1996". Rodleigh Stevens beschreibt diese Szene auch in Stevens, „What a Friend We Had in Henri", S. 22–23.

200   **„Wenn wir Gottes bedingungslose Liebe zu uns radikal einfordern, können wir… vergeben":** Nouwen, *Love, Henri*, S. 333.

200   **„Manchmal habe ich gedacht, wie wäre es":** Nouwen, „As I Have Done So You Are Called to Do". Siehe auch Nouwen, *Here and Now*, 60–61.

200   **„… mit den Augen Gottes":** Nouwen, *Nimm sein Bild in dein Herz*, S. 31, zitiert in Kapitel 37.

201   **„Ein Kunststück ist nicht vollständig, wenn es nicht":** Henri J. M. Nouwen, „Technicalities of Trapeze Movements: I. the Full-Twisting Double Lay-Out by Rodleigh" (9. Mai 1992). Dieses abgetippte Transkript aus Henris unveröffentlichtem handschriftlichen Notizbuch wird in den *Nouwen Archives* aufbewahrt.

201   **„Die Rodleighs sagen indirekt zu mir: Hab keine Angst, ein wenig zu fliegen":** Nouwen, Inverview in englischer Sprache im nicht verwendeten Material des Films *Angels Over the Net*. Dieses Zitat findet sich auch in der endgültigen Filmfassung.

201   **Er hat das Gefühl, aufzusteigen:** Siehe Kapitel 2, Anmerkungen: „… wurde das Trapez ein Traum von mir. Trapezartist zu sein, symbolisierte für mich die Sehnsucht des Menschen nach Selbsttranszendenz – danach, über sich hinauszuwachsen, in das Herz der Dinge zu schauen." Der letzte Satz in seinem letzten noch zu seinen Lebzeiten veröffentlichten Buch lautet: „Wenn wir den Kelch, den Jesus getrunken hat, miteinander trinken, werden wir in den einen Leib des lebendigen Christus verwandelt, der zum Heil der Welt

immerfort stirbt und immerfort aufersteht." Nouwen, *Der Kelch unseres Lebens – Ganzheitlich Mensch sein* (Freiburg 1997), S. 128.

EPILOG

203 „**Während die drei Flieger vom Podest weg schwangen**": Nouwen, „Chapter I", S. 9–10.

203 **Henri starb nicht**: Ein Bericht von Henris letzten Tagen im Krankenhaus ist zu finden in Nathan Balls Nachwort zu *Sabbatical Journey*, S. 223–226. Siehe auch Ford, *Wounded Prophet*, S. 200–207. Ball schrieb später: „Henris Herzinfarkt war tatsächlich ein Geschenk, das ihm half, den Übergang zu schaffen. … Er hatte viele Probleme und machte seinen Freunden gegenüber und in seinen zahlreichen Schriften daraus keinen Hehl. Aber eines weiß ich genau: Henri starb im Frieden mit sich selbst, seiner Familie, seiner Glaubensgemeinschaft Arche, seinen Freunden, seiner Berufung als Priester und dem Gott, dessen ewige Liebe vierundsechzig Jahre lang Henris Leuchtturm gewesen war" (Nouwen, *Sabbatical Journey*, S. 226). Henri stellte das Buch *Die innere Stimme der Liebe*, an dem er arbeitete, während seines Sabbatjahres fertig. Verkaufsstart für dieses Buch in den Buchläden war der Tag seiner Beisetzung in Kanada. Beworben wurde es mit Henris Worten: „Ich habe die innere Stimme der Liebe viel intensiver und lauter gehört denn je. Ich möchte dieser Stimme auch weiterhin vertrauen und mich durch sie dort halten lassen, wo Gott alles in allem ist, über die Grenzen meines kurzen Lebens hinaus" (S. 118).

204 **Die Nachricht von Henris Tod erreichte die Flying Rodleighs**: Stevens, „What a Friend We Had in Henri", S. 1.

204 **Während der langen Woche, in der wir auf Henris Rückkehr … warteten**: Einzelheiten zu den beiden Särgen gehen auf meine eigenen Erinnerungen als Mitglied der Daybreak-Gemeinschaft zurück. Damals arbeitete ich in der Schreinerei. Ich bat die Mitglieder der Gemeinschaft, Kunst für Henri zu schaffen, dann malte ich die Bilder der Einzelnen auf den Deckel von Henris Sarg: Siehe Whitney-Brown, „Henri at Daybreak". Ein Foto und eine kurze Beschreibung finden Sie in dem Post in meinem Daybreak Blog „The Painted Doors of the Dayspring Chapel" (1. September 2019), https://larchedaybreak.com/the-painted-doors-of-the-dayspring-chapel%ef%bb%bf-by-carrie-whitney-brown/.

205 **Henris Leichnam wurde auch zweimal beerdigt**: Henris sterbliche Überreste wurden im November 2010 umgebettet in ein Grab auf dem Friedhof der St. John's Anglican Church. Einzelheiten über diese zweite Beisetzung bekam ich von Sue Mosteller. Siehe auch Swan, Michael, „Famous Catholic Author Nouwen Moved to Anglican Cemetery", *Catholic Register* (25. November 2010), https//www.catholicregister.org/item/9400-famous-catholic-author-nouwen-moved-to-anglican-cemetery.

205 „**Mir wurde auf einmal klar, dass das ist, worum es im Leben geht**": Transkript von Henris Vortrag nach seiner Auszeichnung mit der COMISS-Medaille im Mai 1994.

Jesus nachfolgen

Nach Hause finden in einem Zeitalter der Angst

In diesem bisher unveröffentlichten Buch liefert Bestsellerautor Henri Nouwen überzeugende Gedanken dazu, warum Christsein relevant und schön, klug und in unserer modernen Welt notwendiger denn je ist.

An einem der Tiefpunkte seines Lebens hielt Henri Nouwen Vorträge über die Bedeutung der Jesus-Nachfolge in einem Zeitalter der Angst.

Henri Nouwen sieht, wie wir uns zwischen Rastlosigkeit, die uns in Atem hält, und frustrierter Untätigkeit, die uns lähmt, durch unser Leben bewegen. Er macht uns auf die Stimme von Jesus aufmerksam, der zu mir und zu dir sagt: „Komm, folge mir nach."

Nouwen lädt ein, diese leise Stimme der Liebe zu hören und sich darauf einzulassen – und auf diesem Weg mit Jesus von der Angst befreit zu werden.

„… nimmt den Leser mit hinein in seine Suche und weckt gerade damit die Sehnsucht neu, ganz schlicht dem zu folgen, den wir lieben."   Ingo Scharwächter in *AUFATMEN*

„… Auch dieses 25 Jahre nach seinem Tod erschienene Buch wird so zu einem für viele hilfreichen und ermutigenden Vermächtnis des großen geistlichen Autors."
  Thomas Steinherr in den *Buchprofilen*

„Es gibt Autoren, die fachlich sehr versiert sind. Leider müsste man fast so lange studiert haben wie sie, um sie zu verstehen. Nouwen ist anders. Man spürt ihm den Psychologen und Seelsorger ab, aber so tief seine Gedanken auch sind: Seine Sprache bleibt einfach. Seine Botschaft ist ermutigend."   Hauke Burgarth auf *livenet.ch*

Vorwort von Richard Rohr | Herausgegeben von Gabrielle Earnshaw
Aus dem Englischen übersetzt von Bernardin Schellenberger
Original: *Following Jesus – Finding Our Way Home in an Age of Anxiety*, New York 2019
Neufeld Verlag, Cuxhaven ²2021 | ISBN 978-3-86256-162-9 | Auch als E-Book

Mehr von Henri J. M. Nouwen

Adam

Mein Freund ohne Worte

Eigentlich wollte Henri Nouwen ein Buch über das Wesentliche des christlichen Glaubens schreiben. Der Professor hatte die Universität Harvard verlassen und war Seelsorger der Arche-Gemeinschaft geworden, in der Menschen mit und ohne geistige Behinderung zusammenleben.

Dann starb Adam, ein junger Mann mit Einschränkungen, den Henri Nouwen intensiv begleitet hatte. Dabei war Adam ihm – ganz ohne Worte – zum Freund und Wegbegleiter, ja zum Lehrer geworden.

Und so schildert Henri Nouwen hier das Leben von Adam. Damit schlägt er eine Brücke zum Glauben: Mit einfachen und berührenden Worten beschreibt er, was es bedeutet, Gottes geliebtes Kind zu sein.

„Adam war ein unglaublich kostbares Geschenk für mich. Er ist mein Ratgeber und Lehrer, der nie ein einziges Wort zu mir sagen konnte, der mir aber mehr beigebracht hat als alle Bücher, Professoren oder geistlichen Leiter zusammen."

„Von allen Büchern, die Henri geschrieben hat, hatte dieses Buch wahrscheinlich den größten Einfluss auf mein Leben und meine Sicht vom Christsein."
   Laurent Nouwen im Nachwort

VIDEO
Verleger
David Neufeld
über dieses
Buch (1:59)

Nachwort von Laurent Nouwen
Aus dem Englischen neu übersetzt von Eva Weyandt
Original: *Adam – God's Beloved*, New York 1997
Neufeld Verlag, Cuxhaven 2022 | ISBN 978-3-86256-177-3 | Auch als E-Book

Mehr aus dem Neufeld Verlag

Markus Baum, *Eberhard Arnold – Ein Leben im Geist der Bergpredigt.*
ISBN 978-3-86256-035-6, 2013

Markus Baum, *Jochen Klepper.* Biografie. ISBN 978-3-86256-014-1, 3. Auflage 2021

Thomas Baumann, *Die Verschwörung der Verzagten und andere Ermutigungen.*
ISBN 978-3-86256-171-1, 2021

Adam Hamilton, *Gegen die Angst – 31 Lektionen der Hoffnung für unsichere Zeiten.*
ISBN 978-3-86256-163-6, 3. Auflage 2021

Peter Mommsen, *Radikal barmherzig: Das Leben von Johann Heinrich Arnold – eine
Geschichte von Glauben und Vergebung, Hingabe und Gemeinschaft.*
ISBN 978-3-86256-078-3, 2017

Bernhard Ott, *Tänzer und Stolperer – Wenn die Bergpredigt unseren Charakter formt.*
ISBN 978-3-86256-156-8, 2. Auflage 2021

Bernhard Ott, *Wegbegleiter in Krisenzeiten – Impulse von Martin Buber.*
ISBN 978-3-86256-165-0, 2020

Ute Paul, *Die Rückkehr der Zikade – Vom Leben am anderen Ende der Welt.* ISBN 978-3-
86256-060-8, 2015

Hanna Schott, *Von Liebe und Widerstand – Magda & André Trocmé: Der Mut dieses
Paares rettete Tausende.* ISBN 978-3-86256-017-2, 5. Auflage 2021

Jean Vanier, *Ich und Du: dem anderen als Mensch begegnen.*
ISBN 978-3-86256-036-3, 2013

Jean Vanier, *Weites Herz – Dem Geheimnis der Liebe auf der Spur.*
ISBN 978-3-937896-92-2, 2010

Wolfgang Vorländer, *Weisheit für Vielbeschäftigte.* ISBN 978-3-86256-001-1, 2010

Dallas Willard, *Jünger wird man unterwegs – Jesus-Nachfolge als Lebensstil.*
ISBN 978-3-86256-008-0, 6. Auflage 2022

Dallas Willard, *Jünger leben mittendrin.* Mit Beiträgen von John Ortberg.
ISBN 978-3-86256-055-4, 2014

Tom Wright, *Kleiner Glaube – großer Gott.* ISBN 978-3-86256-030-1, 2013

Daniel Zindel, *Gestillt – Nachtgespräche mit David.* ISBN 978-3-86256-051-6, 2014

Sabine Zinkernagel, *Wer nur auf die Löcher starrt, verpasst den Käse – Aus dem Leben mit
zwei besonderen Kindern.* ISBN 978-3-86256-027-1, 2. Auflage 2013

Der **NEUFELD VERLAG** ist ein unabhängiger, inhabergeführter Verlag mit einem ambitionierten Programm.

Bei Gott sind Sie willkommen! Und zwar so, wie Sie sind.

Uns liegt am Herzen, dass Menschen erfahren:

- Ⓥ Der christliche Glaube ist keine Religion, sondern lebt von Beziehung.
- Ⓥ Es gibt nichts Besseres, als mit Jesus zu leben.
- Ⓥ Es lohnt sich, die Bibel für das eigene Leben zu lesen.
- Ⓥ Die Gemeinschaft mit anderen Christen fordert uns heraus und hilft uns.

Menschen mit Behinderung bereichern!

Sie haben etwas zu sagen und zu geben, zum Beispiel:

- Ⓥ Sie erinnern daran, dass jeder Mensch einzigartig ist.
- Ⓥ Sie zeigen, dass der Wert eines Menschen nichts mit seiner Leistungsfähigkeit zu tun hat.
- Ⓥ Sie bremsen uns immer wieder aus und halten uns vor Augen, was im Leben wesentlich ist.
- Ⓥ Sie lassen erkennen, dass das Leben erfüllt sein kann – auch wenn es manchmal anders kommt als geplant.

Stellen Sie sich eine Welt vor,
in der jeder willkommen ist!

neufeld-verlag.de

Dieses Buch wurde in **Deutschland** hergestellt.

Das Papier, das dafür verwendet wurde, ist FSC®-zertifiziert. Als unabhängige, gemeinnützige, nichtstaatliche Organisation hat sich der Forest Stewardship Council® (FSC®) die Förderung des verantwortungsvollen und nachhaltigen Umgangs mit den Wäldern der Welt zum Ziel gesetzt.

Außerdem unterstützen wir ein **Waldschutzprojekt** in Kolumbien. Diese Initiative schützt 1 150 200 Hektar tropischen Regenwald und bewahrt dessen Biodiversität. Hand in Hand mit den Gemeinden, bietet sie Bildung, Gesundheitsversorgung, Ernährungssicherheit und weitere soziale Leistungen für 16 000 Menschen aus sechs indigenen ethnischen Gruppen.

Dieses Buch wurde bewusst **nicht in Folie eingeschweißt**; unser Versandpartner verwendet zudem Papier und nicht Plastik als Füllmaterial.

Stellen Sie sich eine Welt vor,
in der jeder willkommen ist!

neufeld-verlag.de